INDEX

Song Title	Page	Song Title	Page

INDEX

Song Title	Page	Song Title	Page

Song Title_____

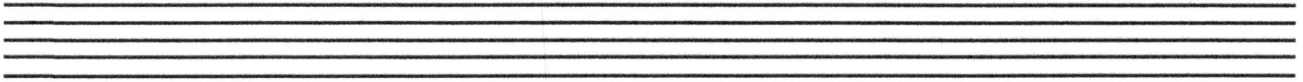

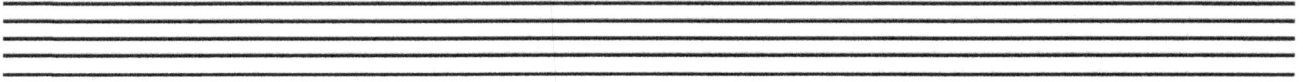

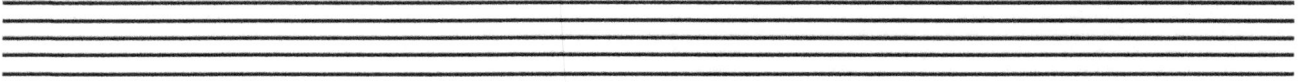

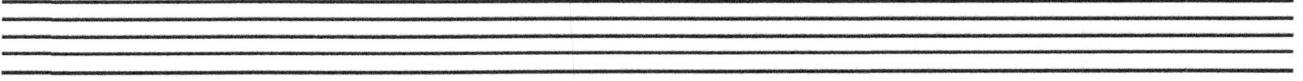

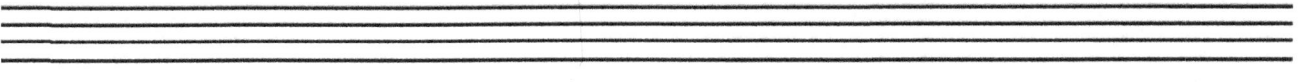

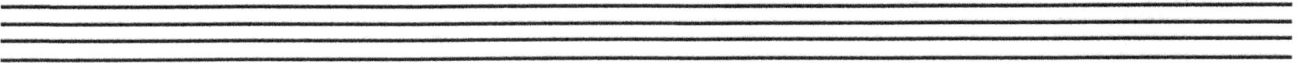

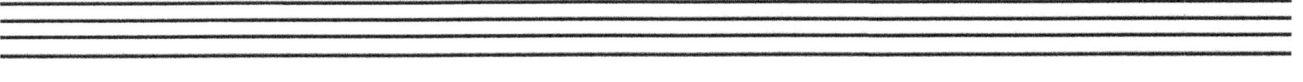

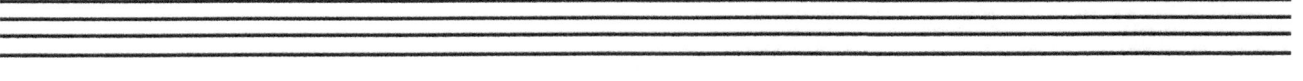

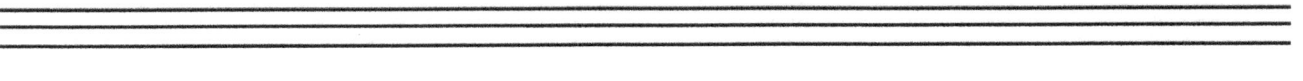

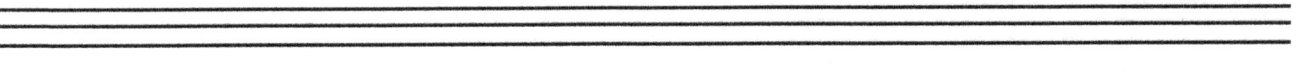

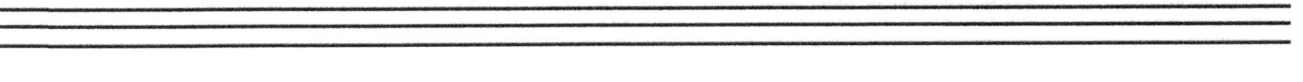

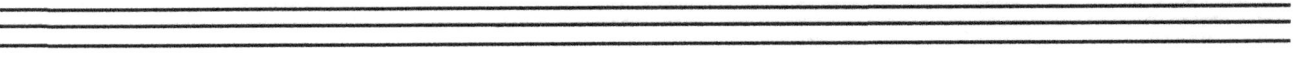

Song Title _____

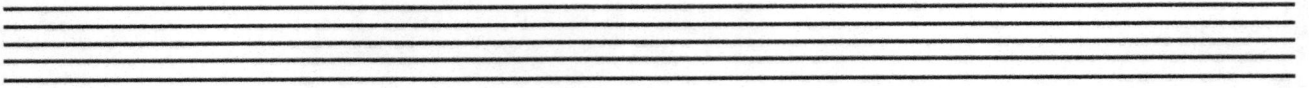

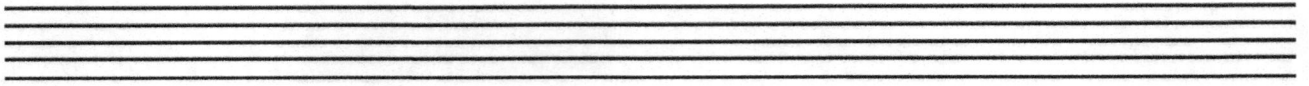

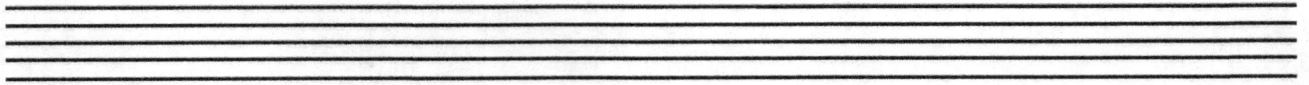

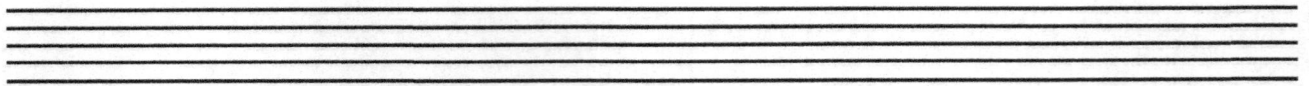

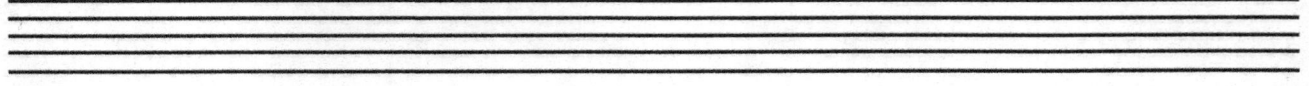

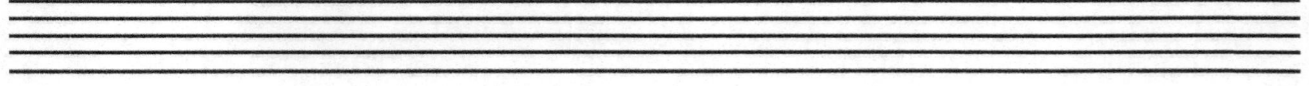

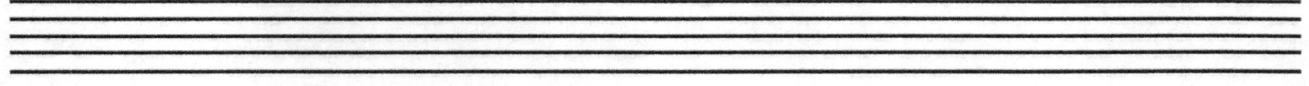

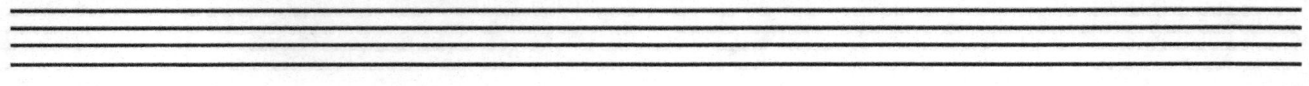

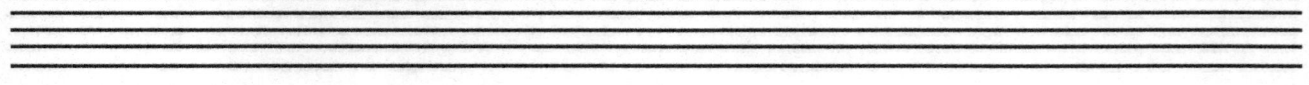

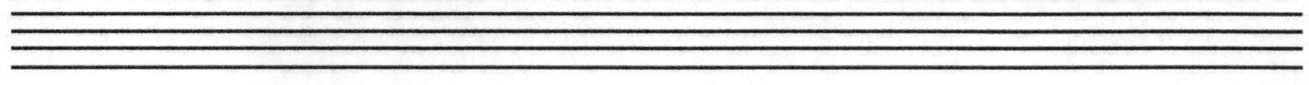

Song Title _____

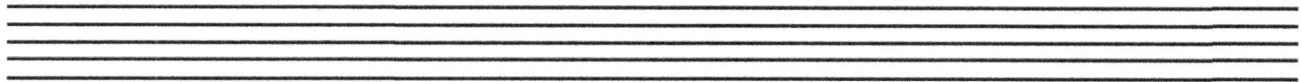

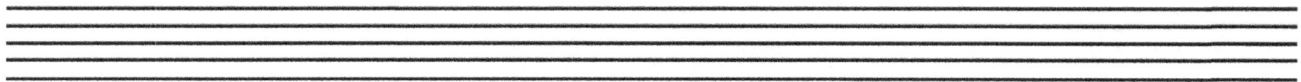

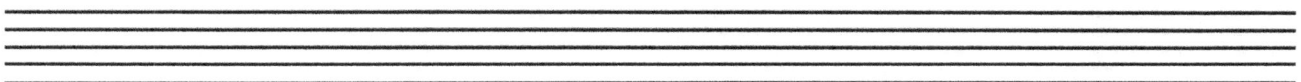

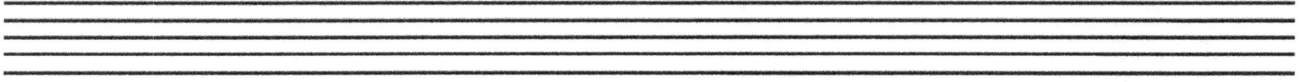

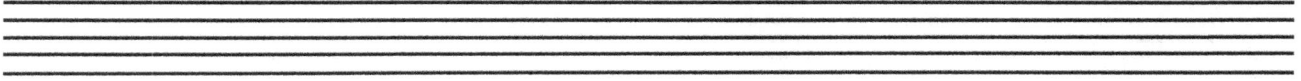

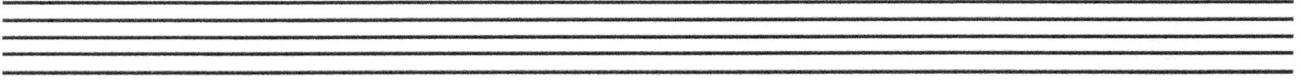

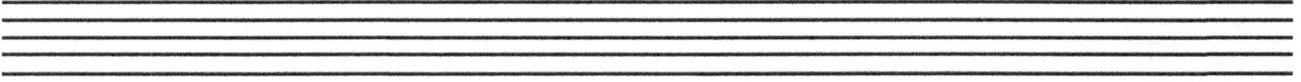

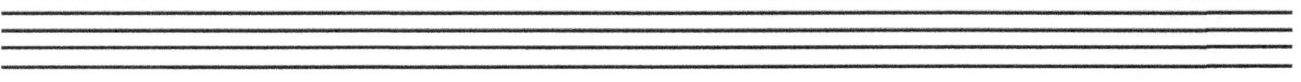

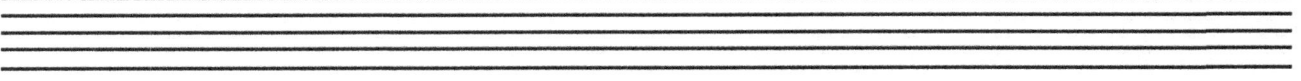

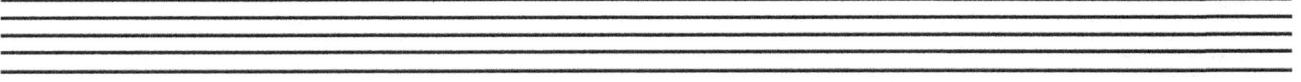

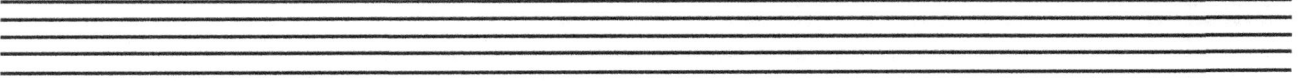

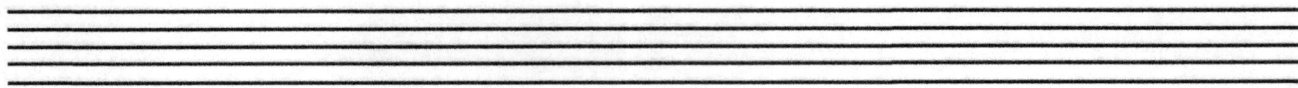

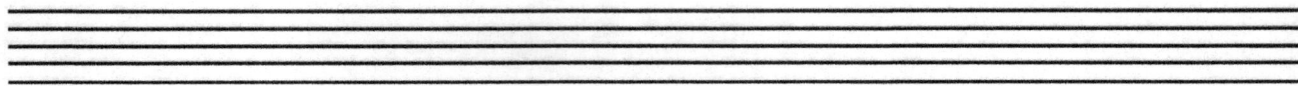

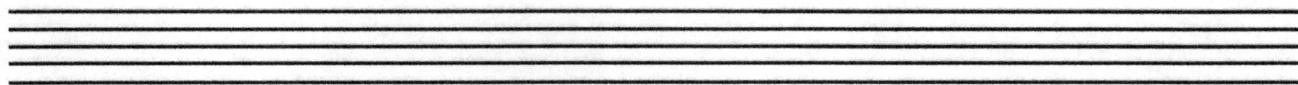

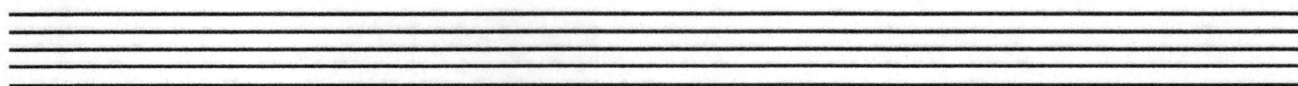

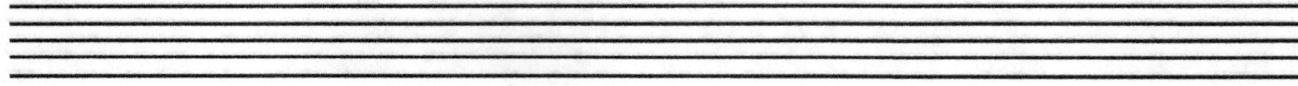

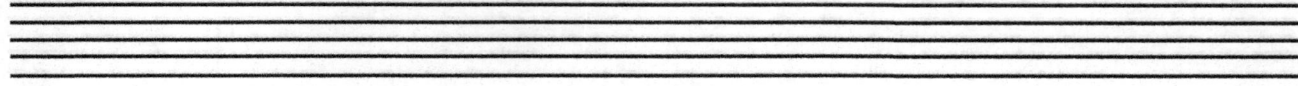

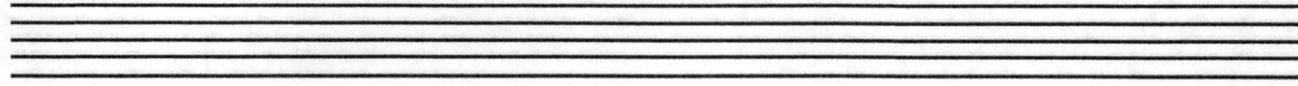

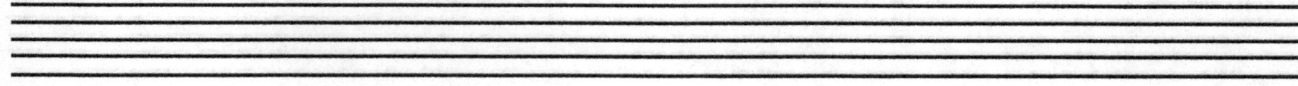

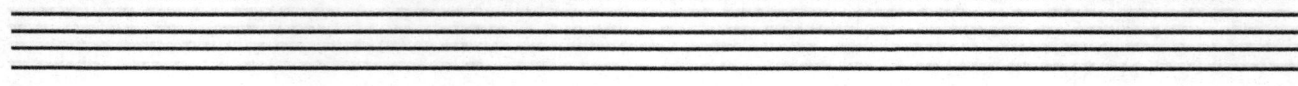

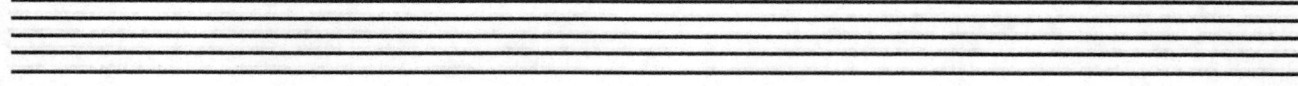

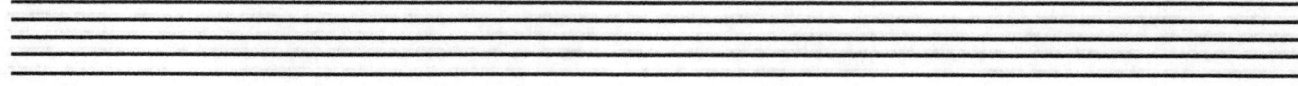

Song Title _____

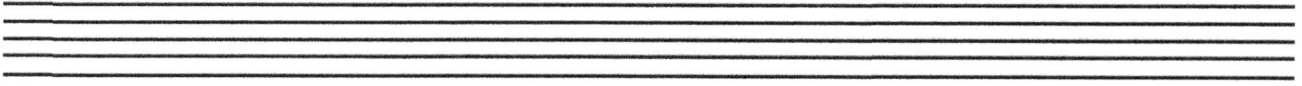
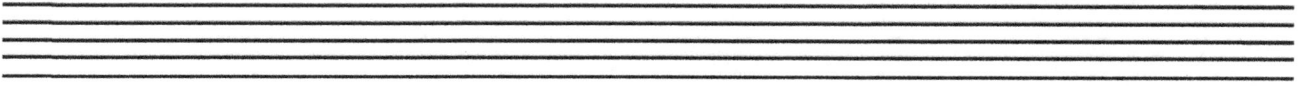
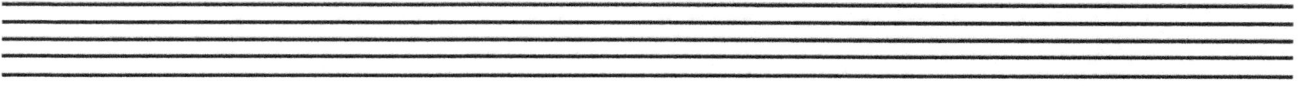
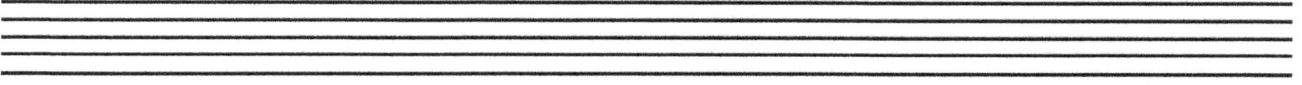
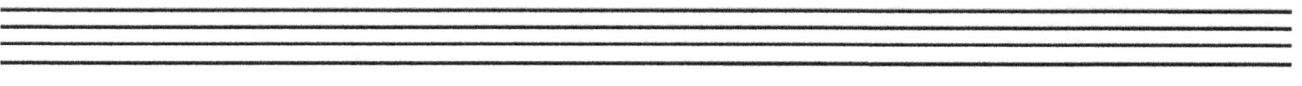
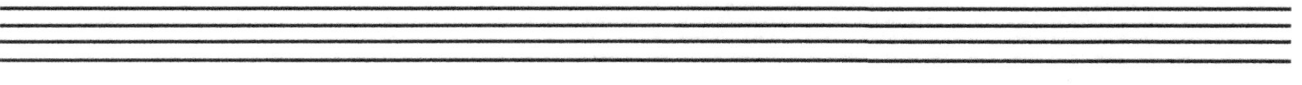
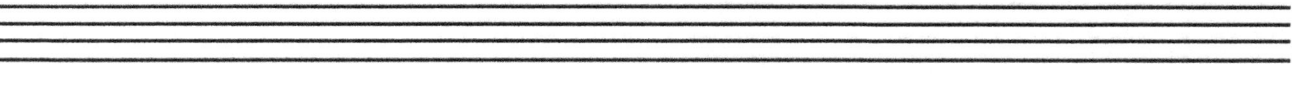
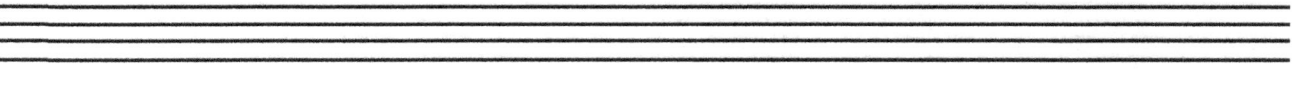
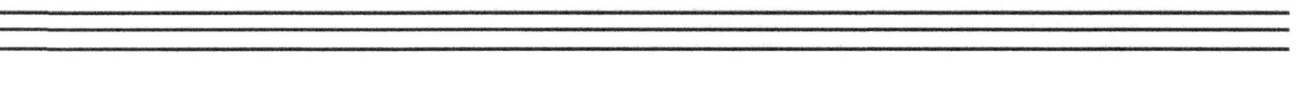
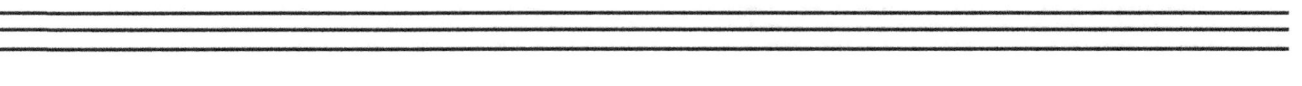
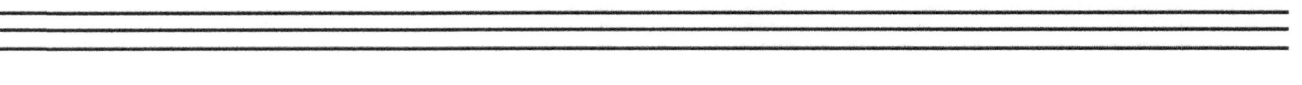
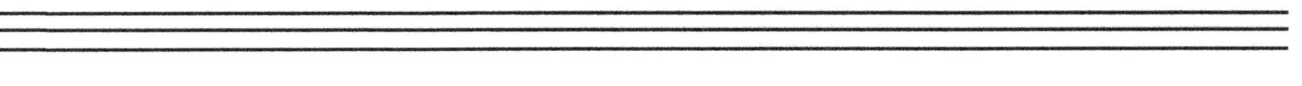

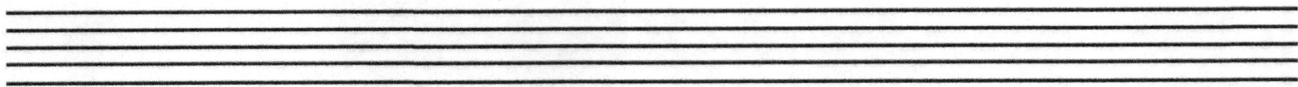

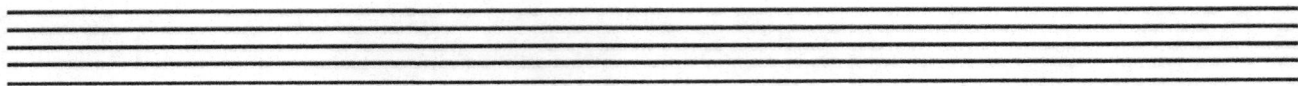

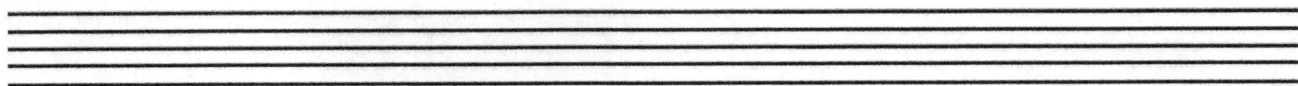

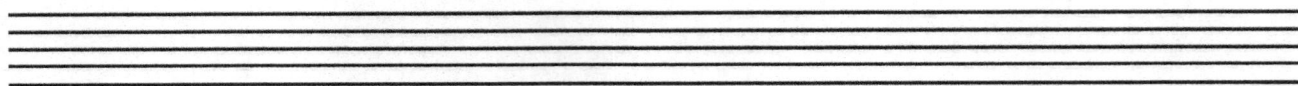

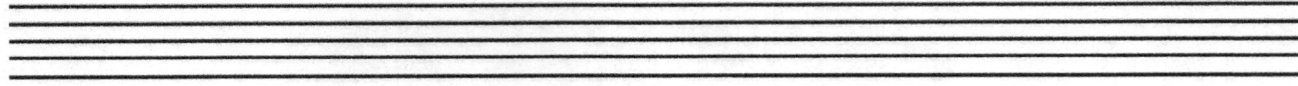

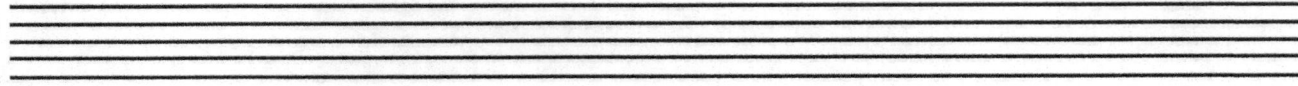

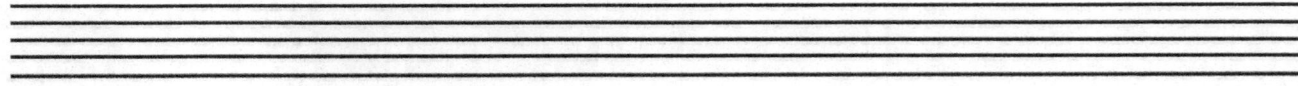

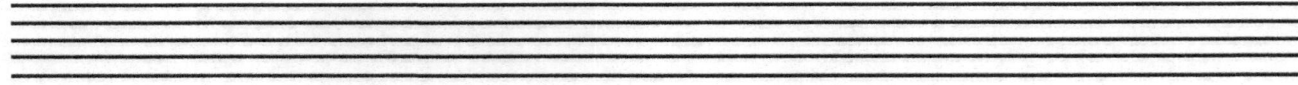

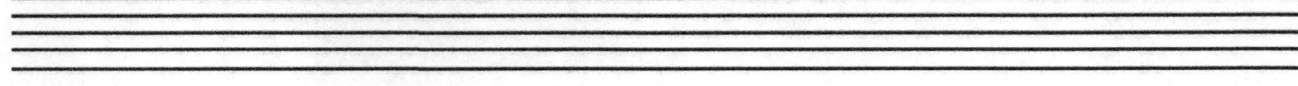

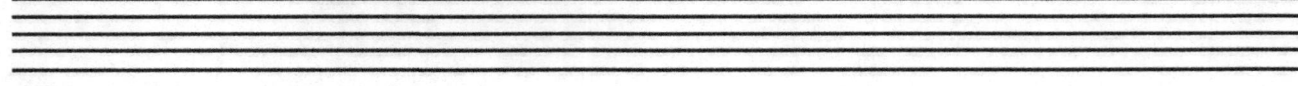

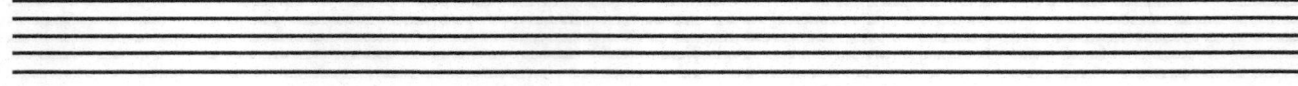

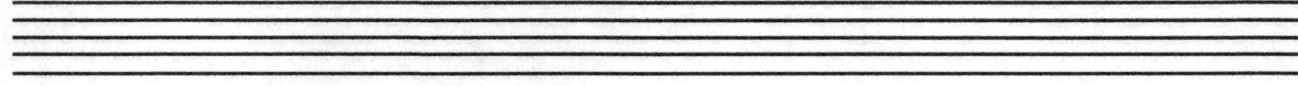

Song Title _____

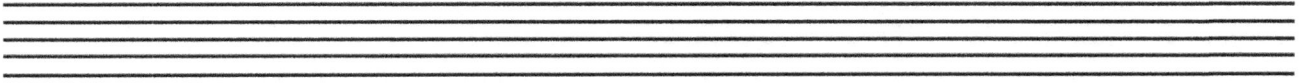

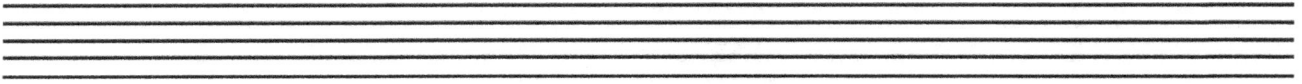

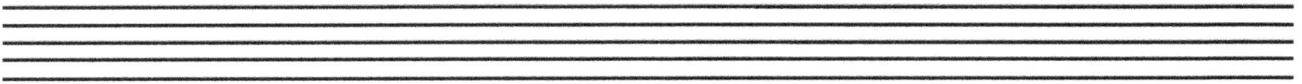

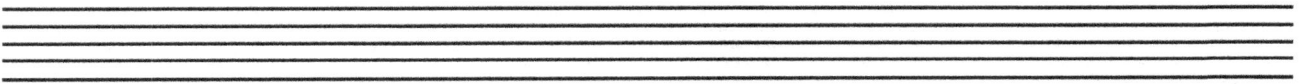

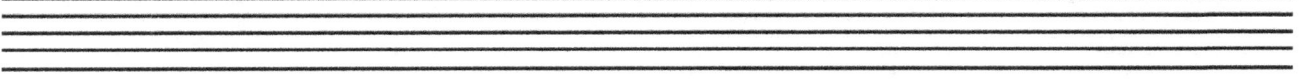

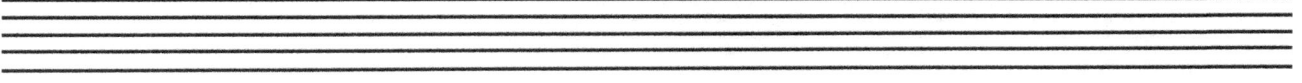

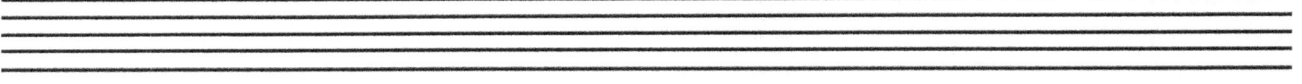

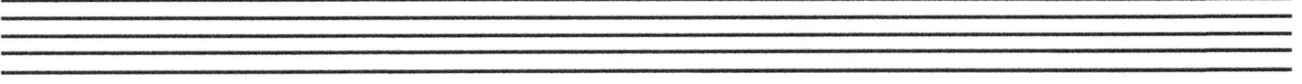

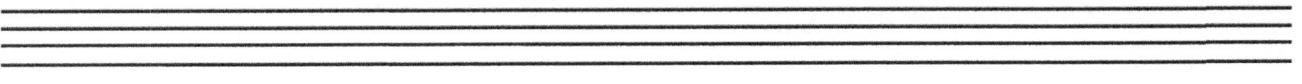

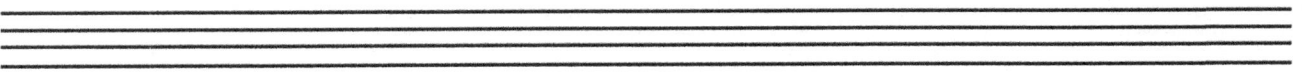

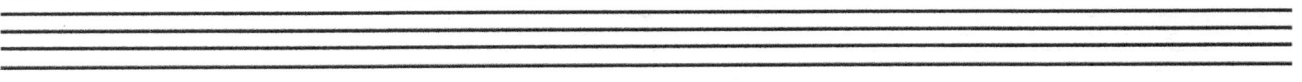

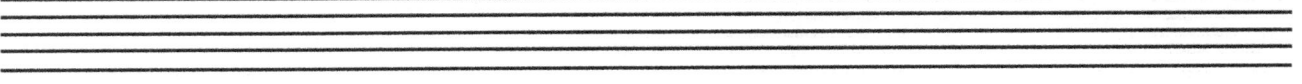

Song Title _____

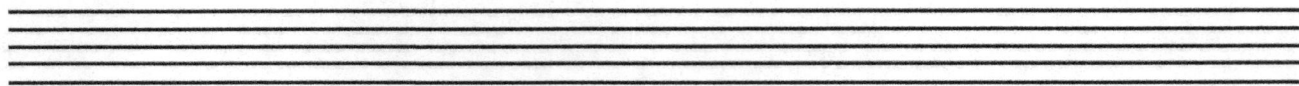

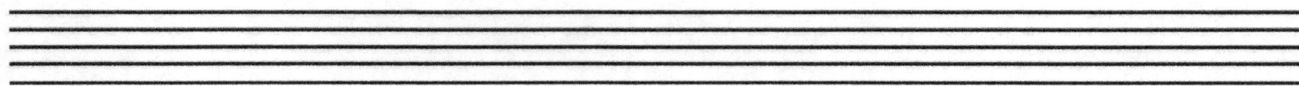

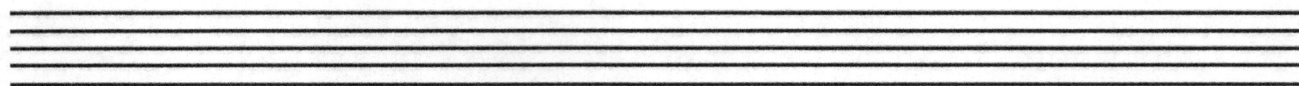

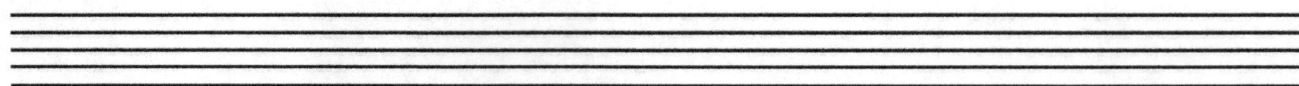

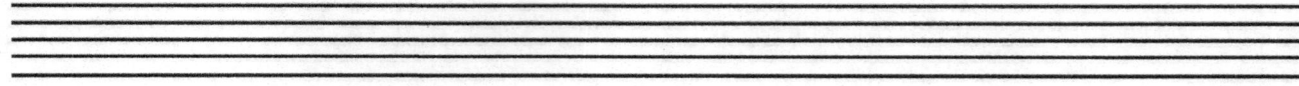

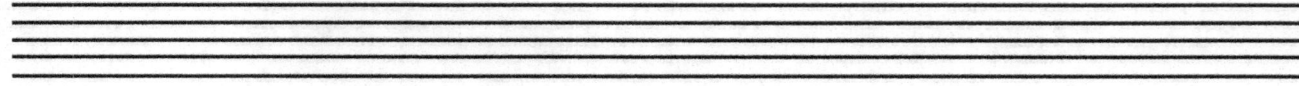

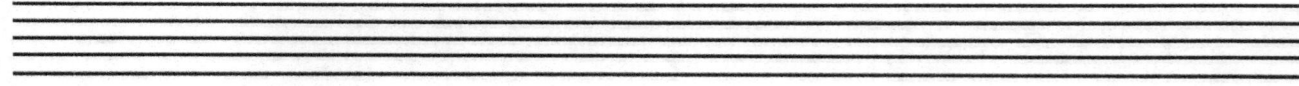

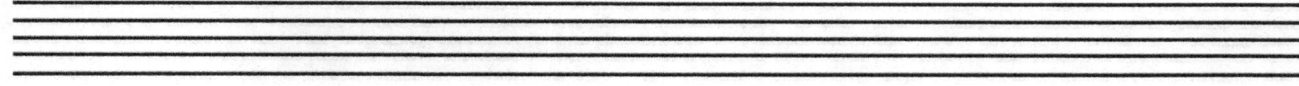

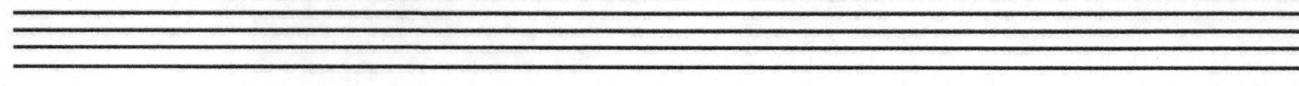

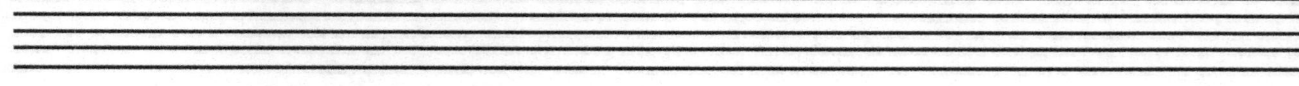

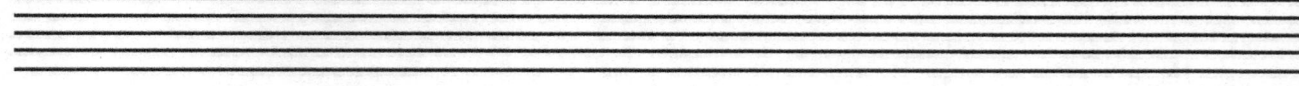

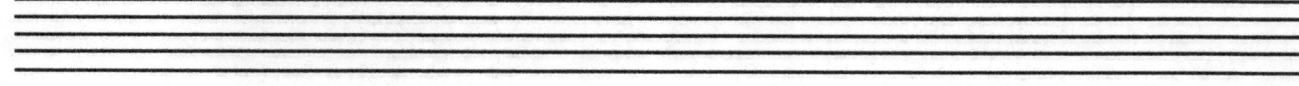

Song Title _____

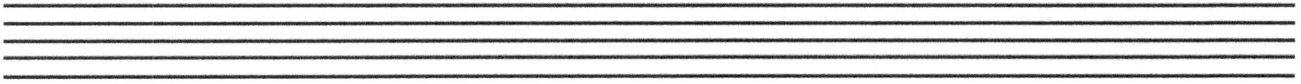

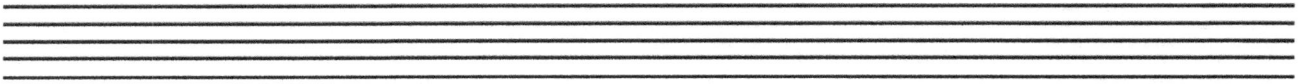

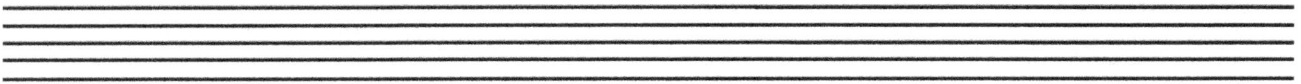

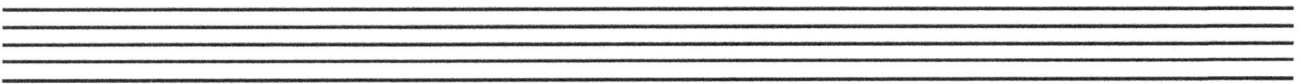

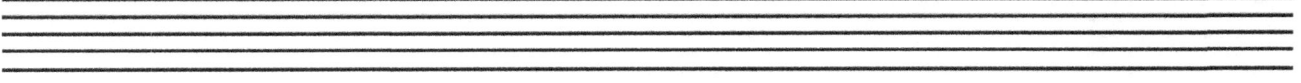

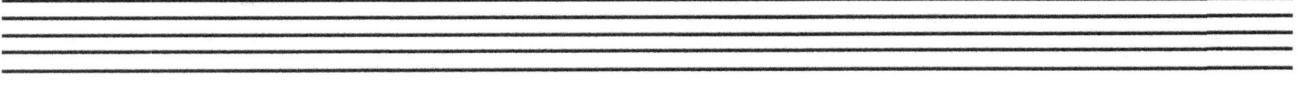

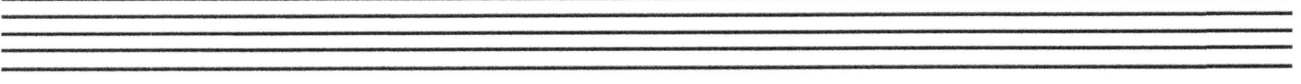

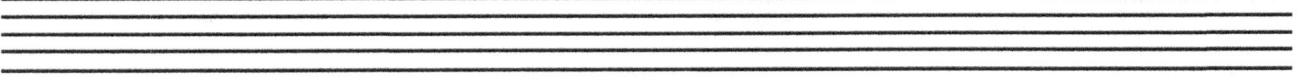

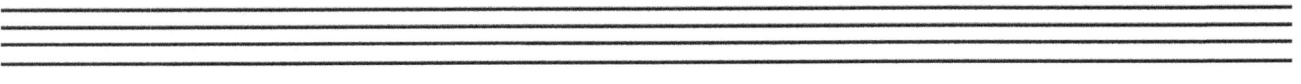

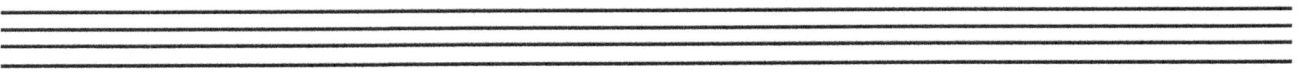

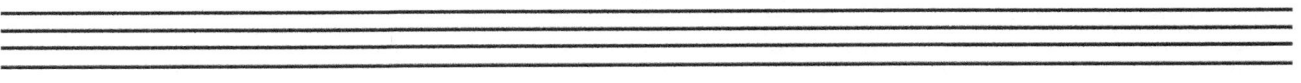

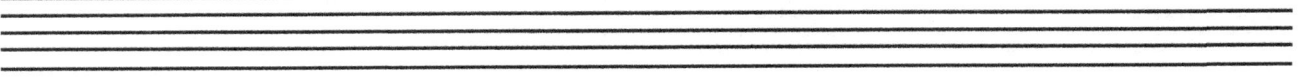

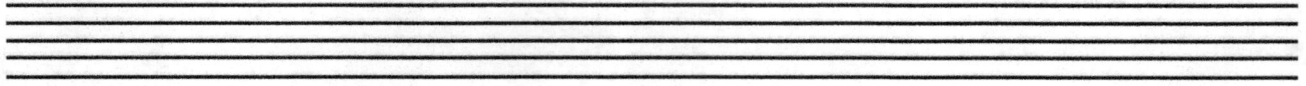
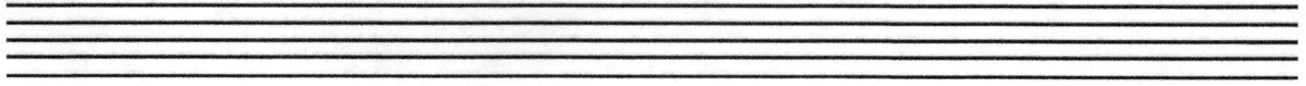
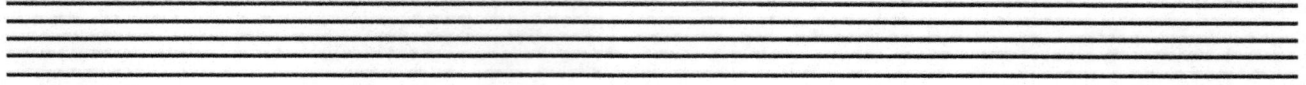
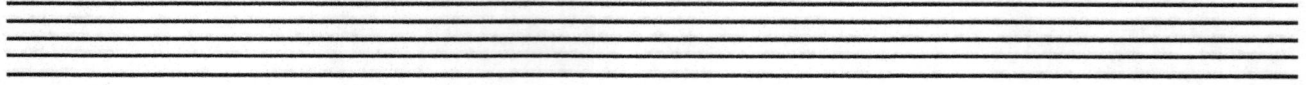
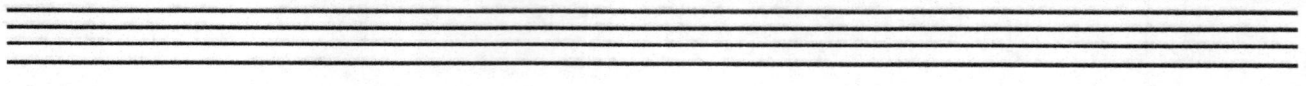
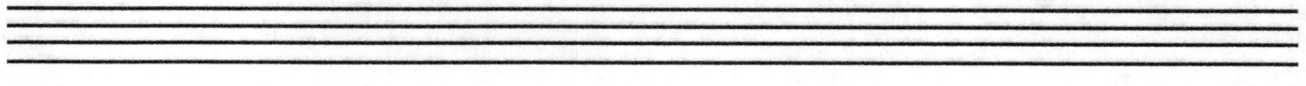
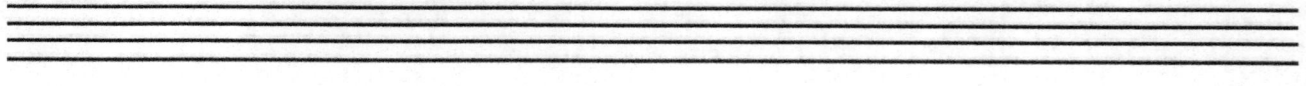
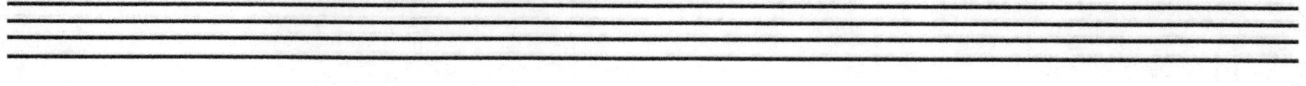
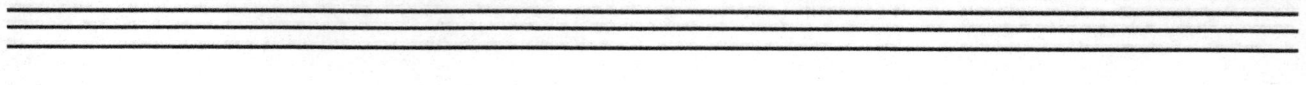
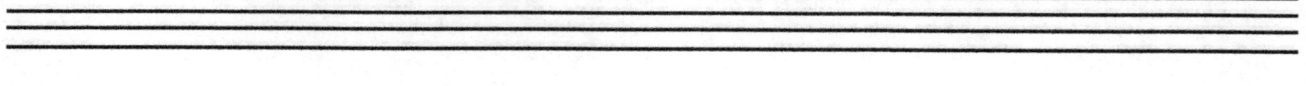
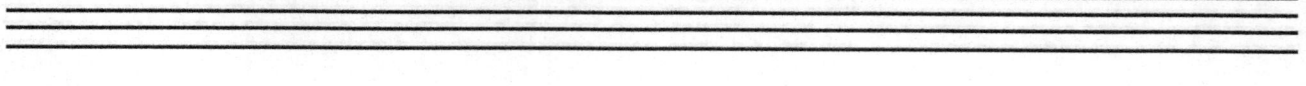
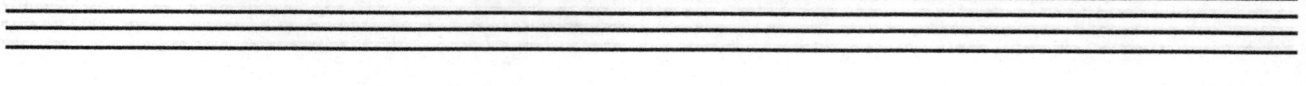

Song Title _____

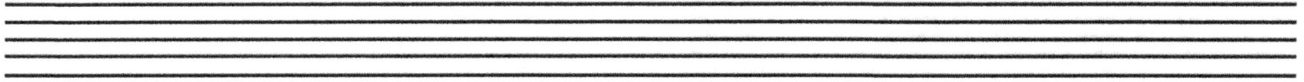
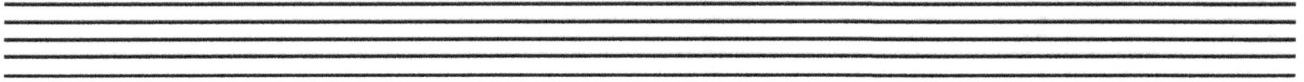
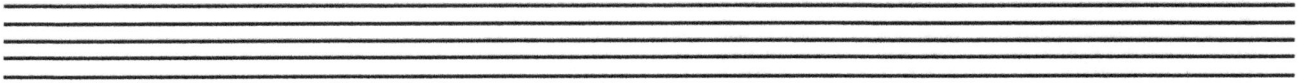
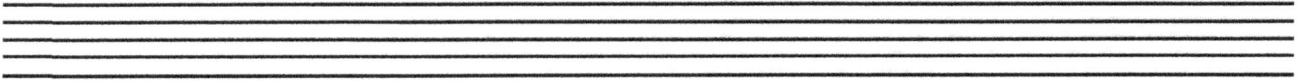
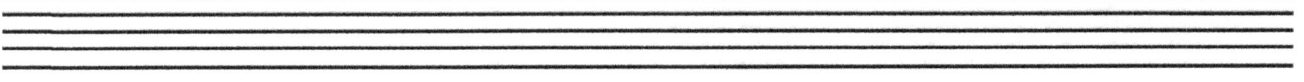
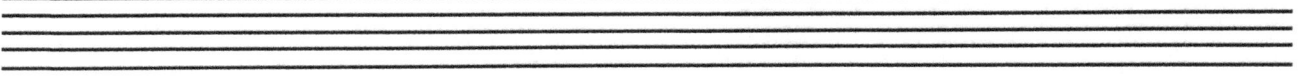
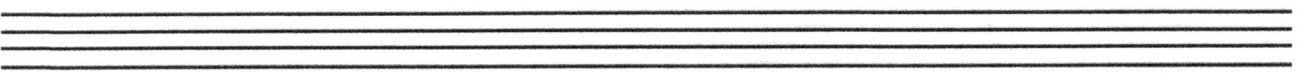
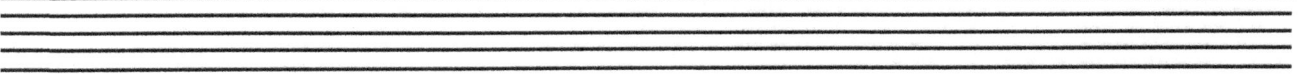
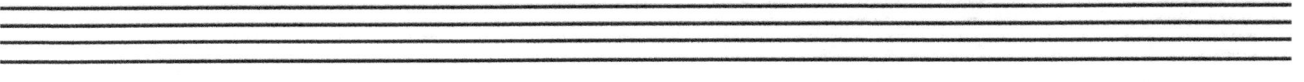
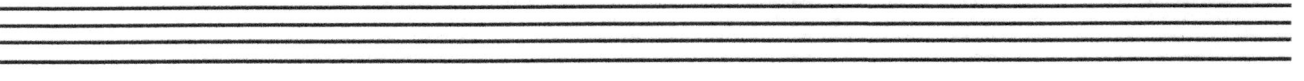
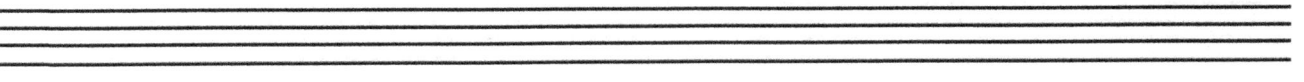
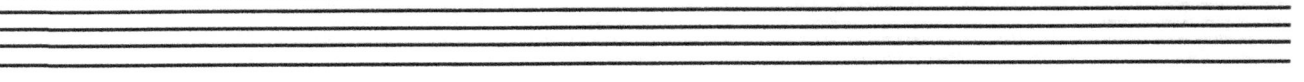

Song Title _____

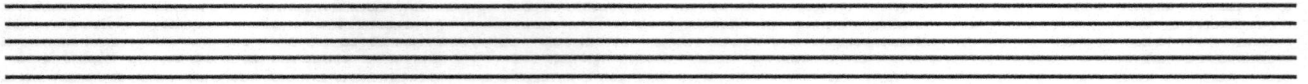

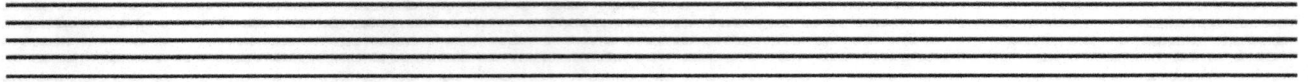

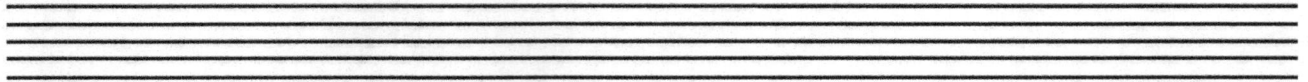

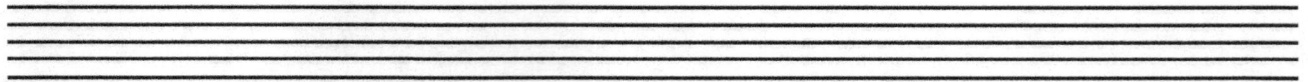

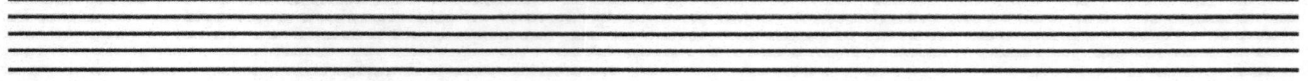

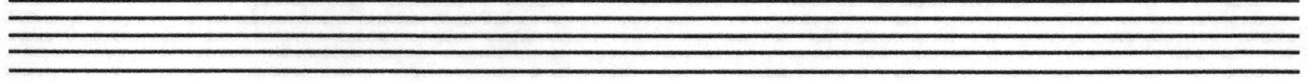

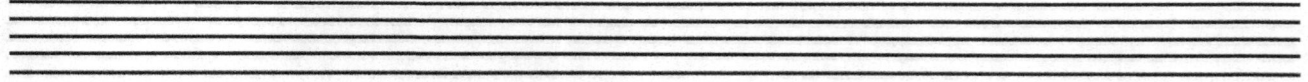

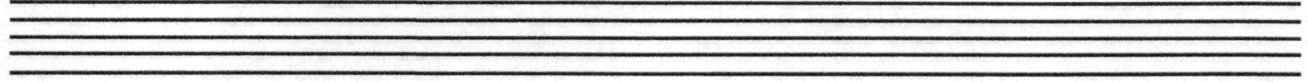

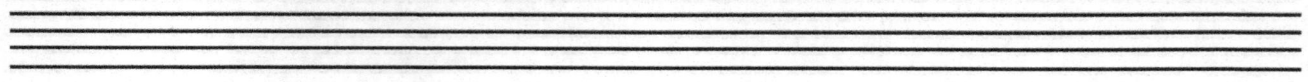

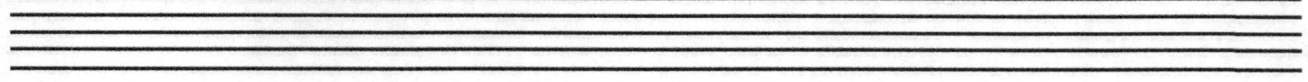

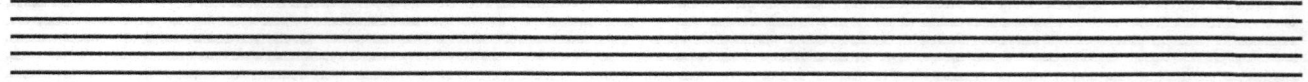

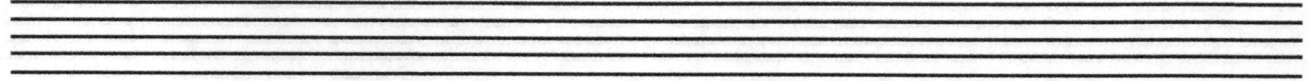

Song Title_____

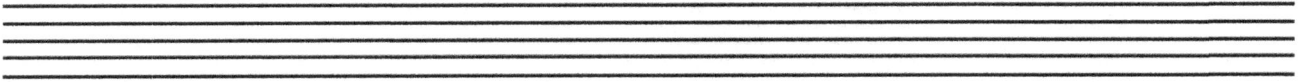
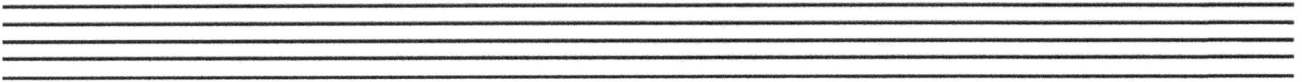
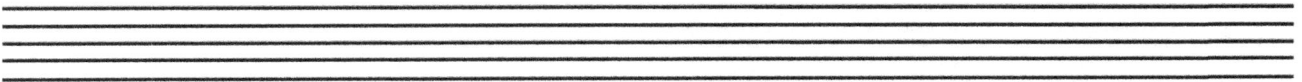
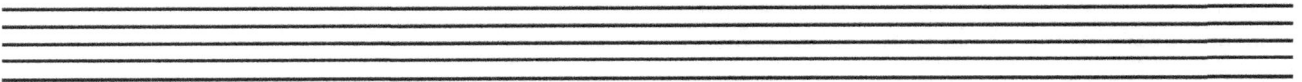
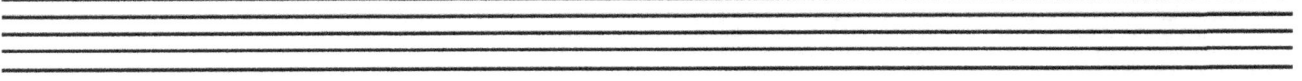
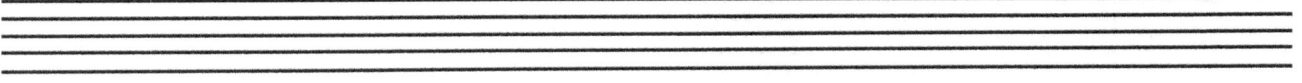
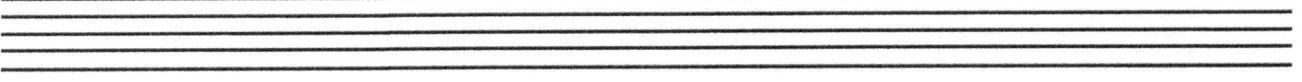
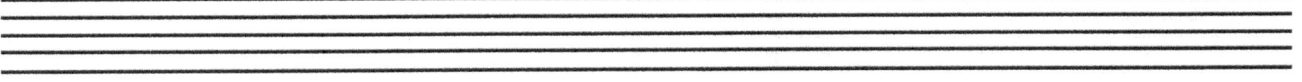
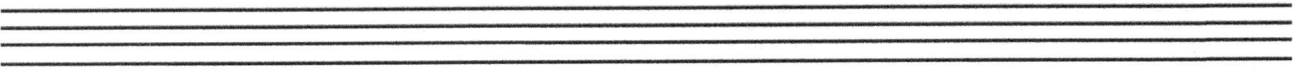
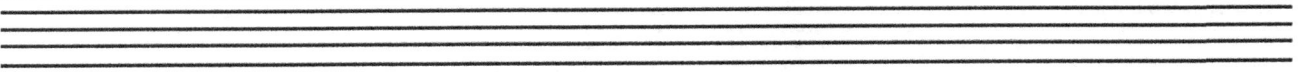
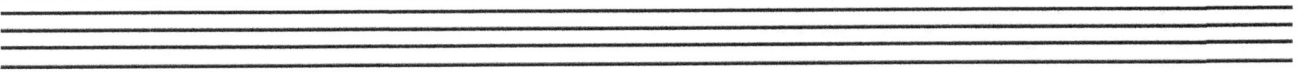
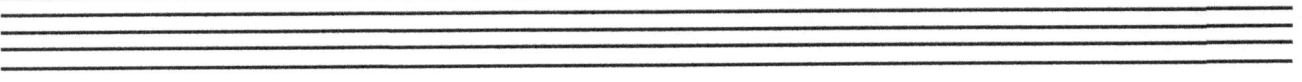

Song Title _____

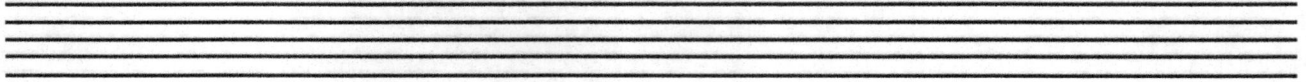

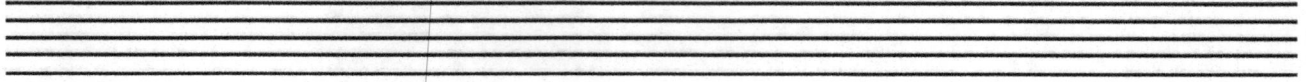

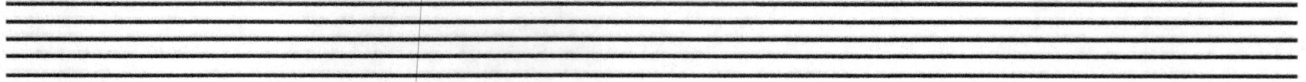

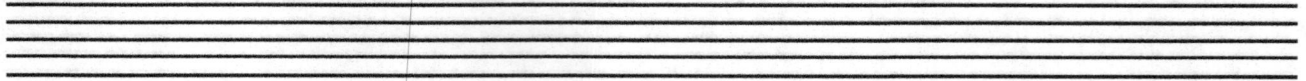

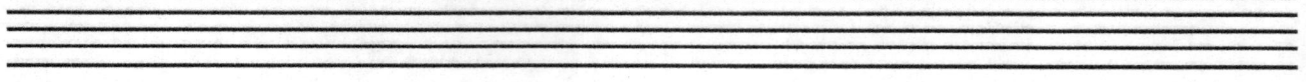

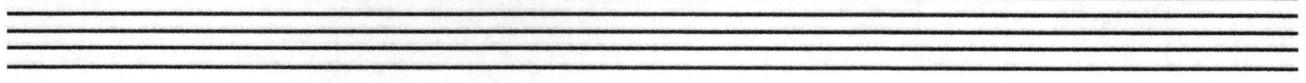

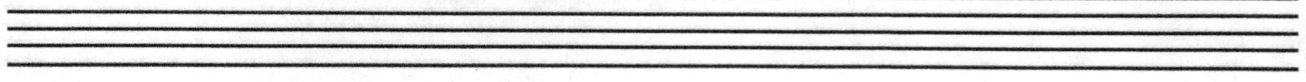

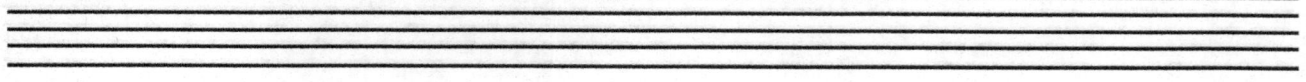

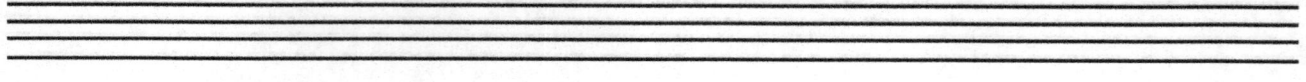

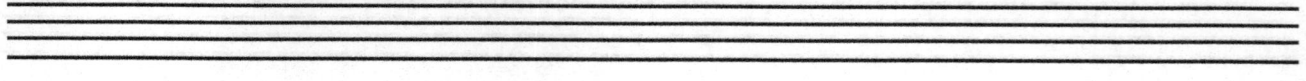

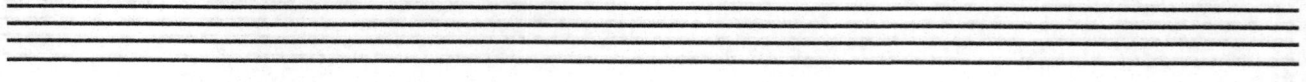

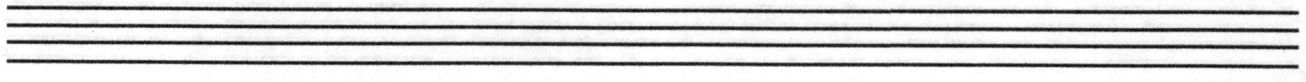

Song Title _____

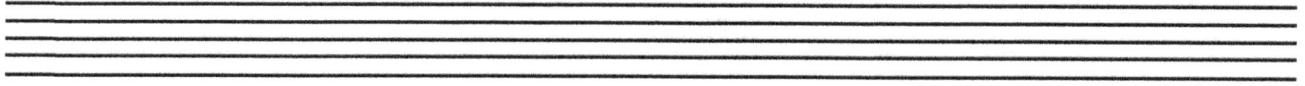

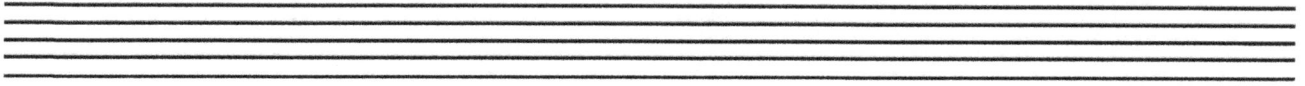

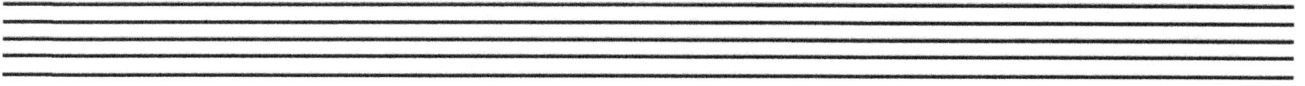

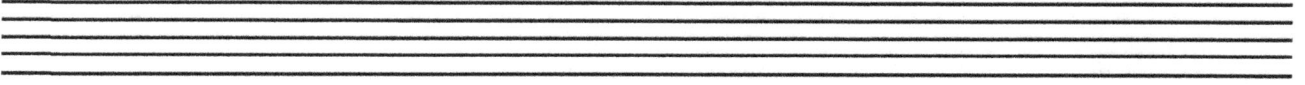

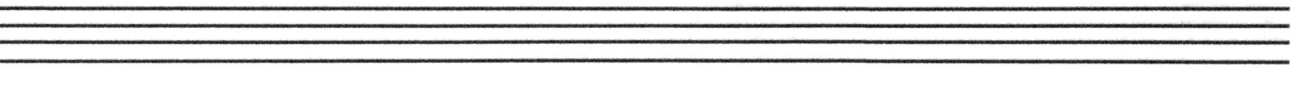

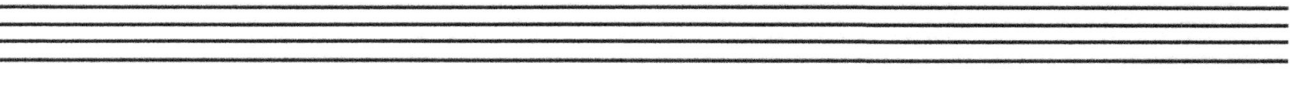

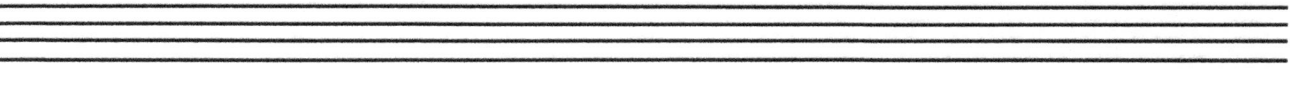

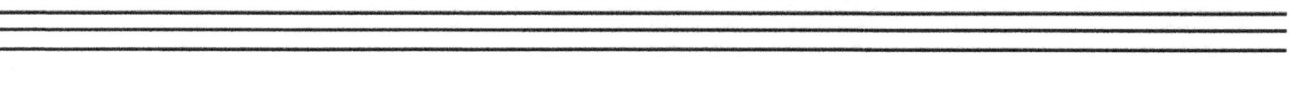

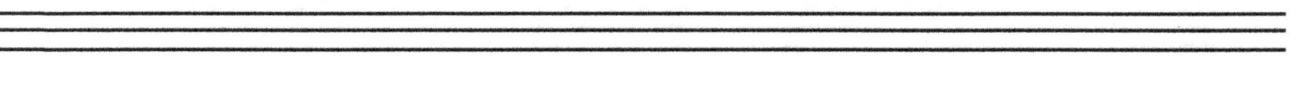

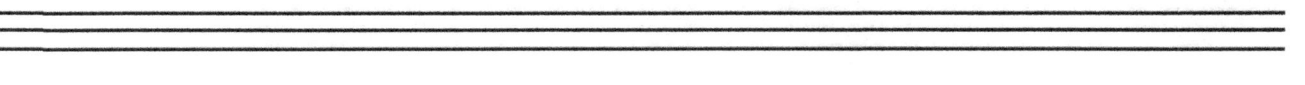

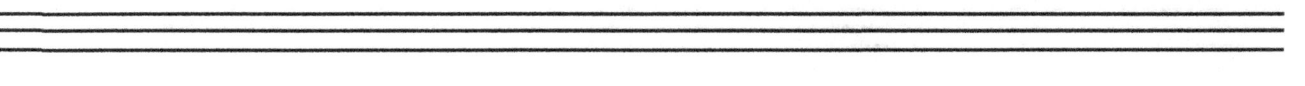

Song Title _____

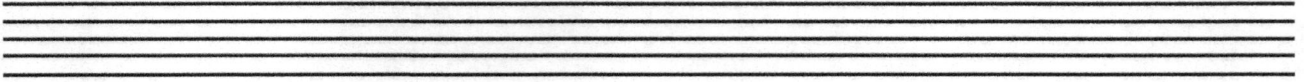

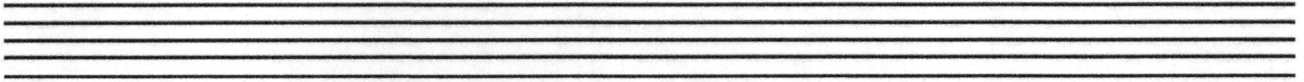

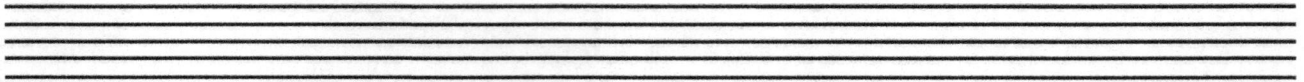

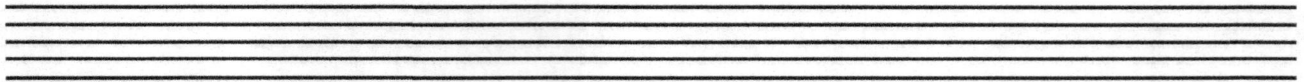

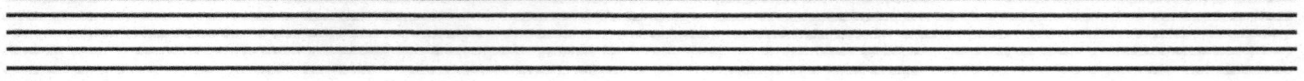

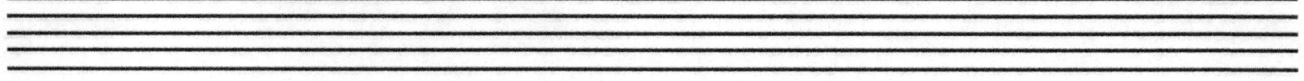

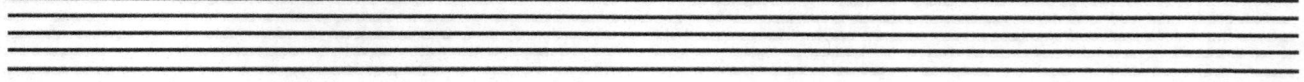

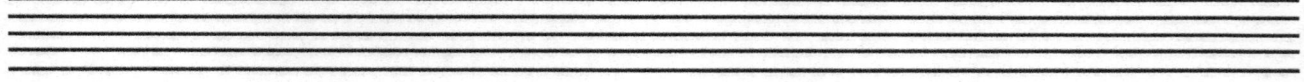

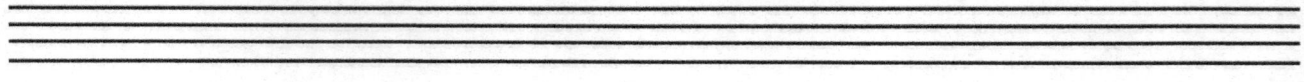

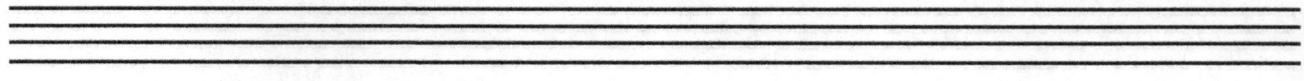

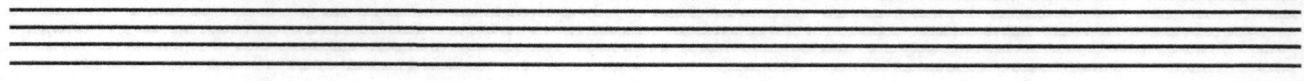

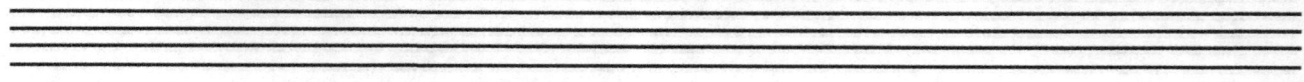

Song Title _____

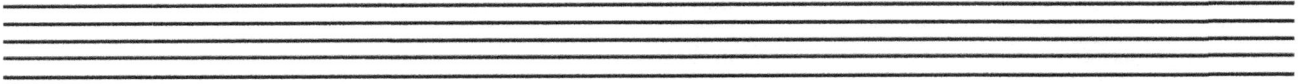

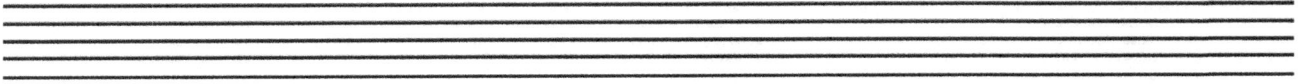

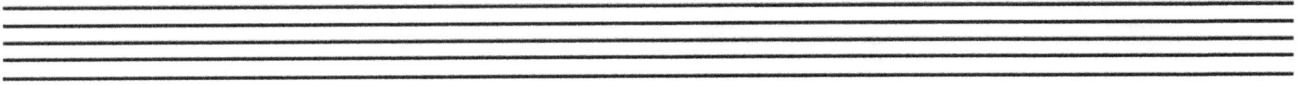

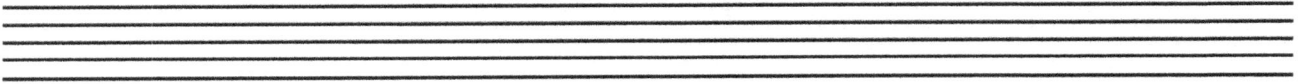

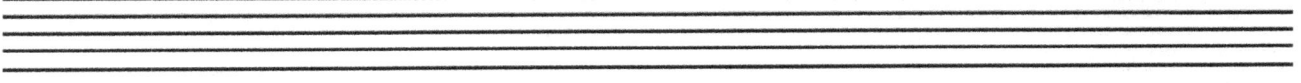

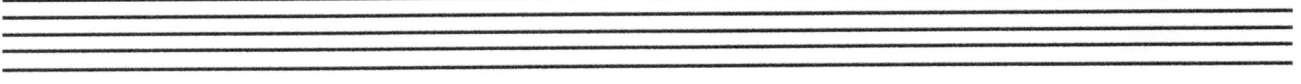

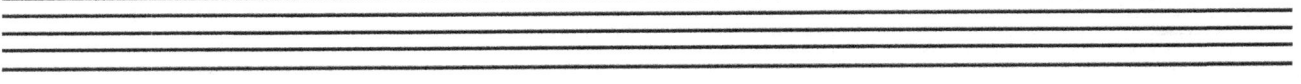

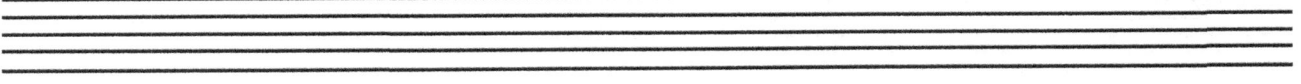

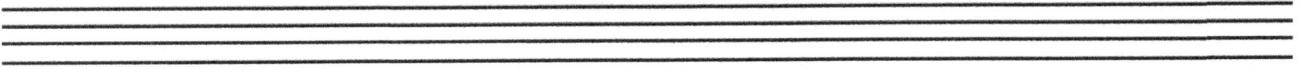

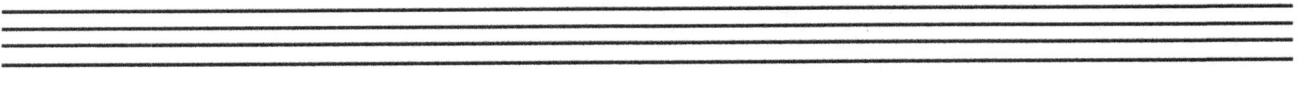

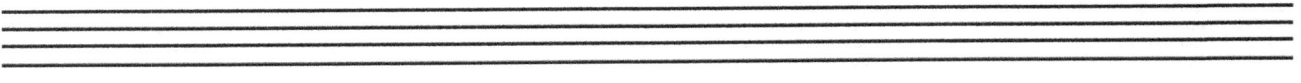

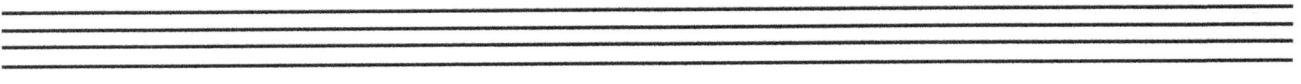

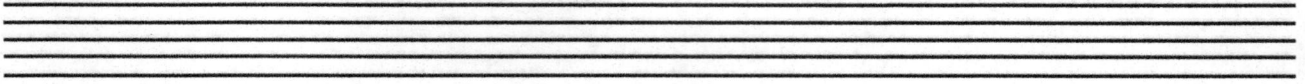

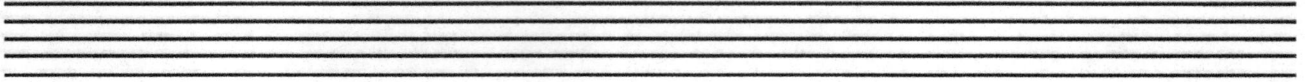

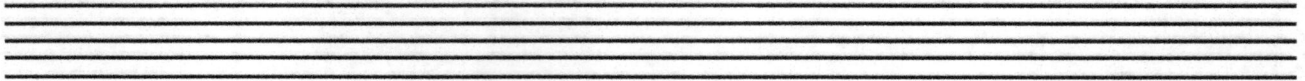

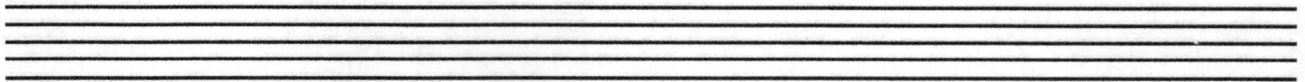

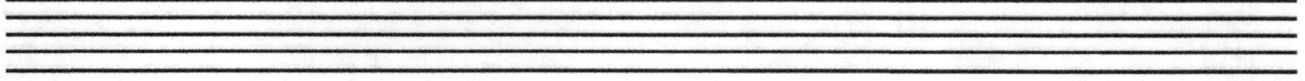

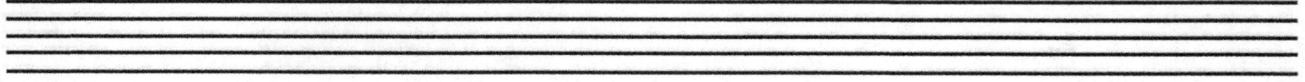

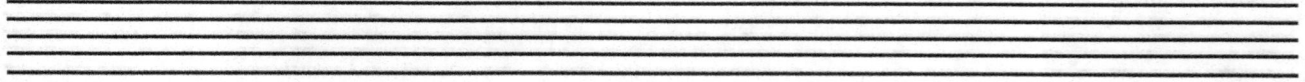

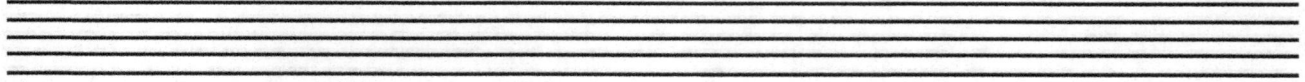

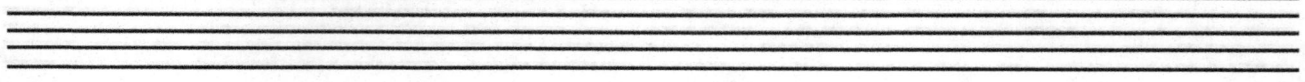

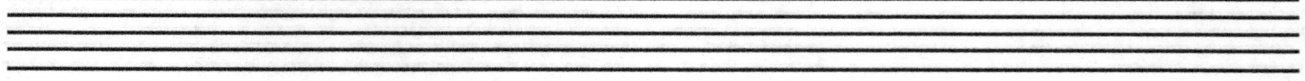

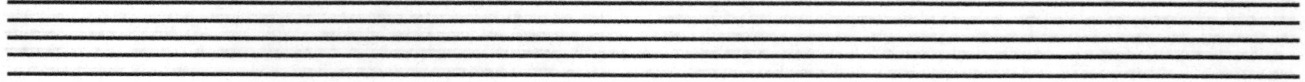

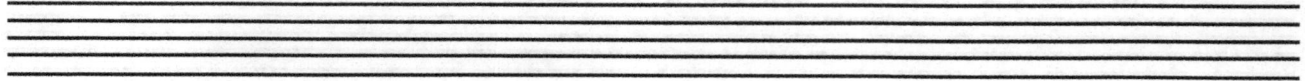

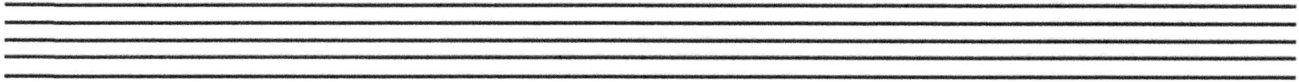
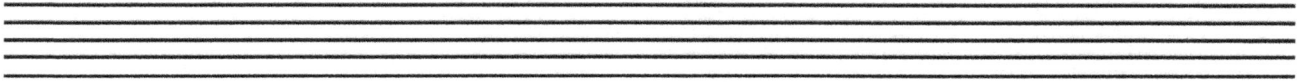
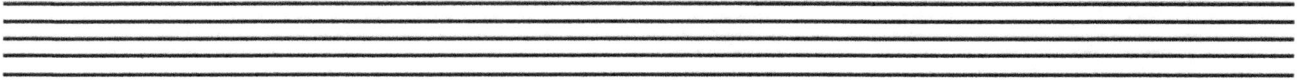
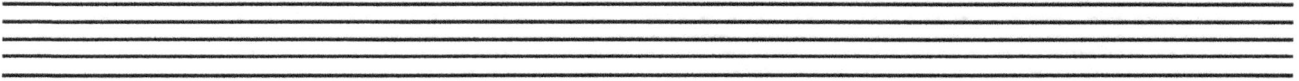
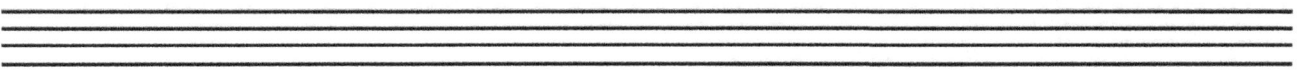
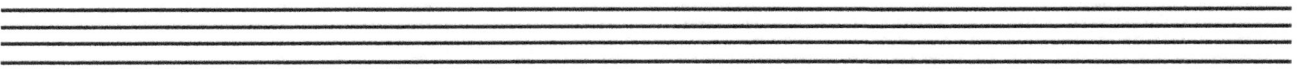
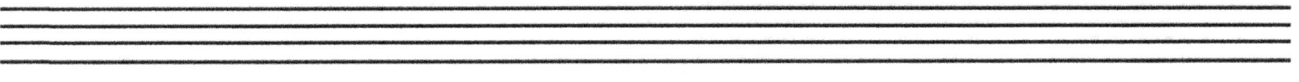
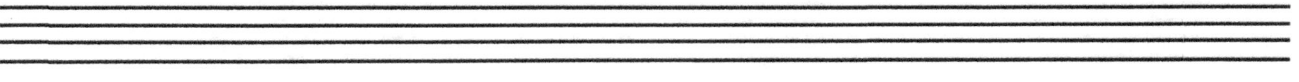
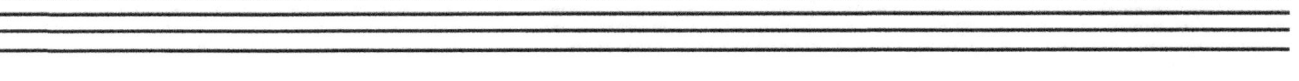
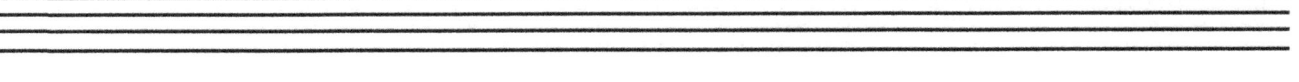
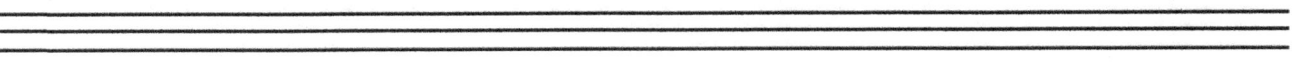
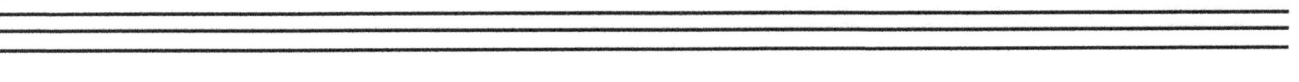

Song Title _____

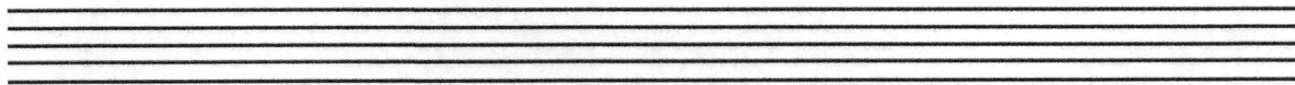

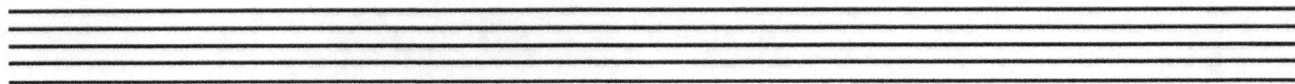

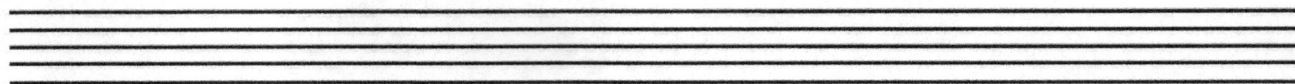

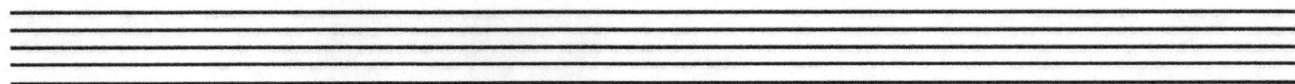

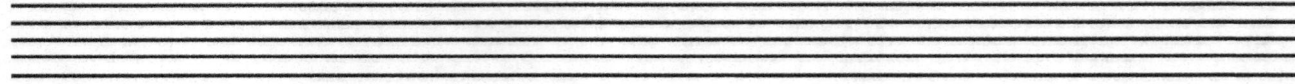

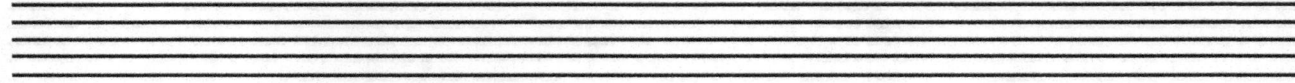

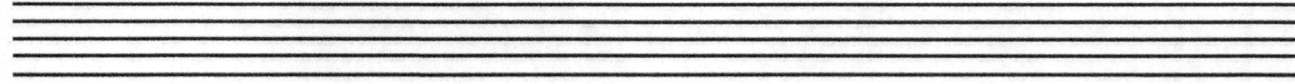

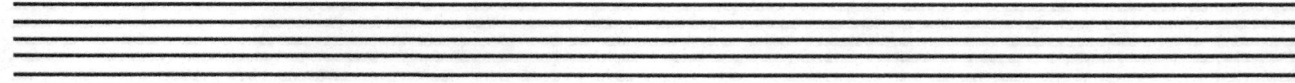

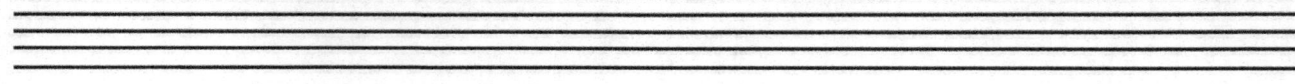

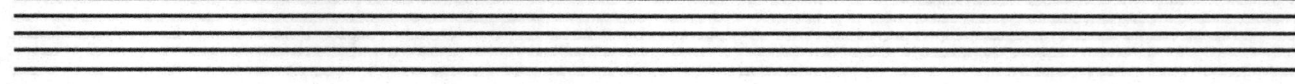

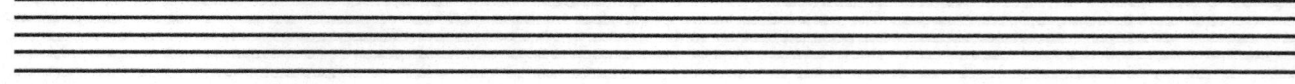

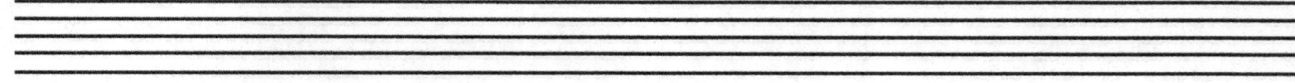

Song Title _____

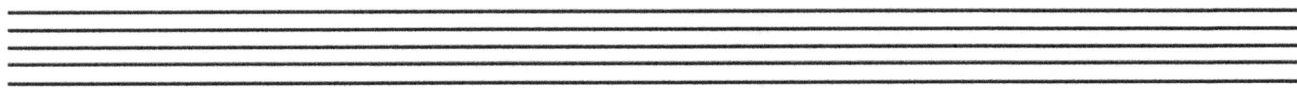

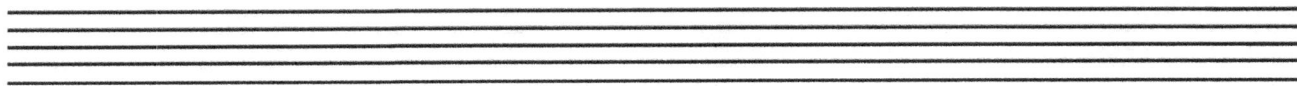

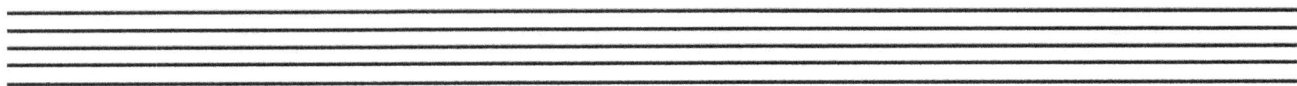

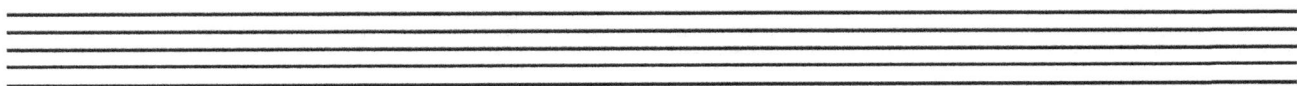

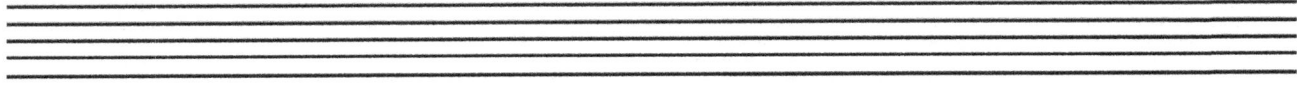

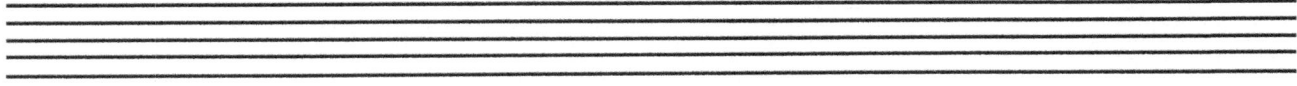

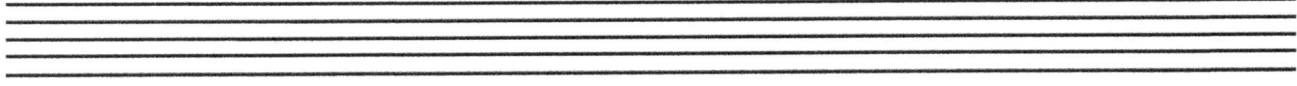

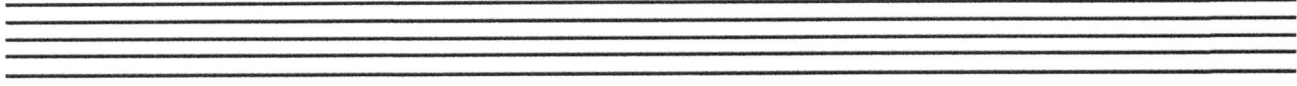

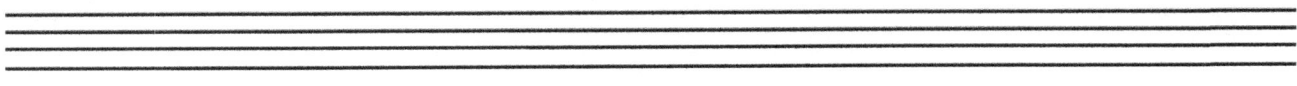

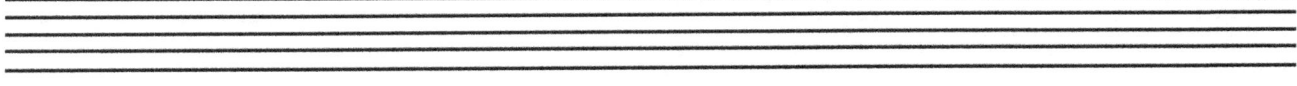

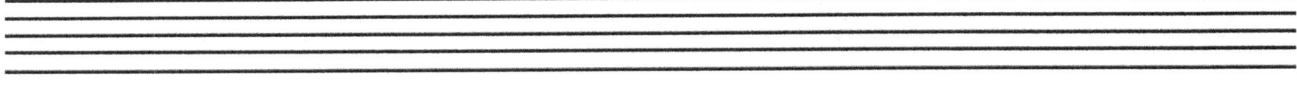

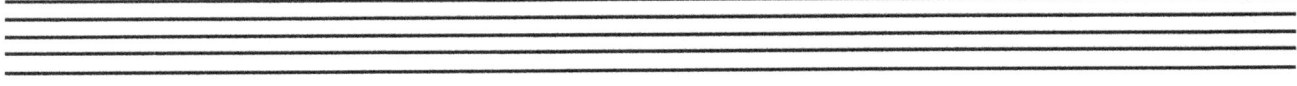

Song Title _____

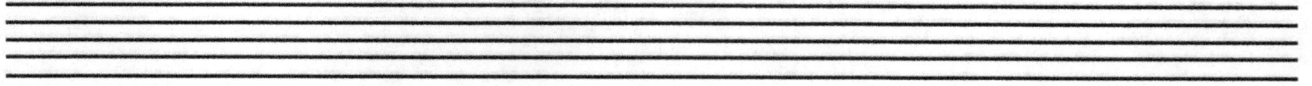

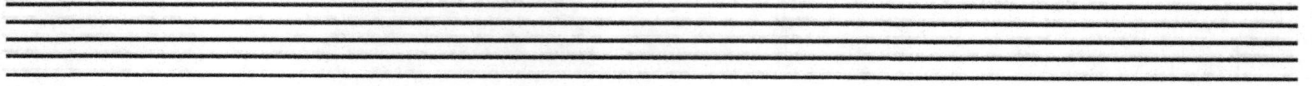

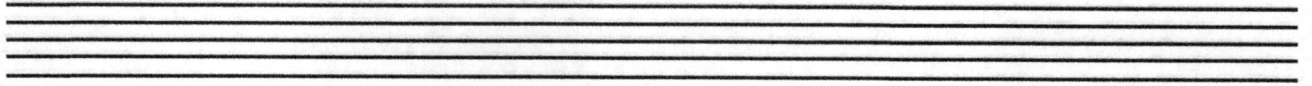

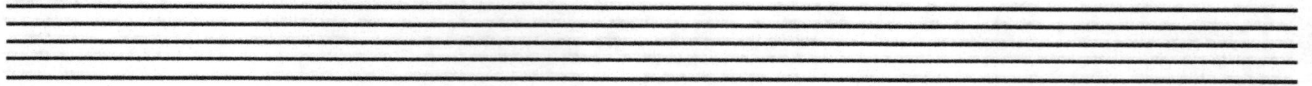

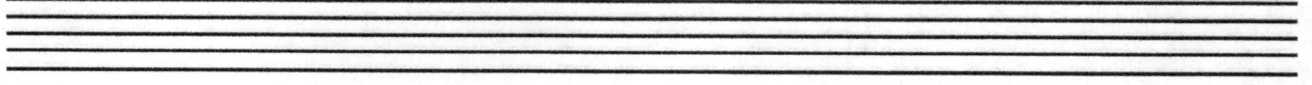

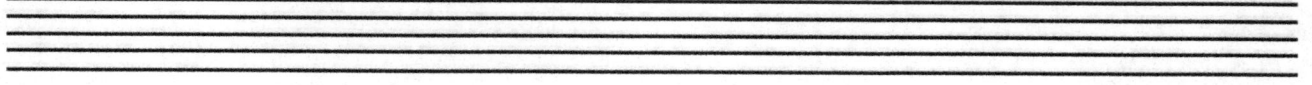

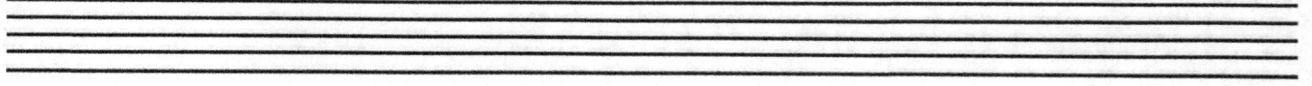

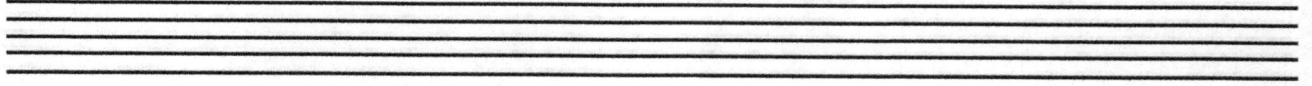

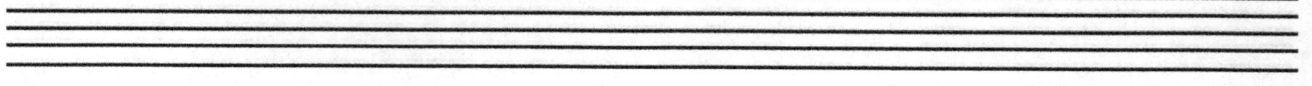

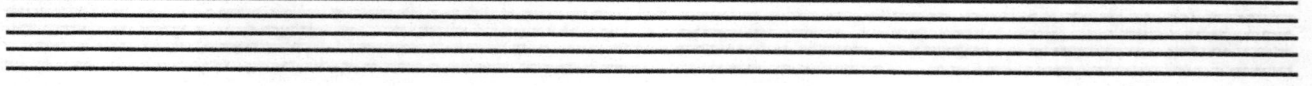

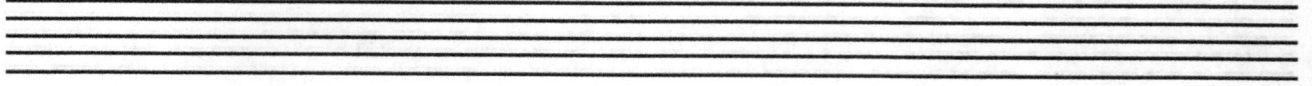

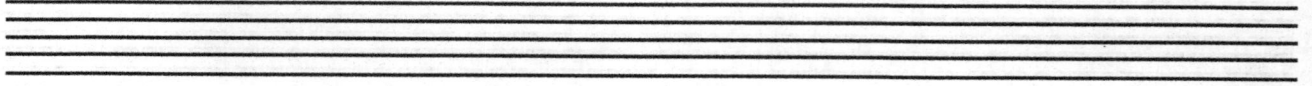

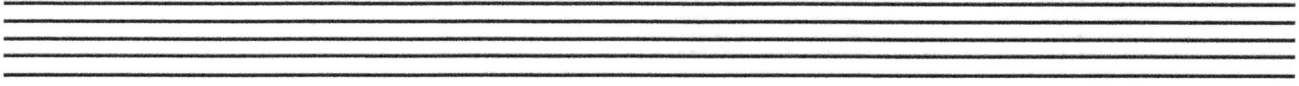
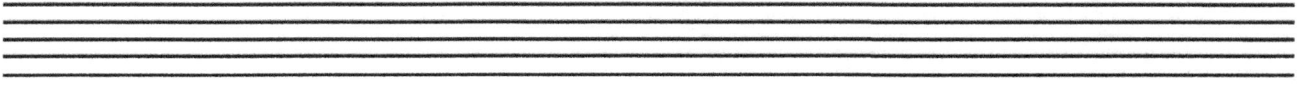
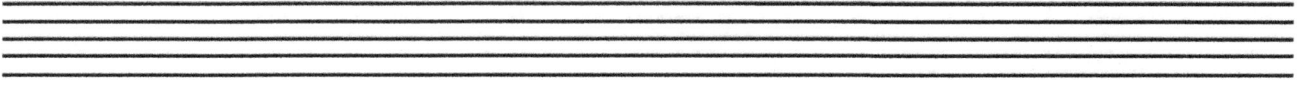
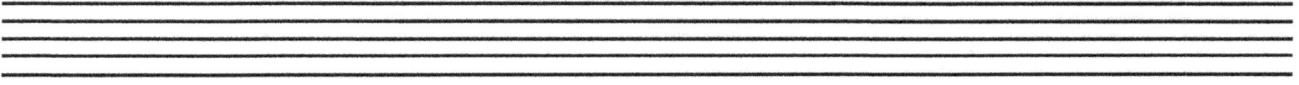
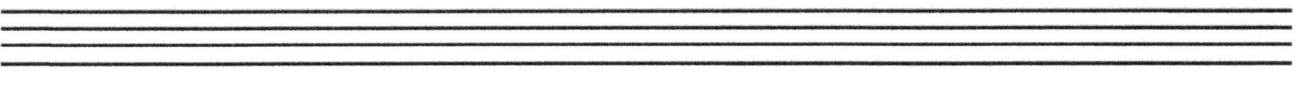
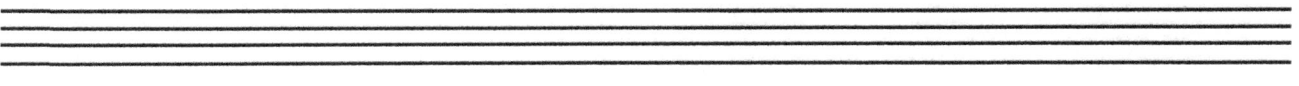
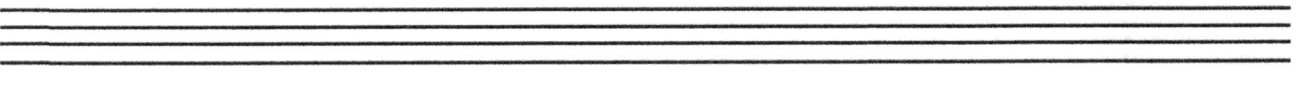
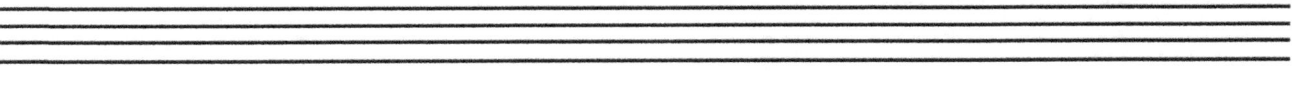
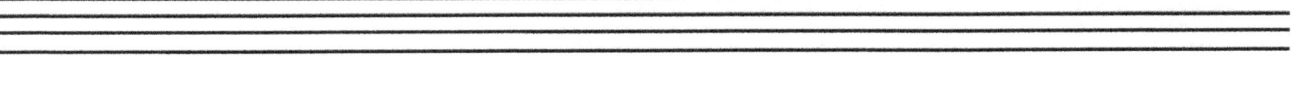
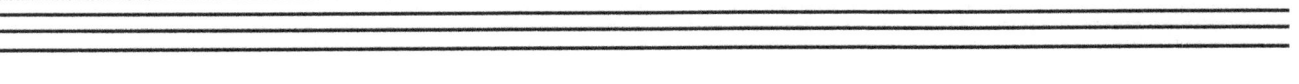
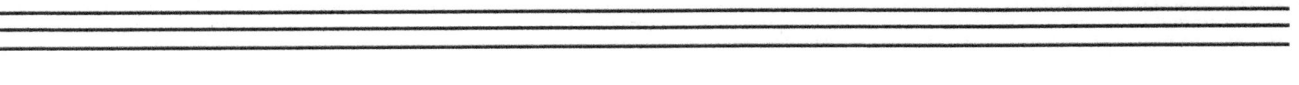
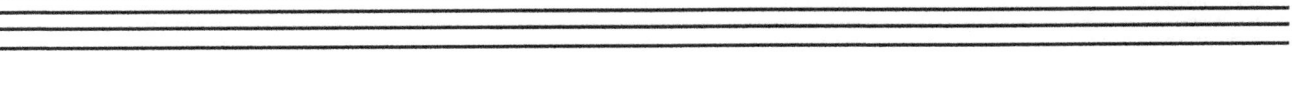

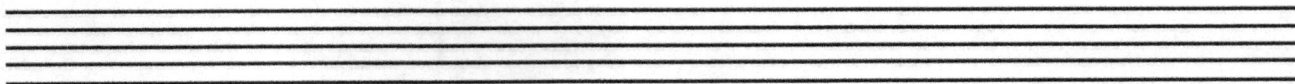
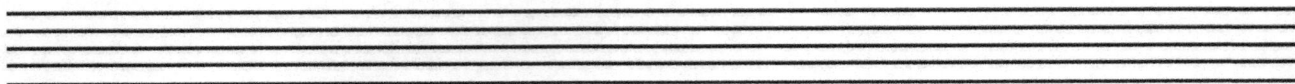
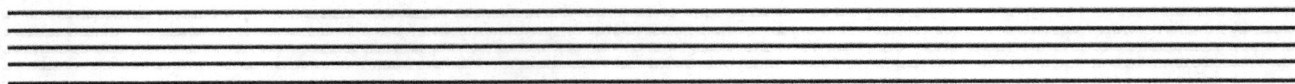
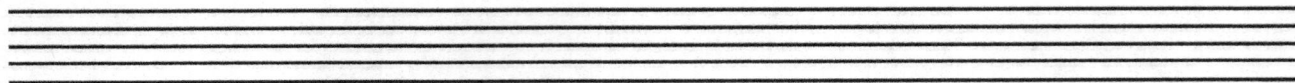
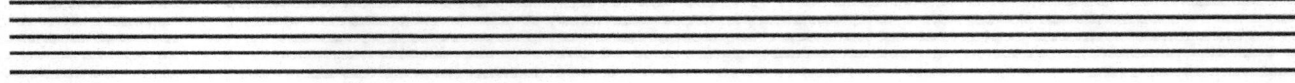
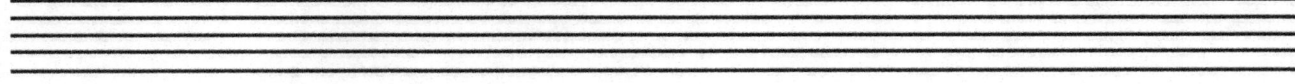
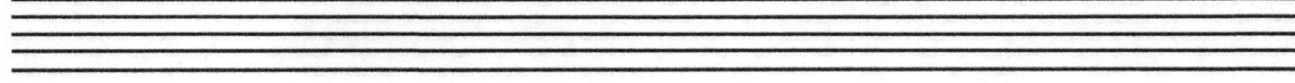
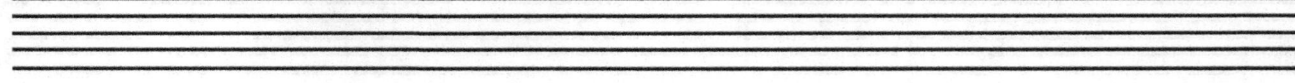
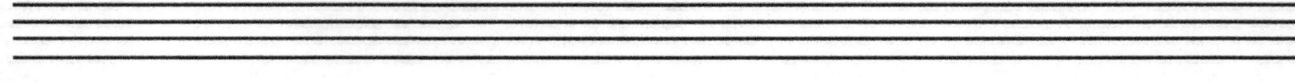
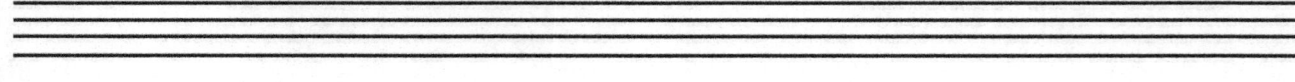
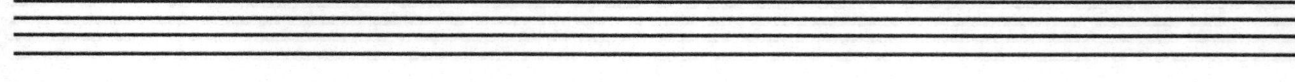
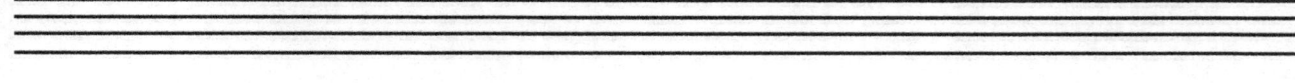

Song Title _____

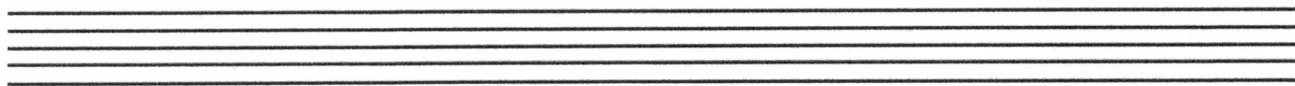

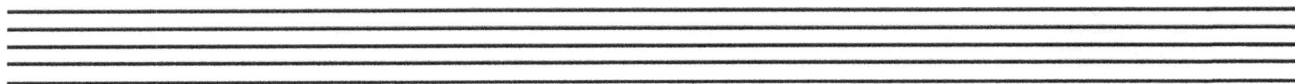

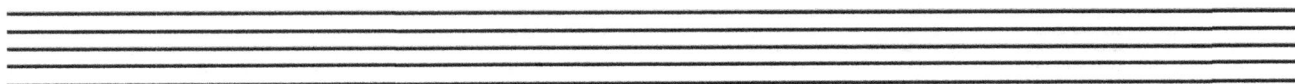

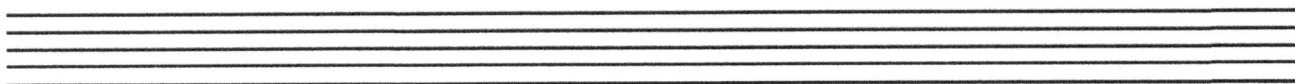

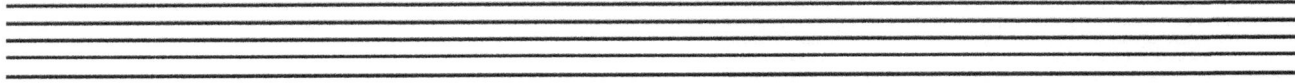

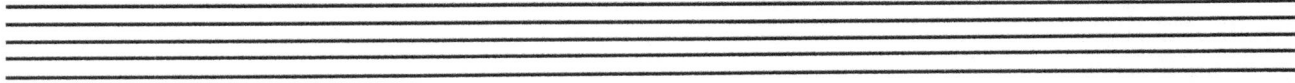

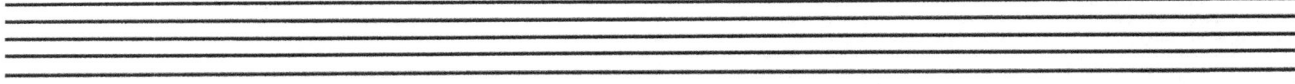

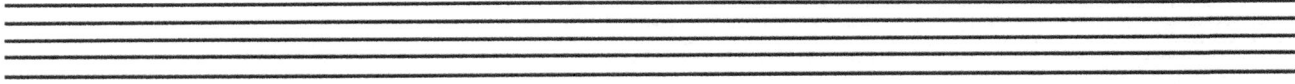

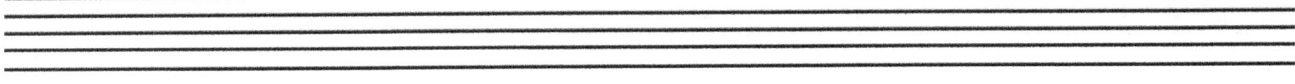

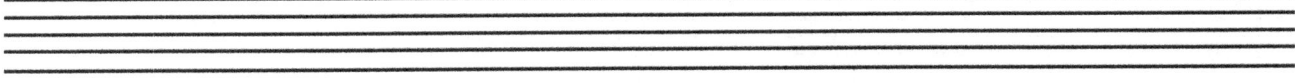

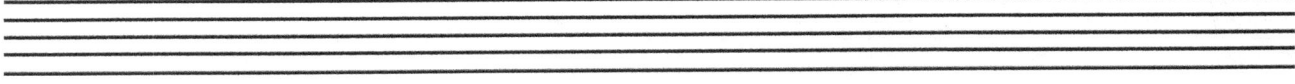

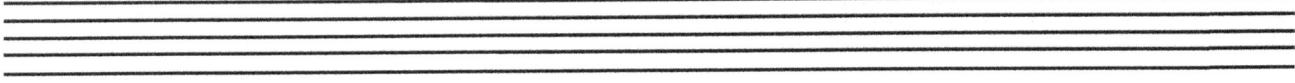

Song Title _____

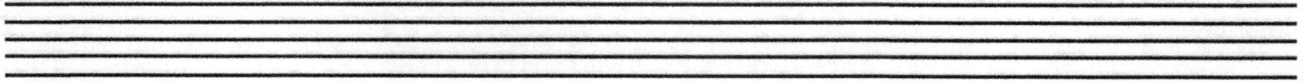

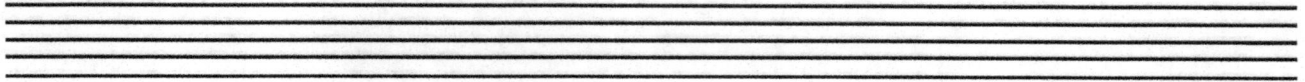

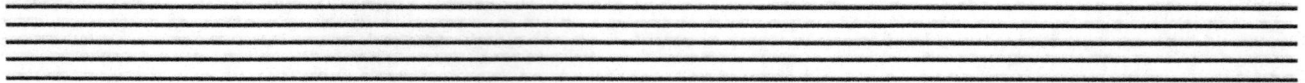

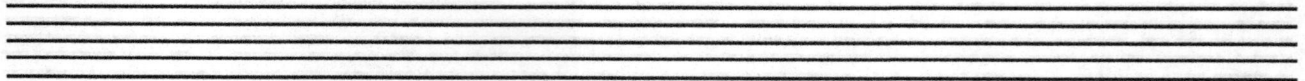

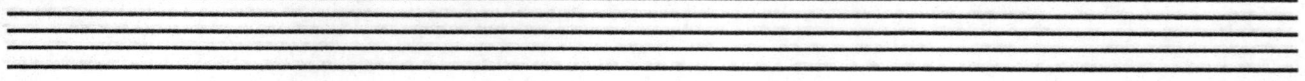

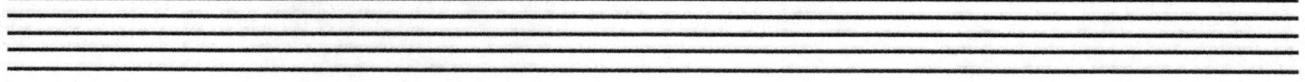

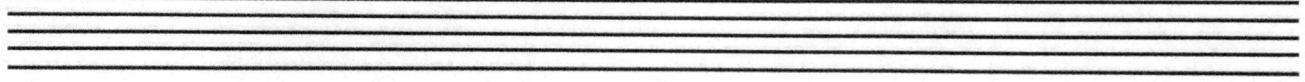

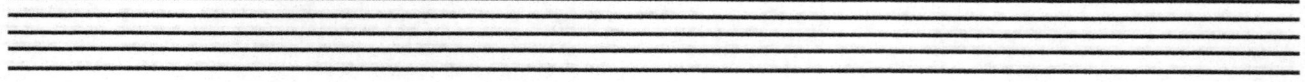

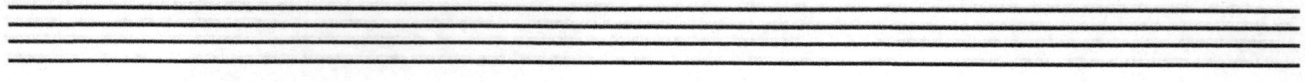

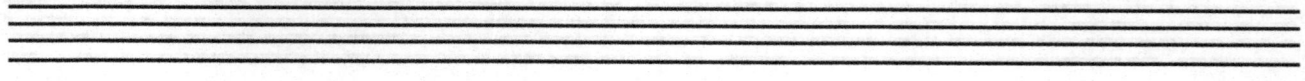

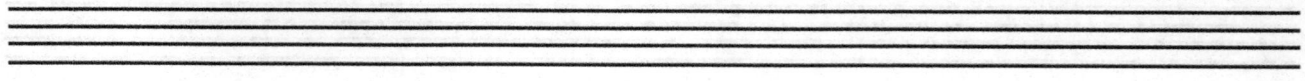

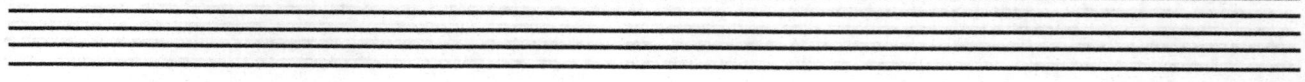

Song Title _____

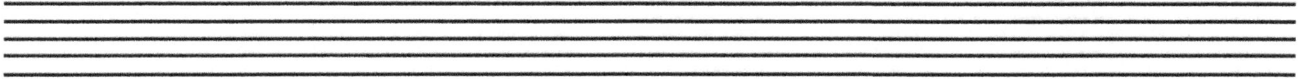

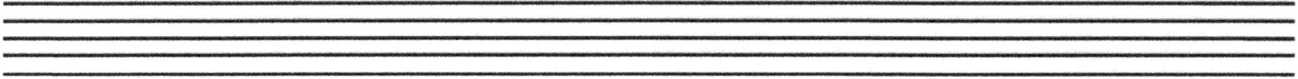

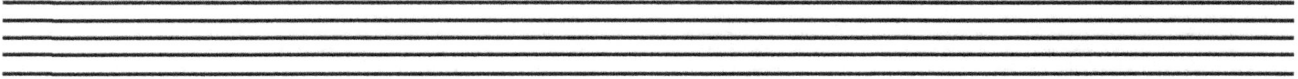

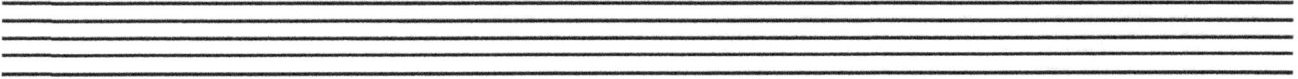

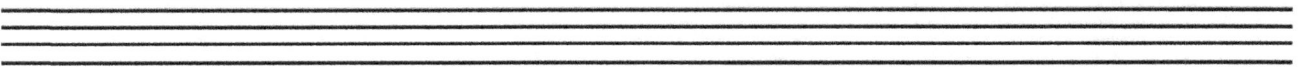

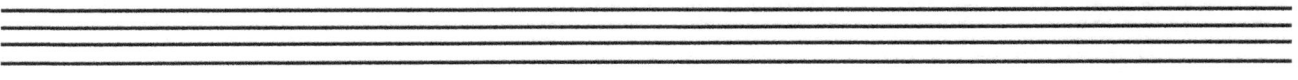

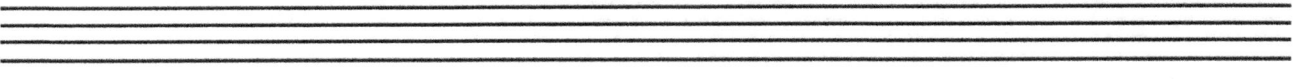

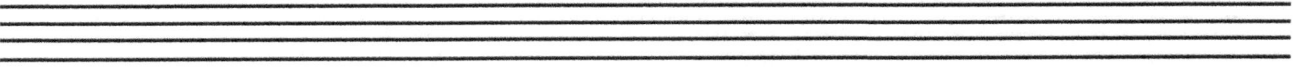

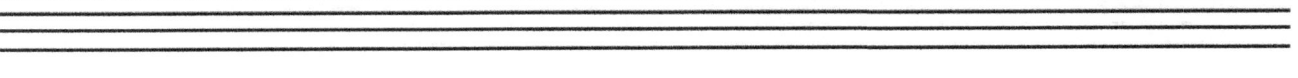

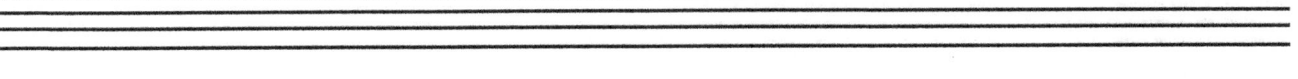

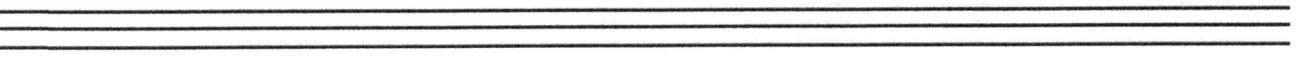

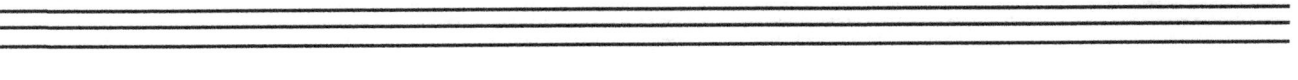

Song Title _____

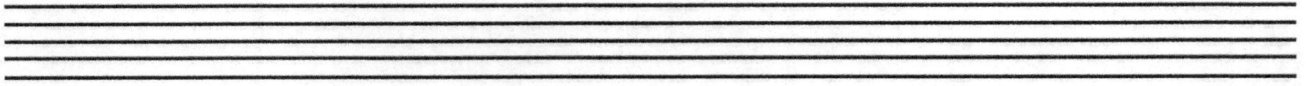

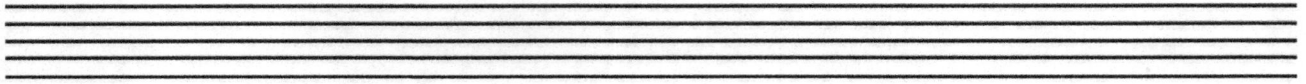

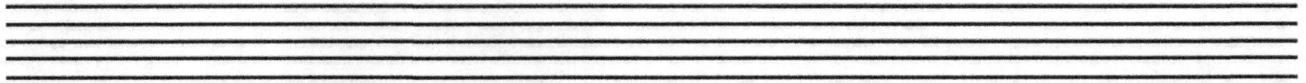

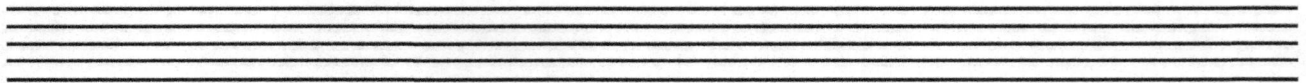

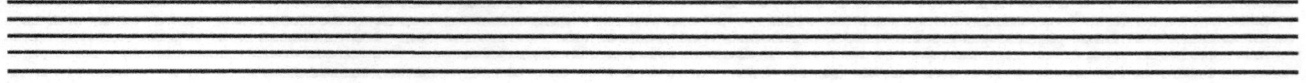

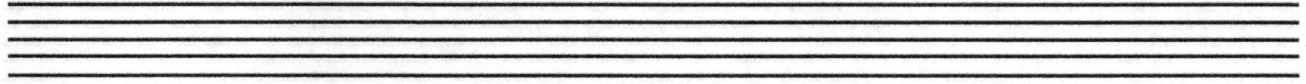

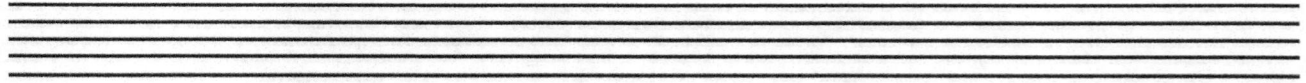

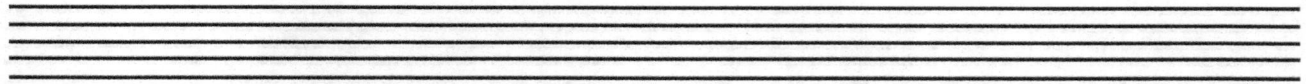

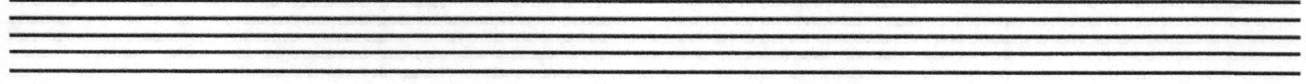

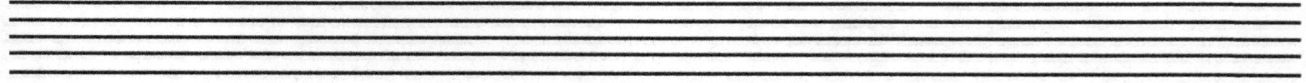

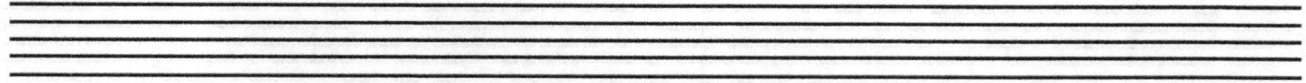

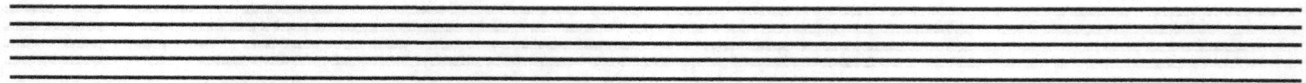

Song Title _____

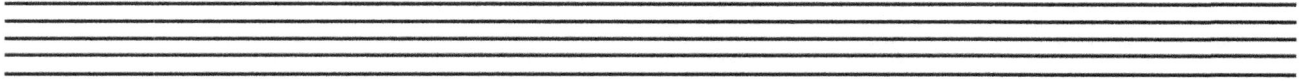

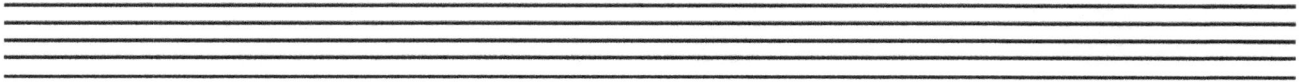

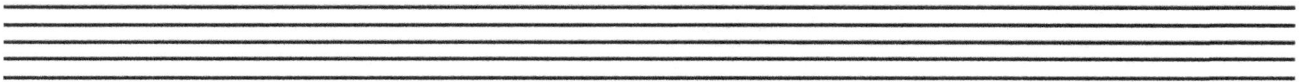

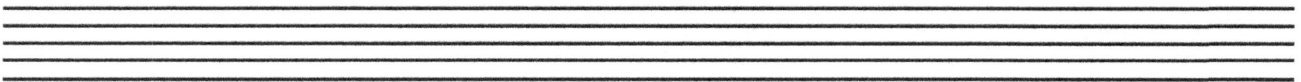

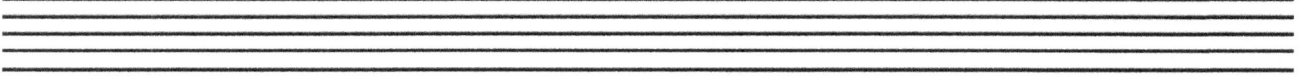

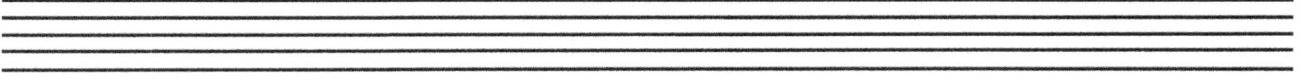

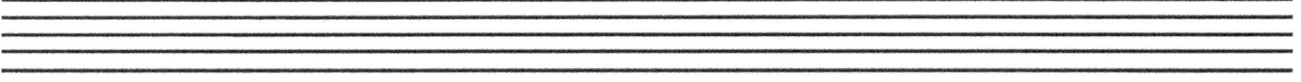

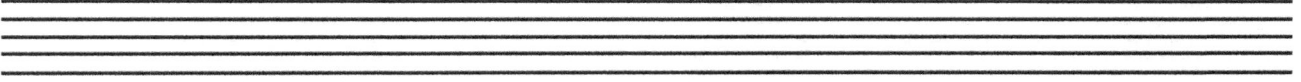

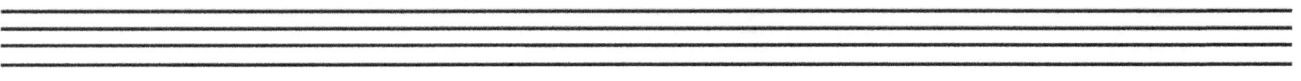

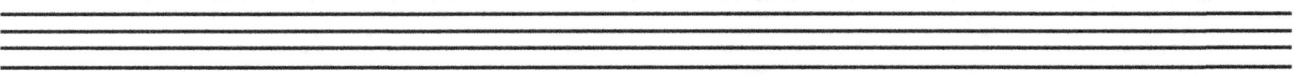

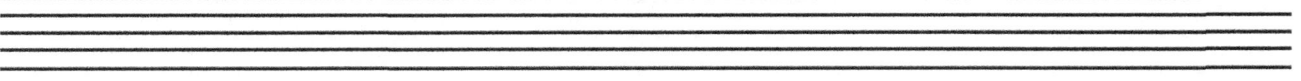

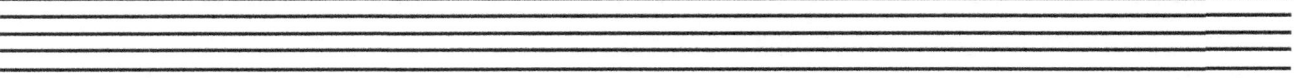

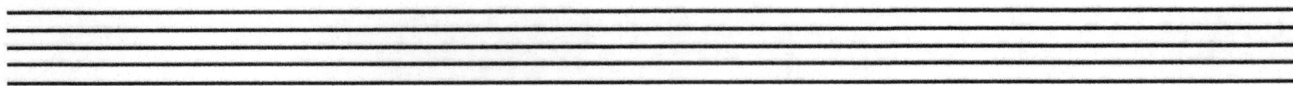
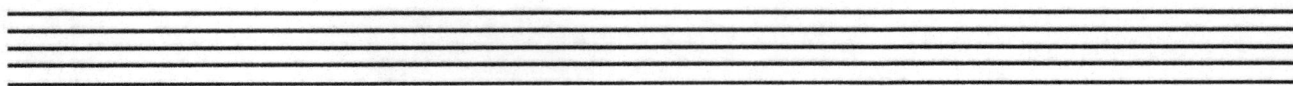
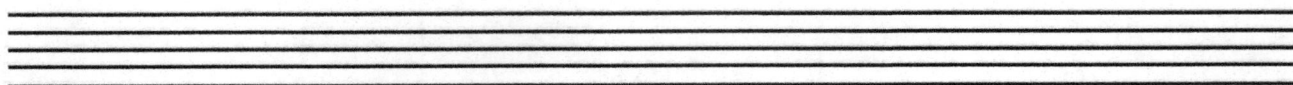
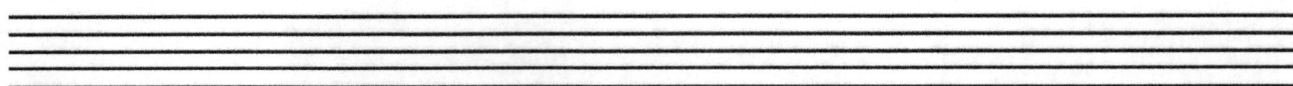
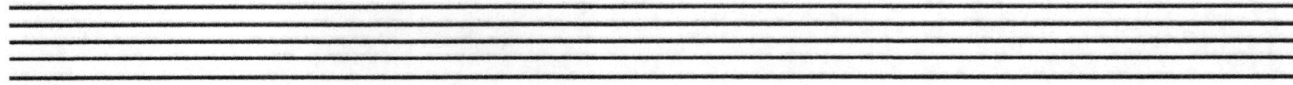
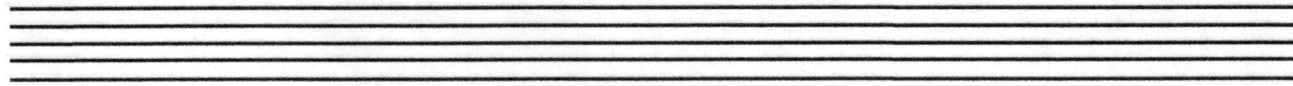
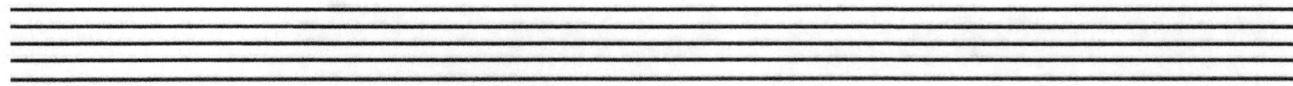
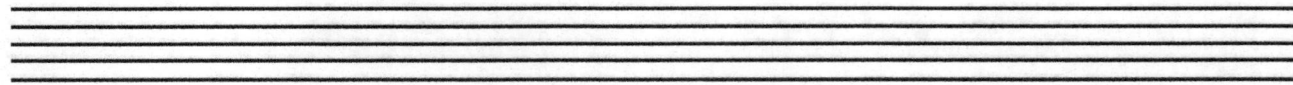
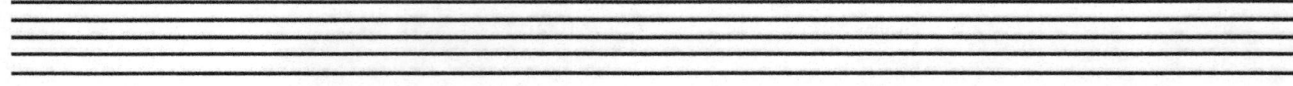
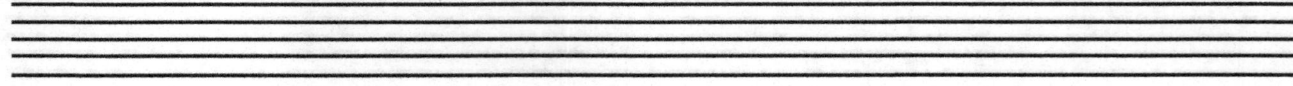
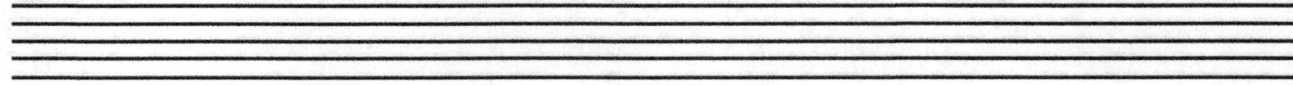
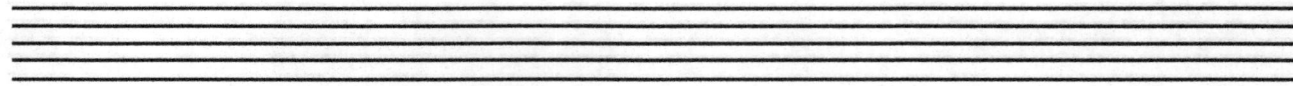

Song Title _____

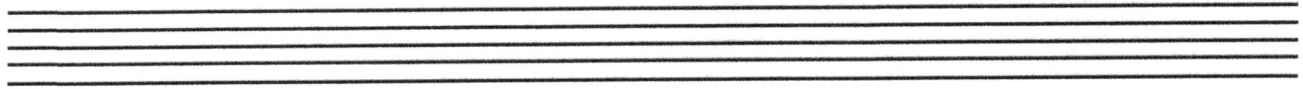

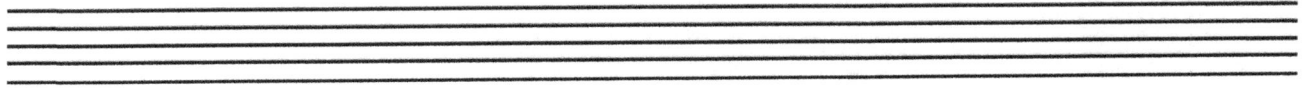

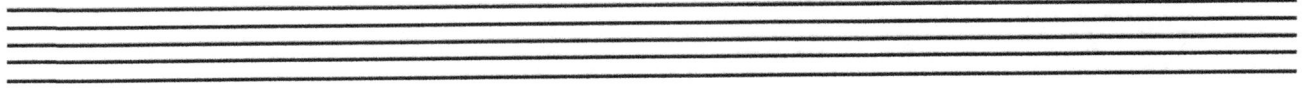

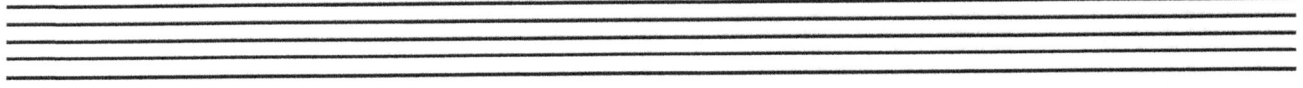

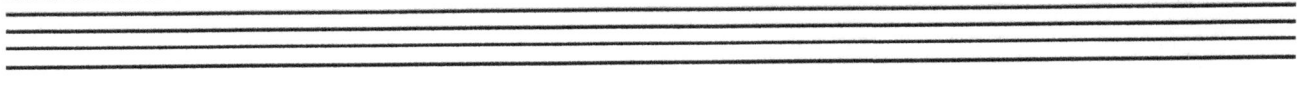

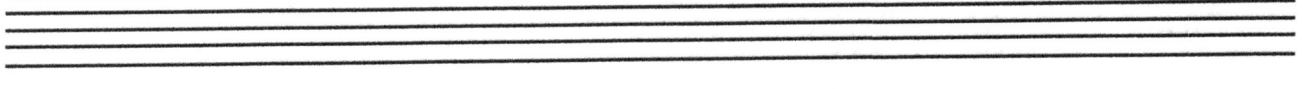

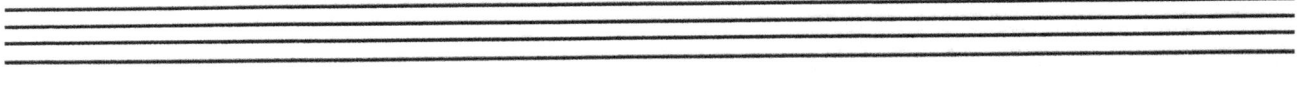

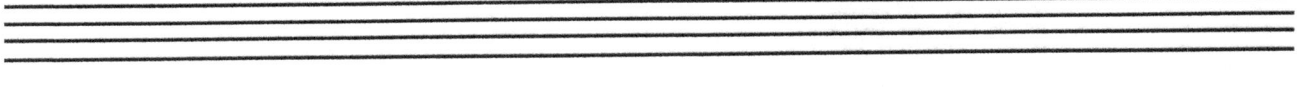

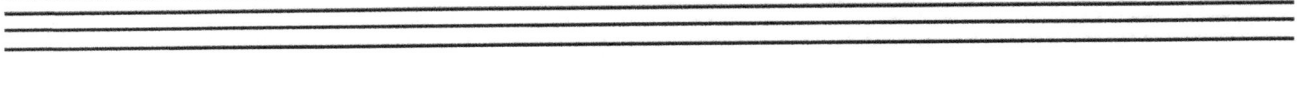

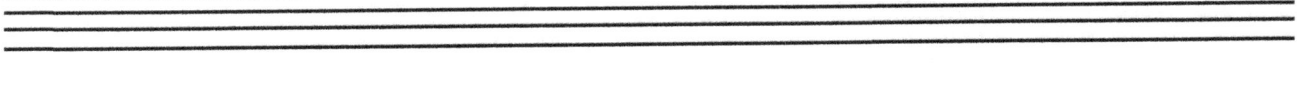

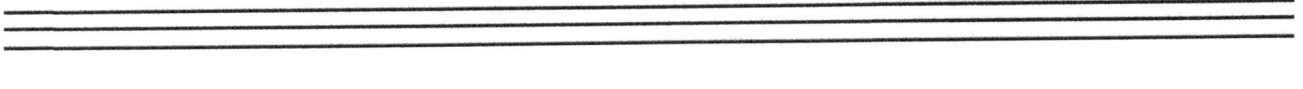

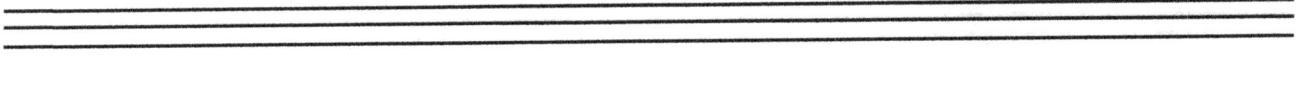

Song Title _____

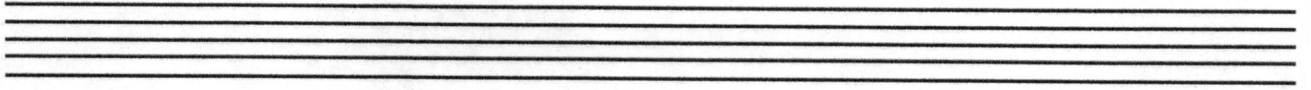

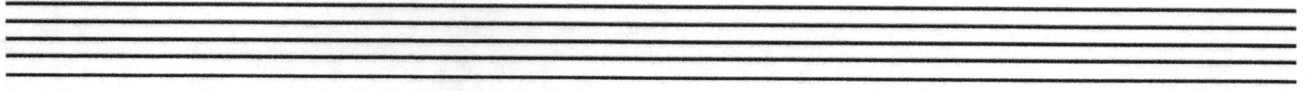

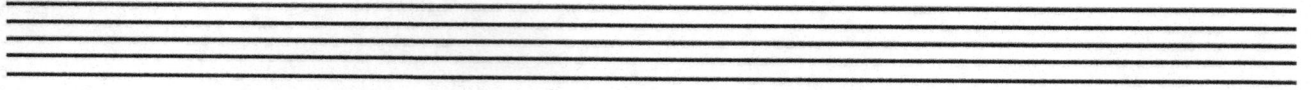

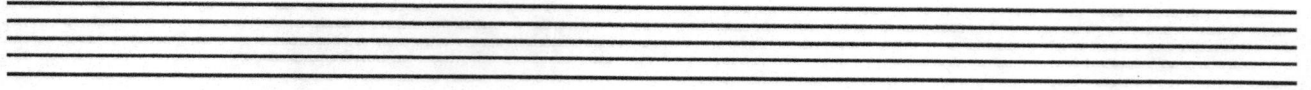

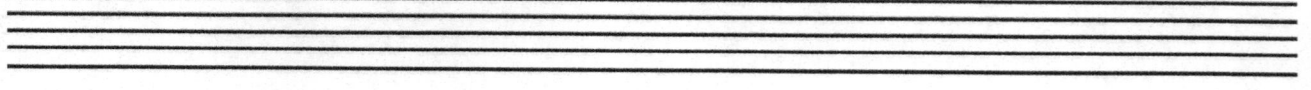

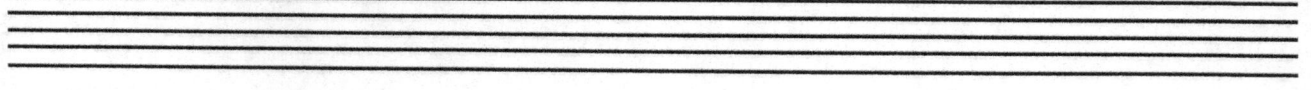

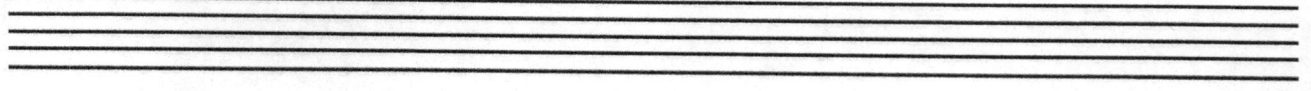

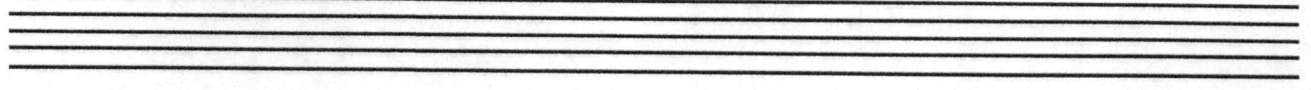

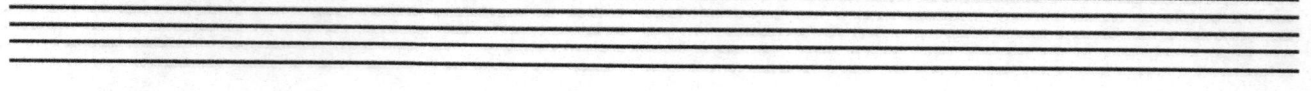

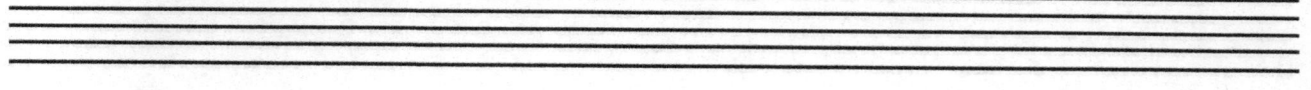

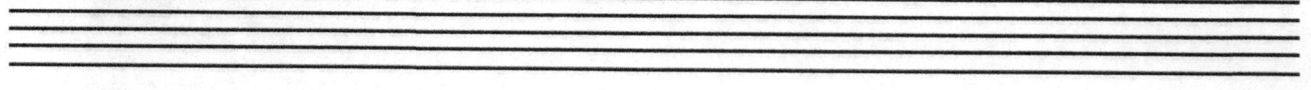

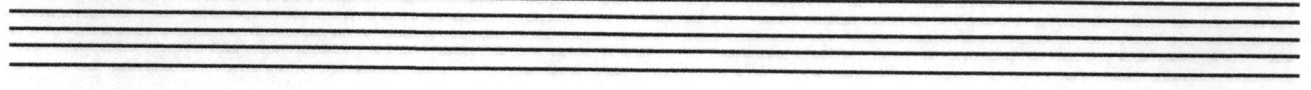

Song Title _____

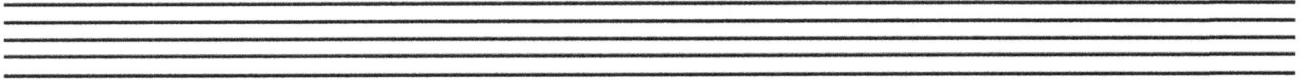

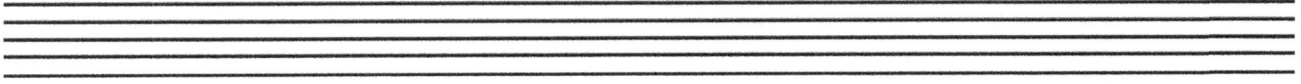

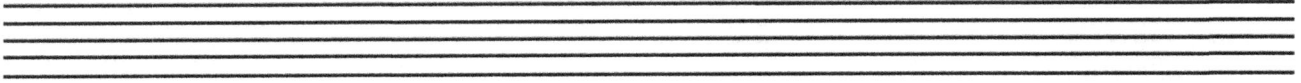

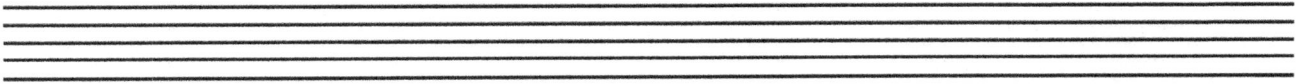

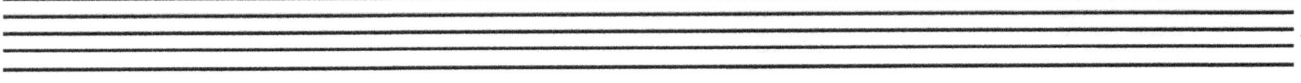

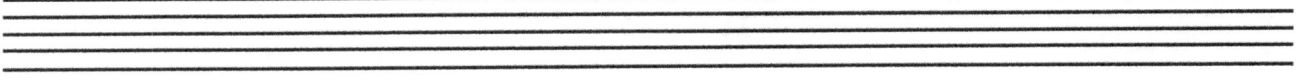

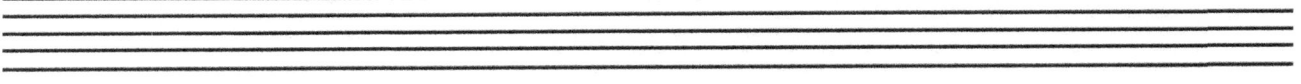

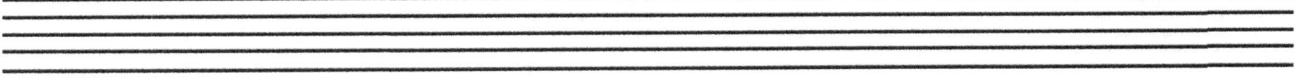

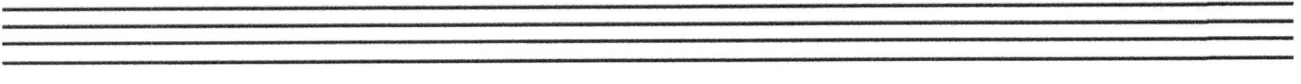

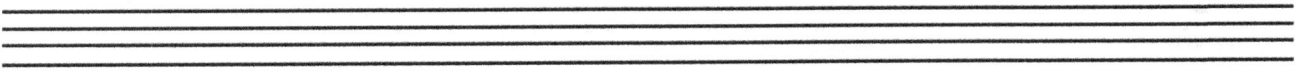

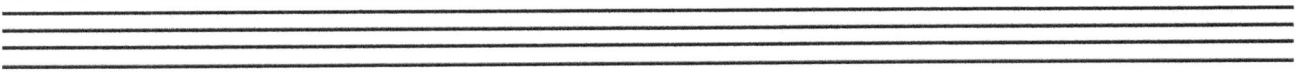

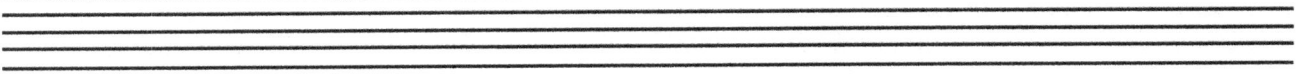

Song Title _____

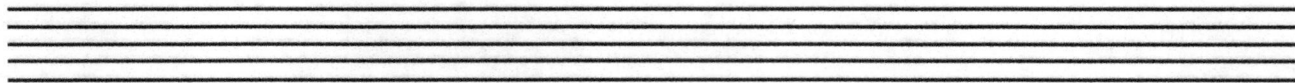

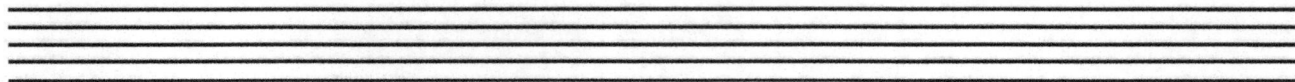

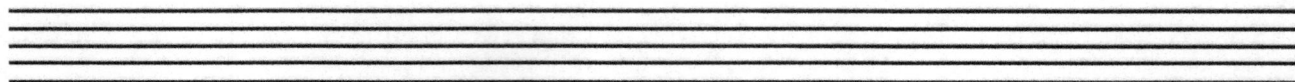

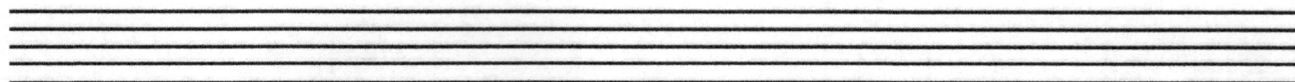

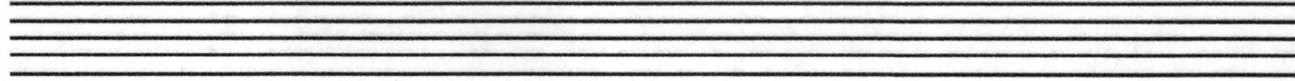

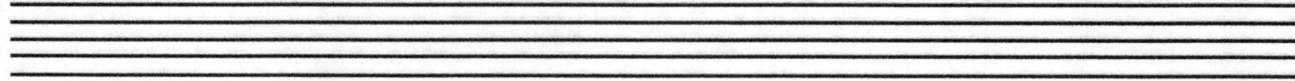

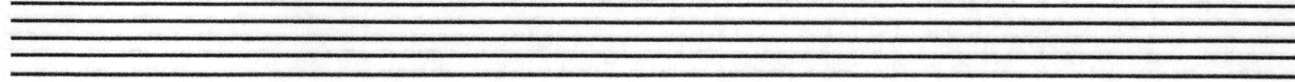

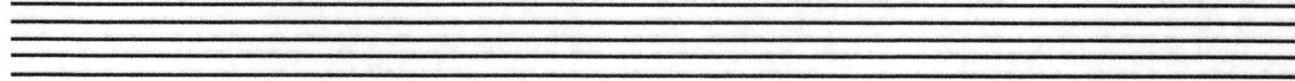

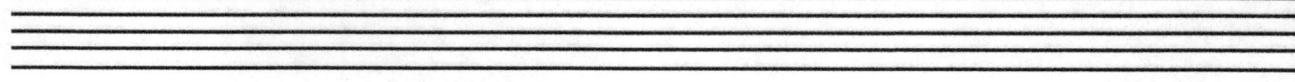

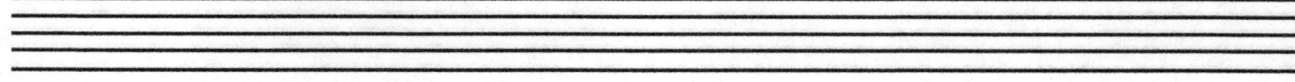

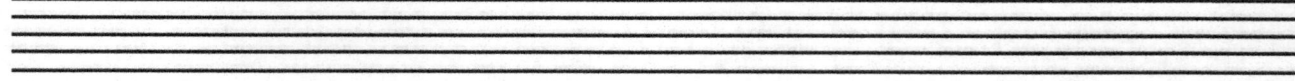

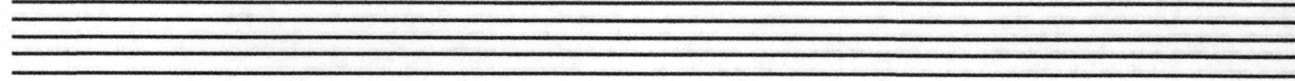

Song Title _____

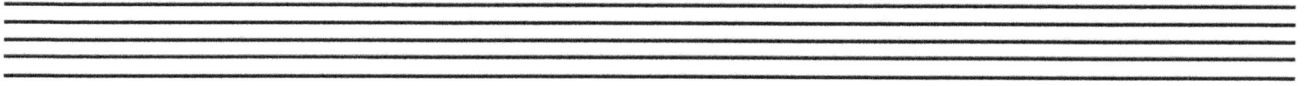

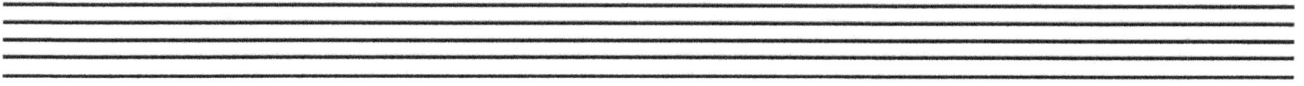

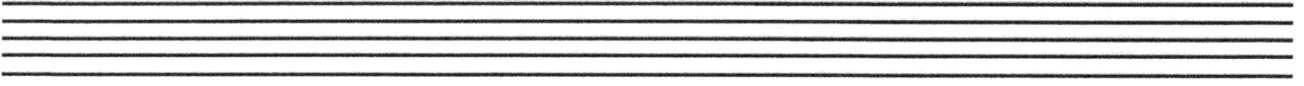

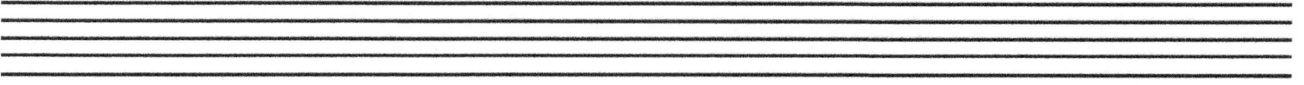

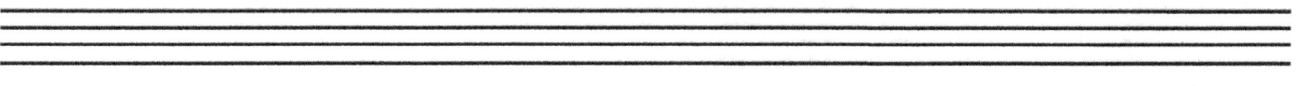

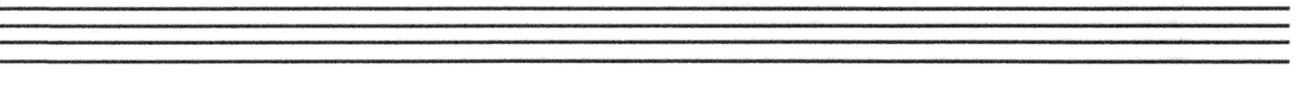

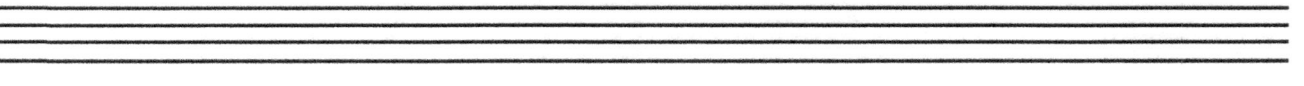

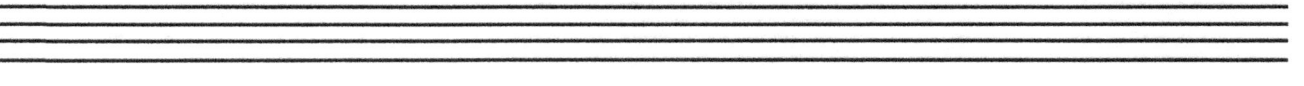

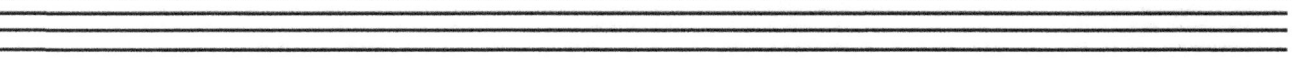

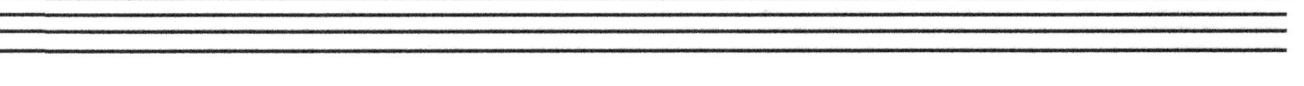

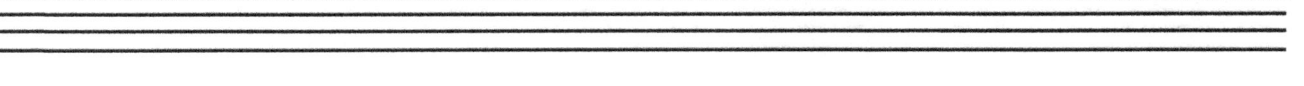

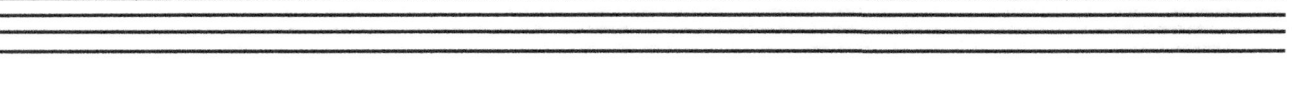

Song Title _____

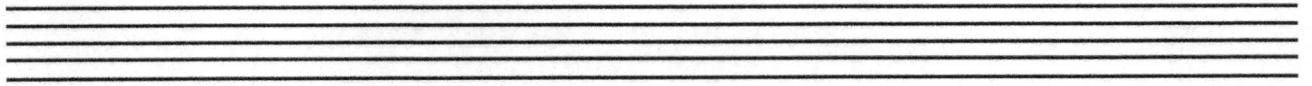

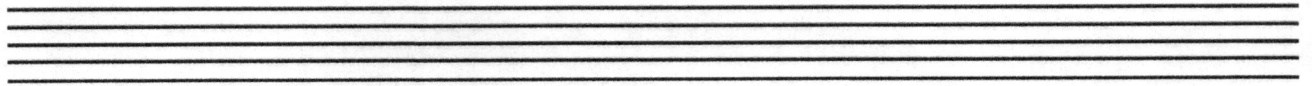

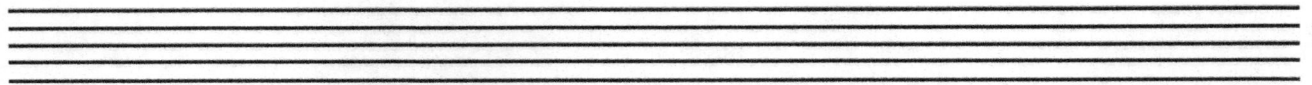

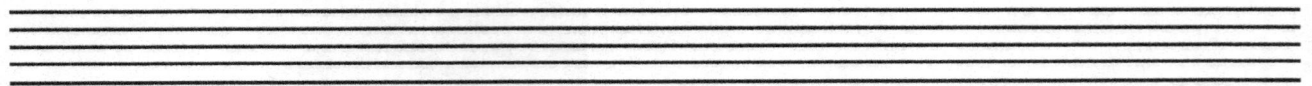

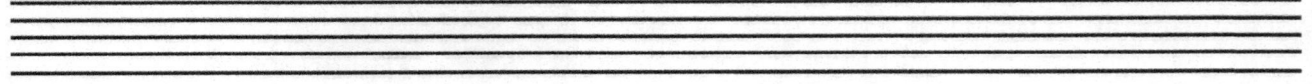

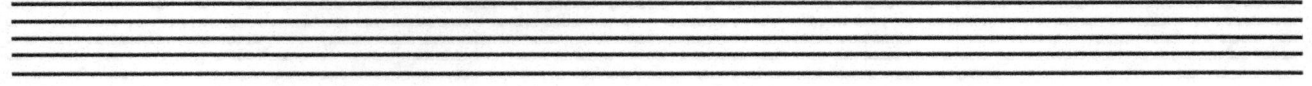

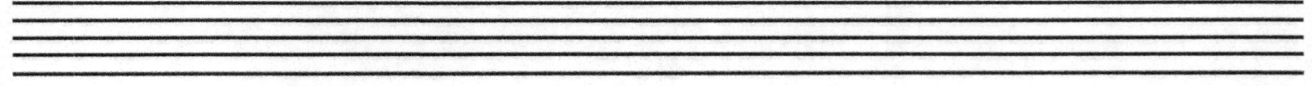

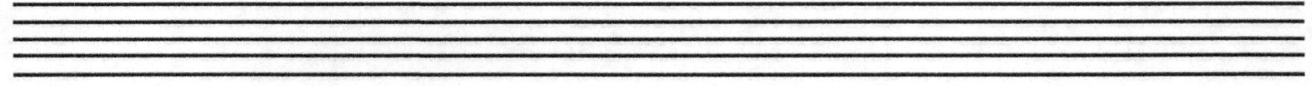

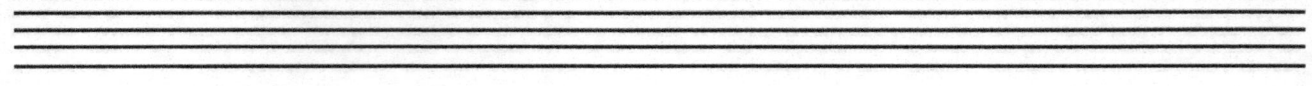

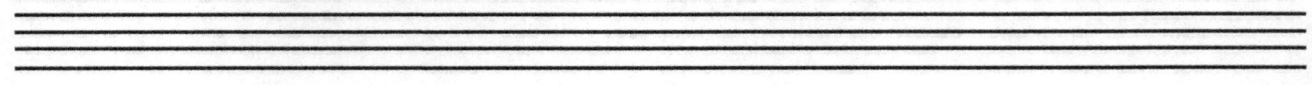

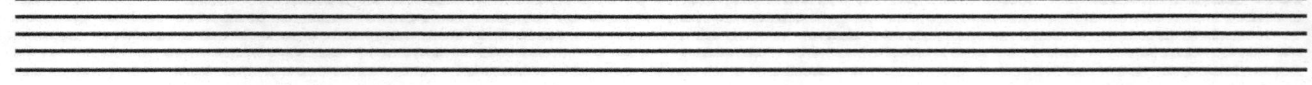

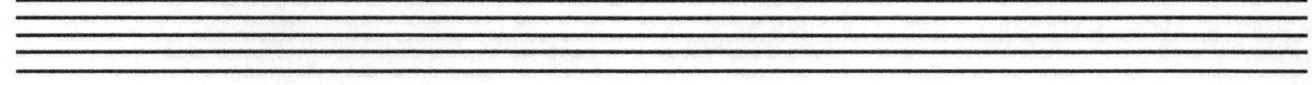

Song Title _____

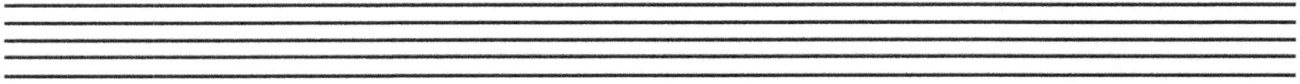

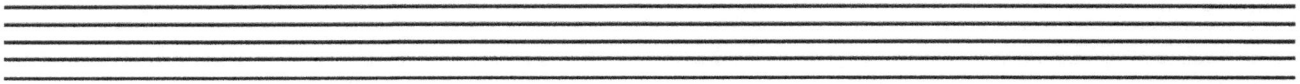

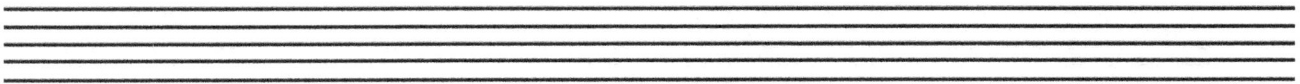

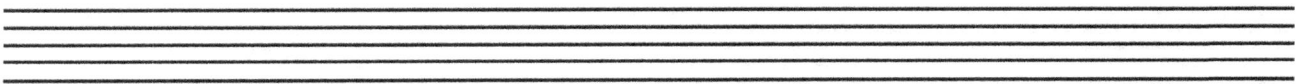

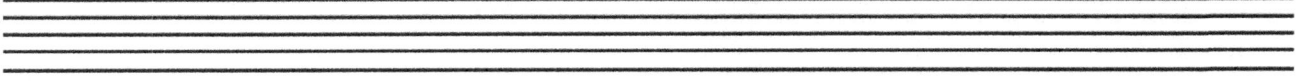

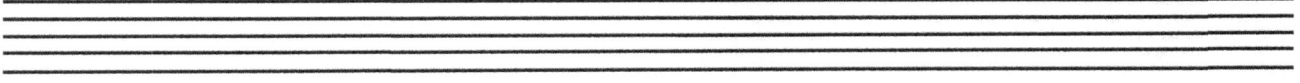

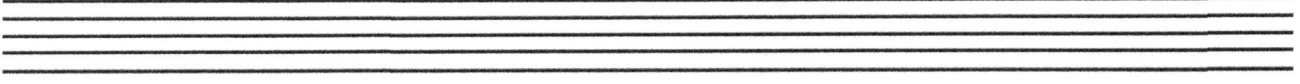

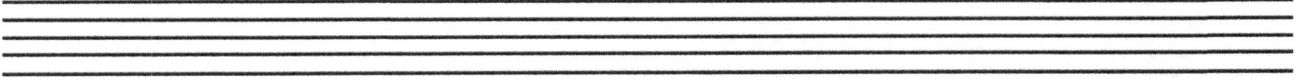

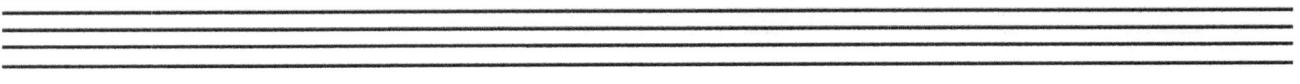

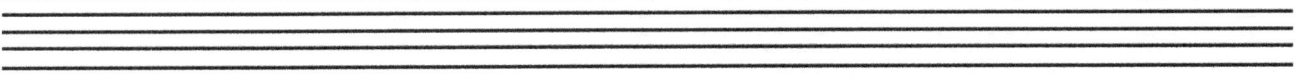

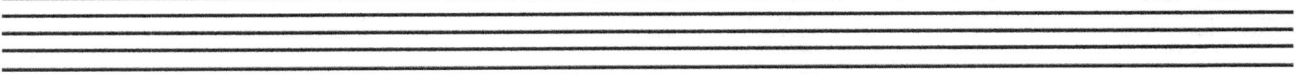

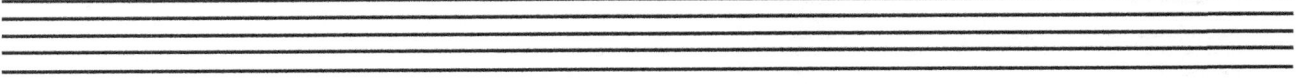

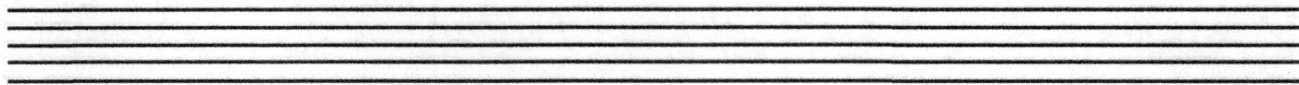

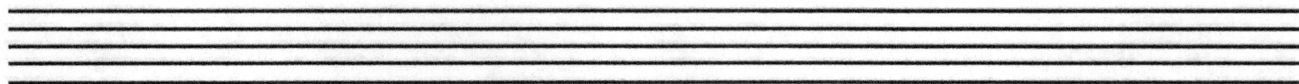

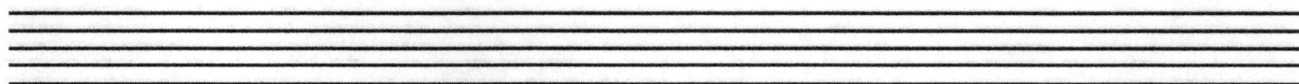

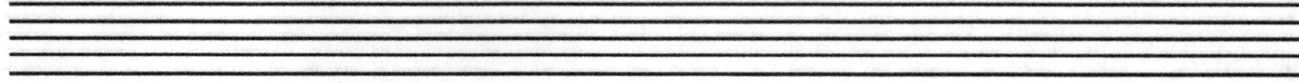

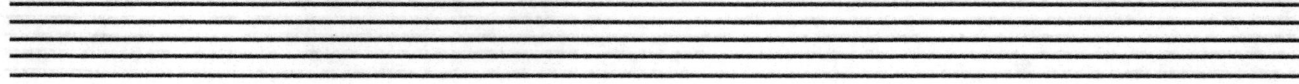

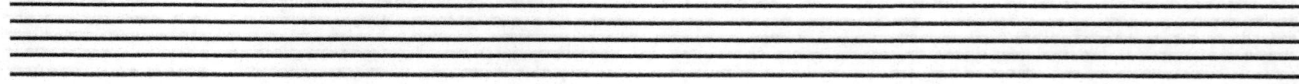

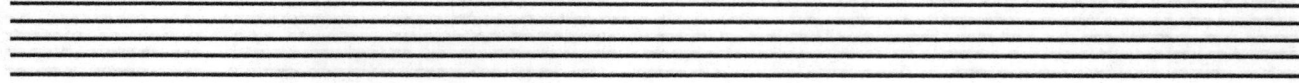

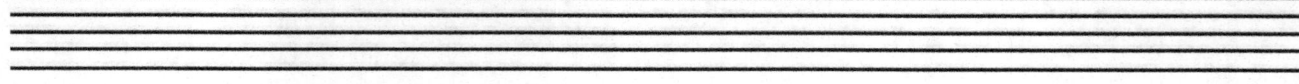

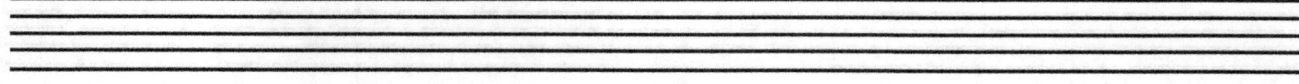

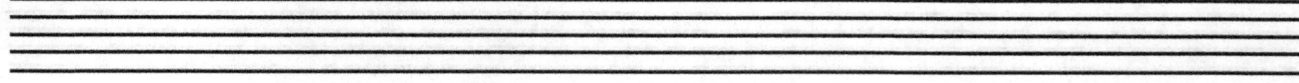

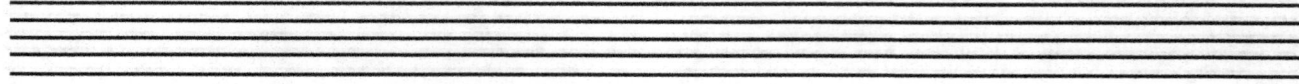

Song Title _____

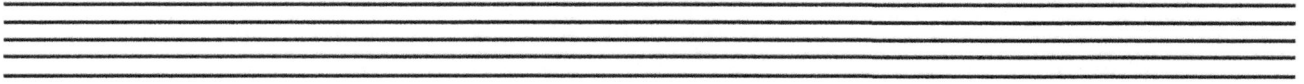

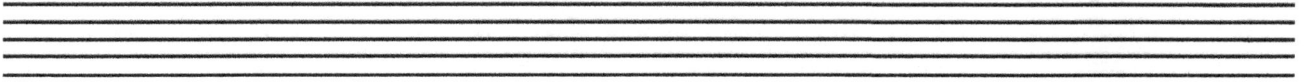

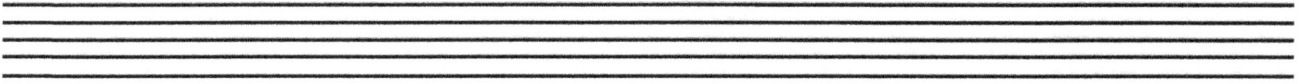

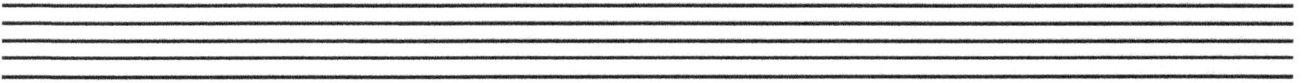

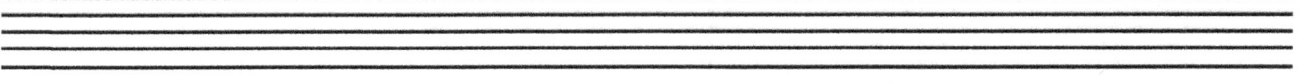

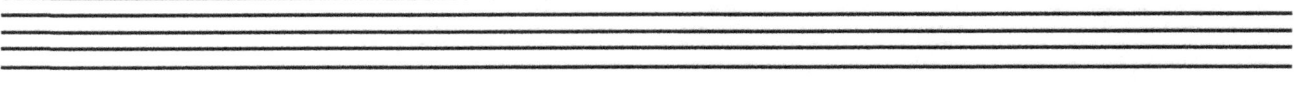

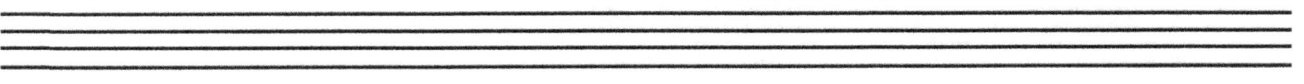

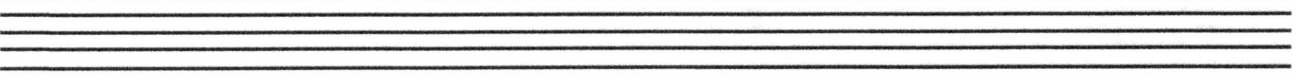

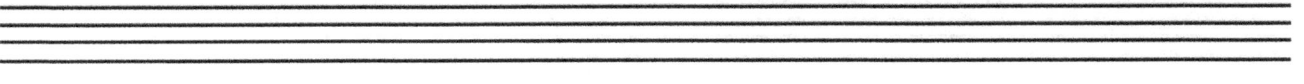

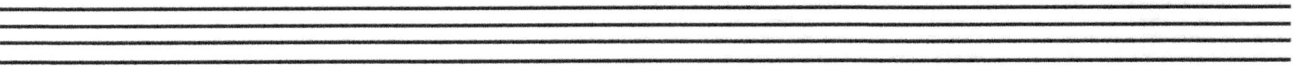

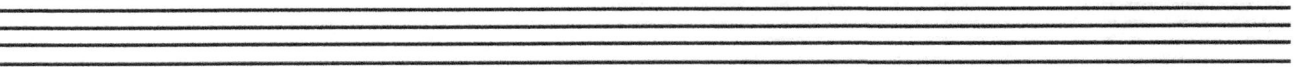

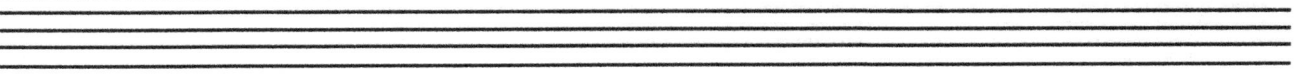

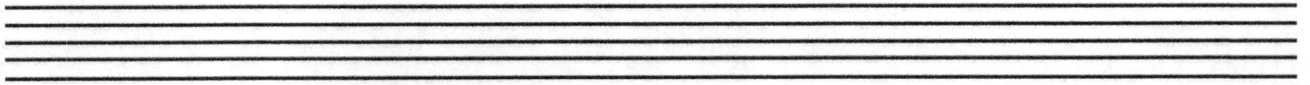
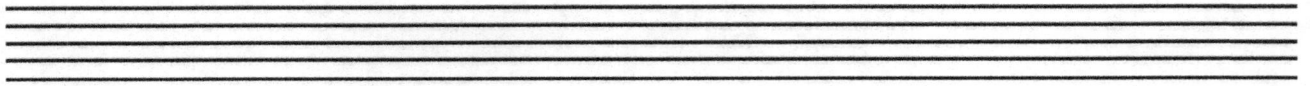
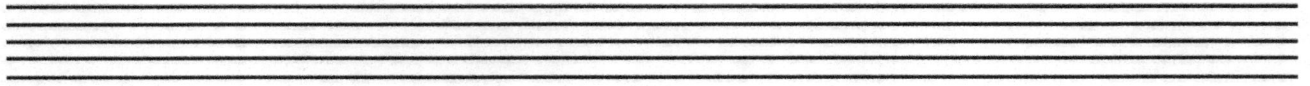
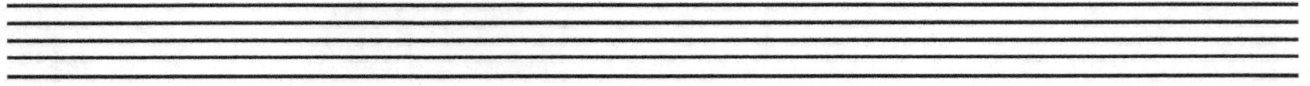
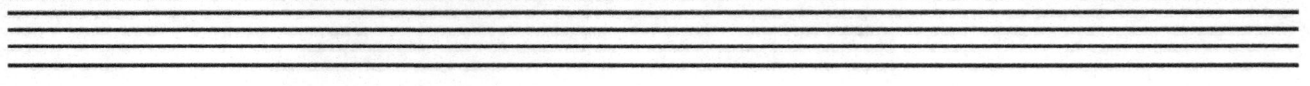
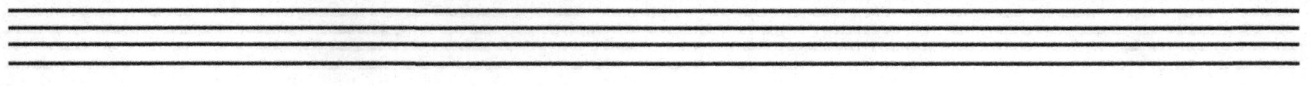
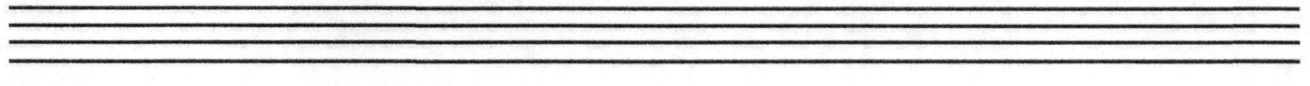
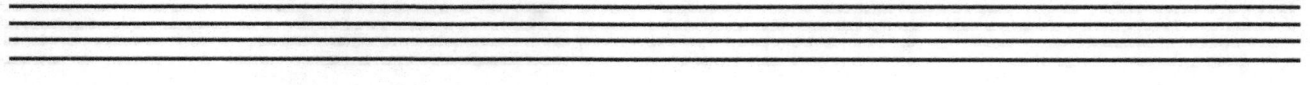
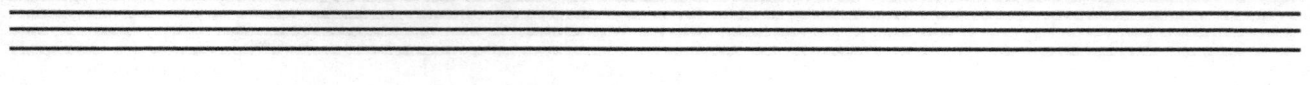
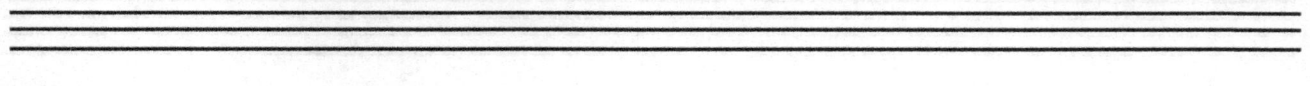
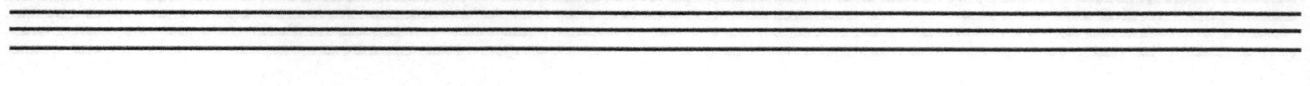
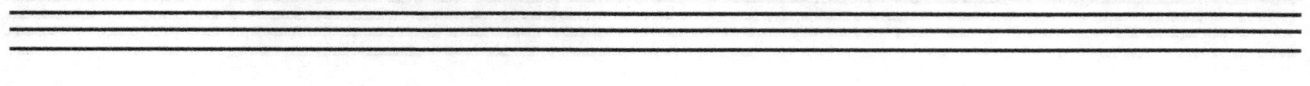

Song Title _____

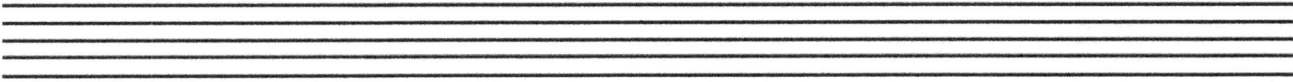

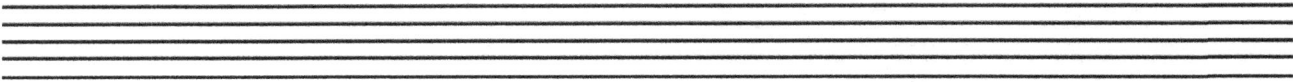

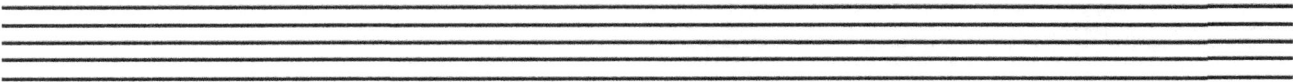

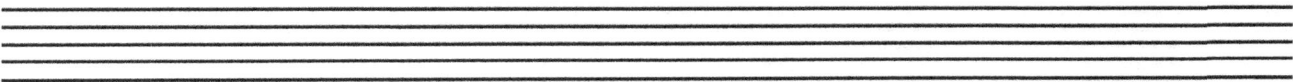

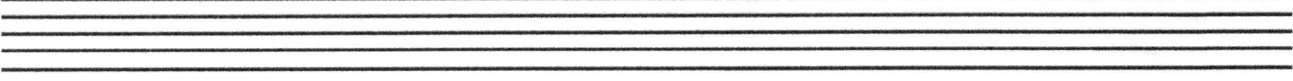

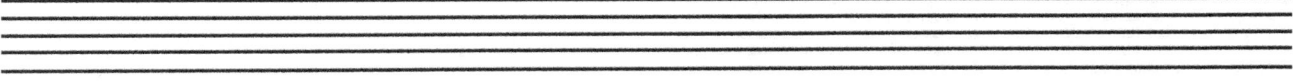

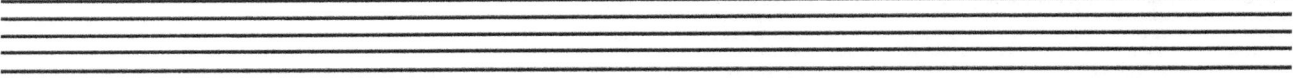

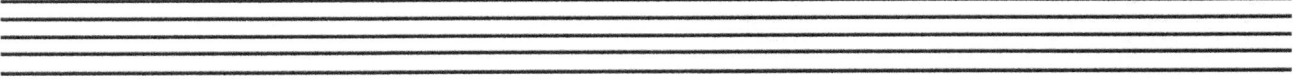

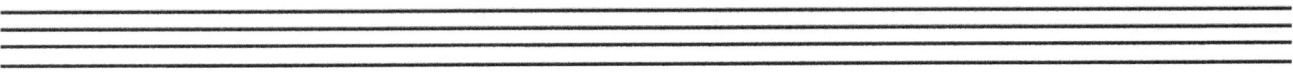

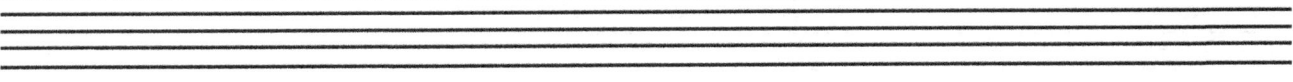

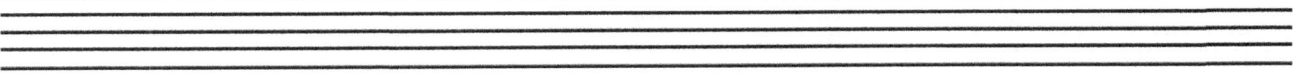

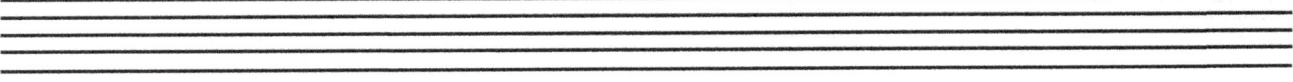

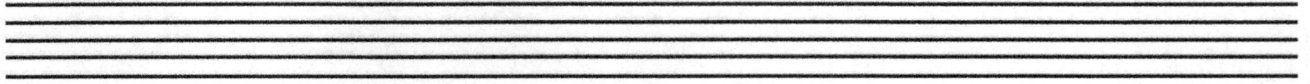

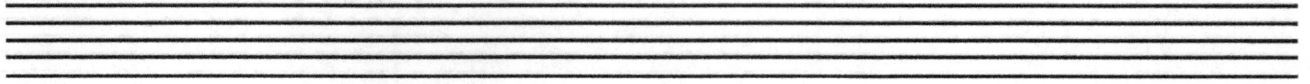

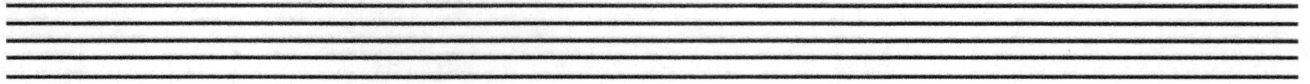

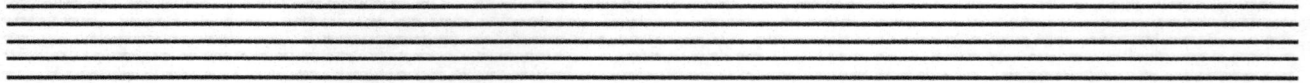

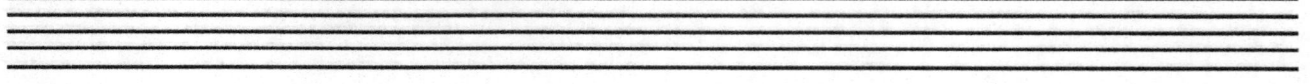

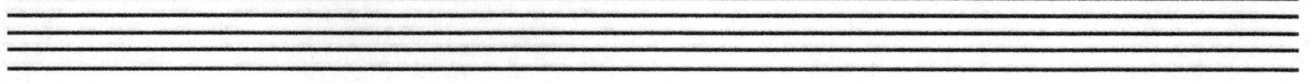

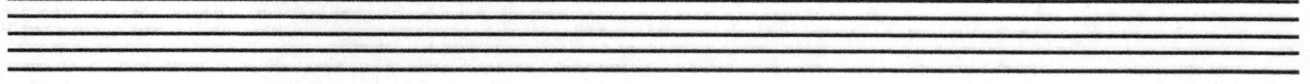

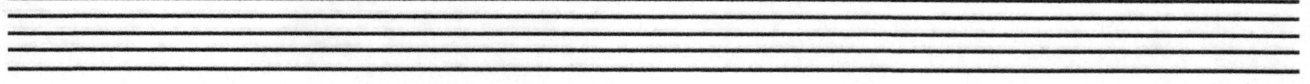

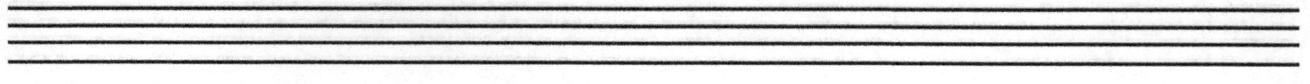

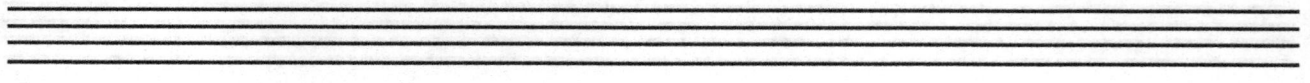

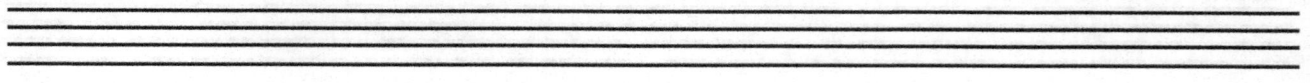

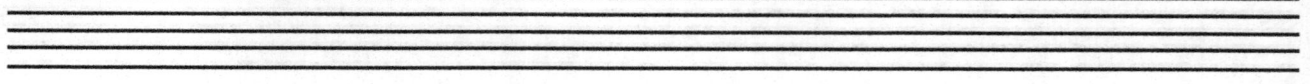

Song Title _____

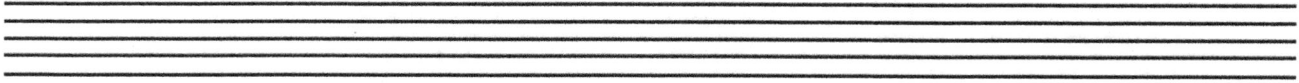

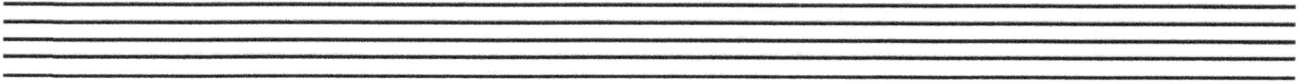

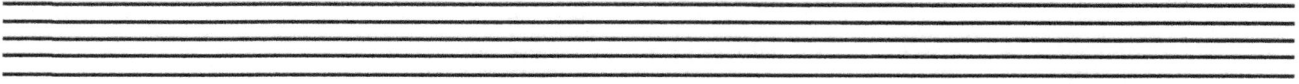

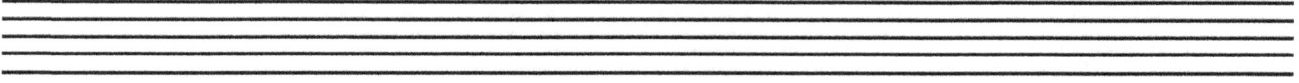

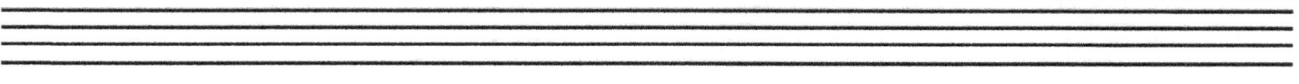

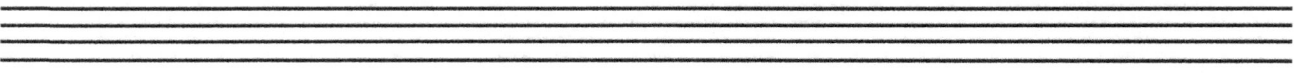

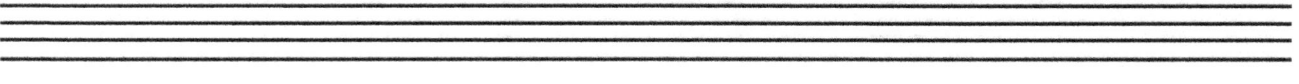

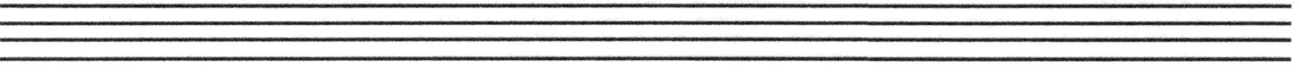

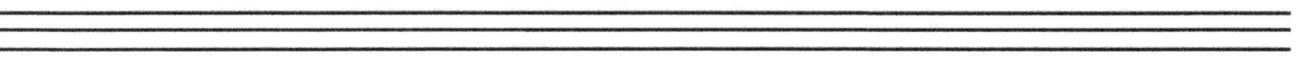

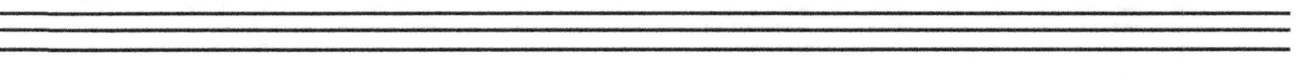

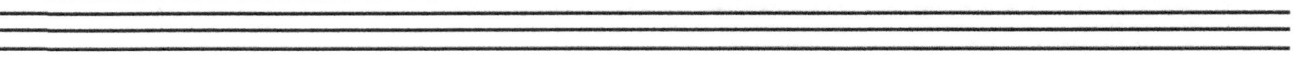

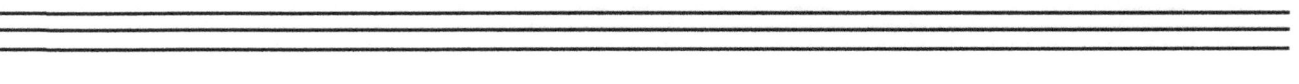

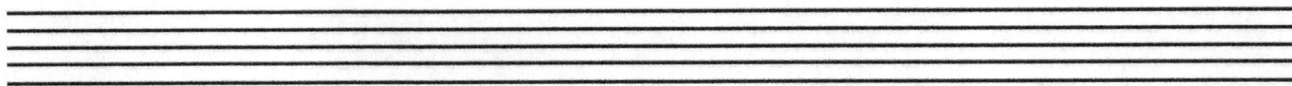
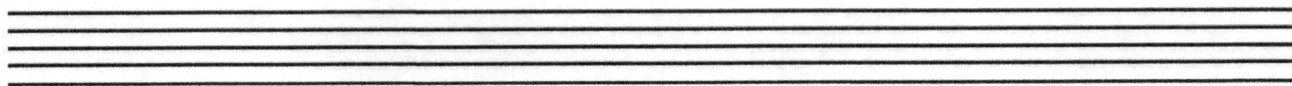
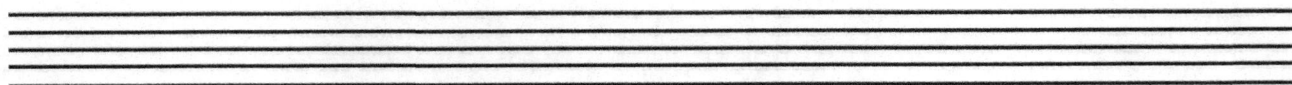
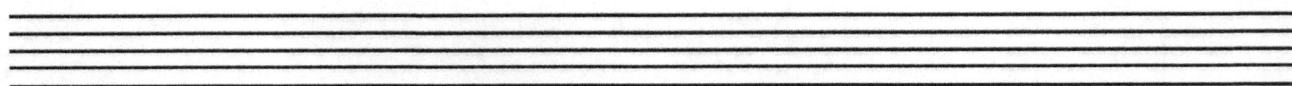
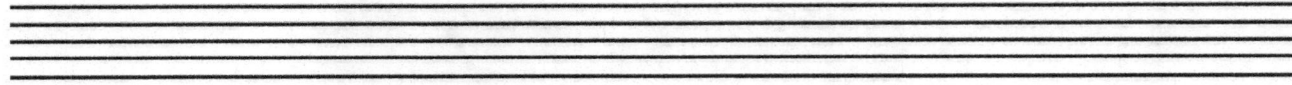
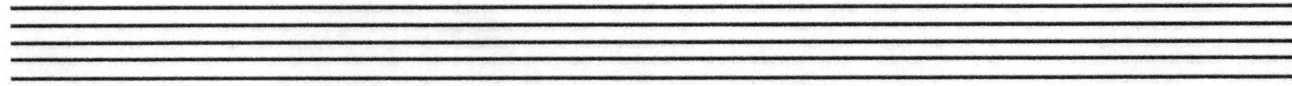
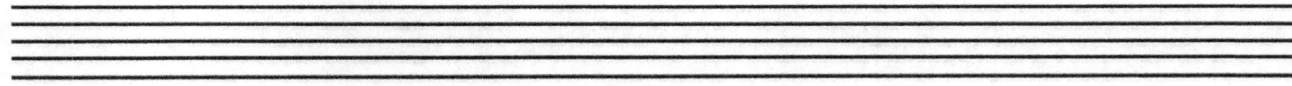
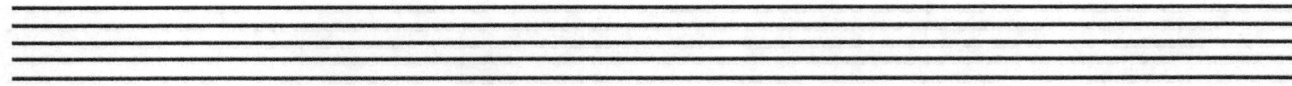
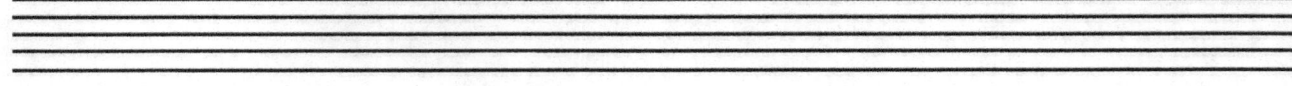
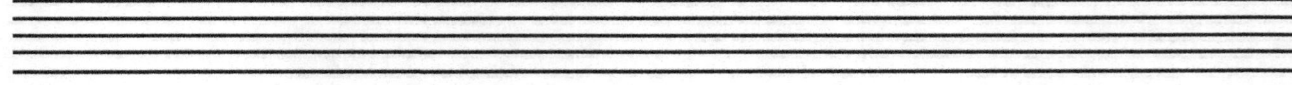
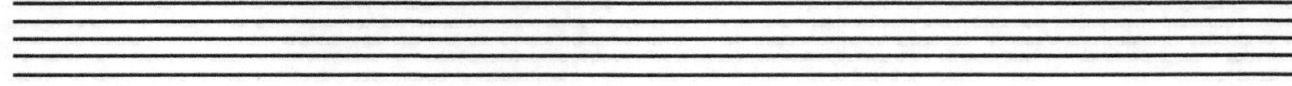
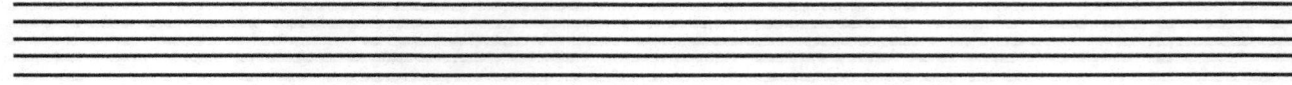

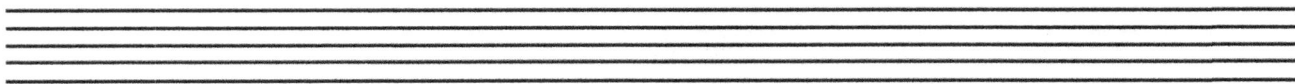

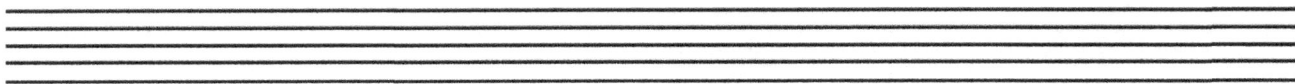

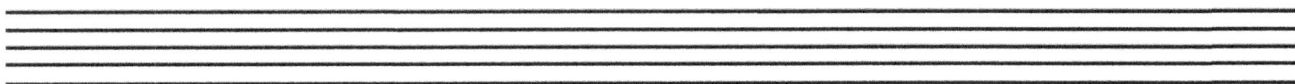

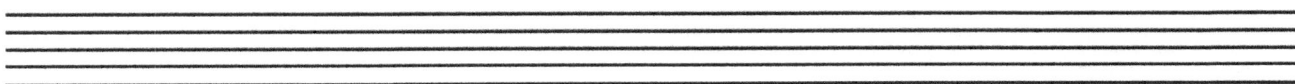

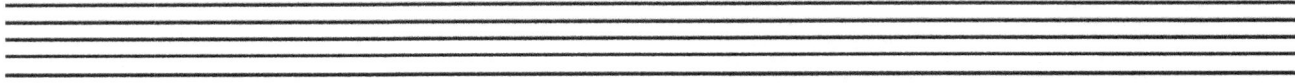

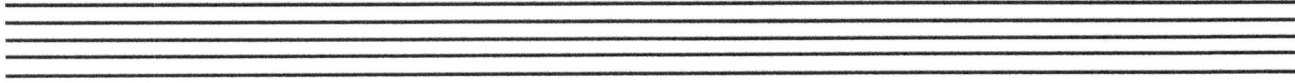

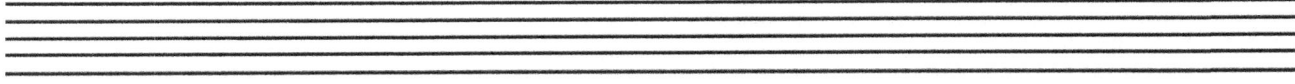

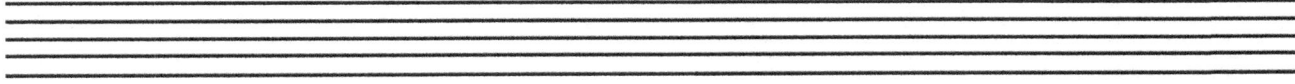

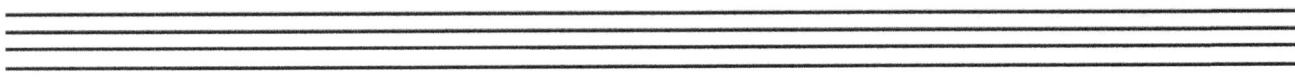

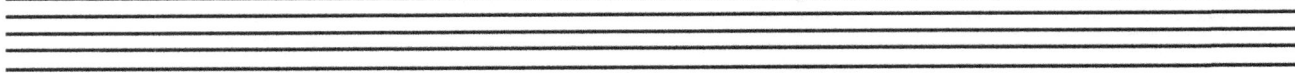

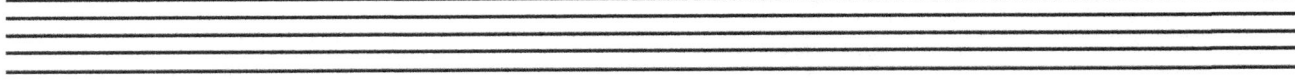

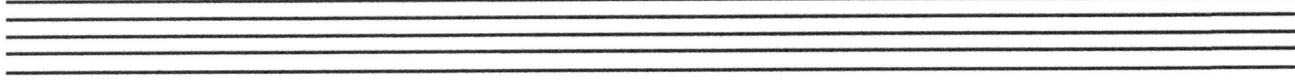

Song Title _____

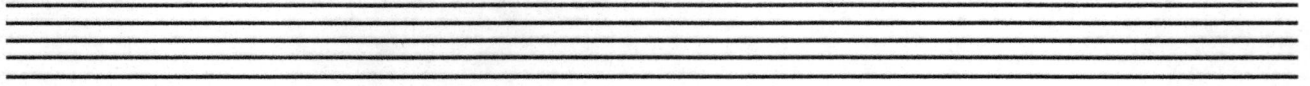

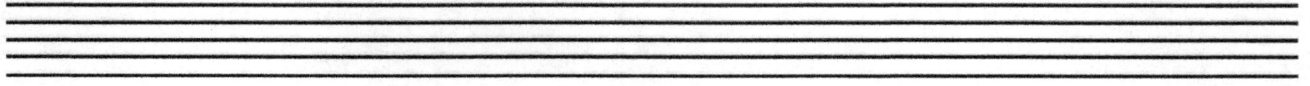

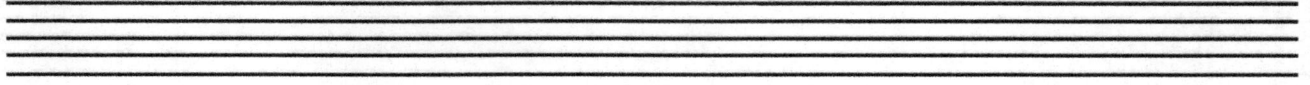

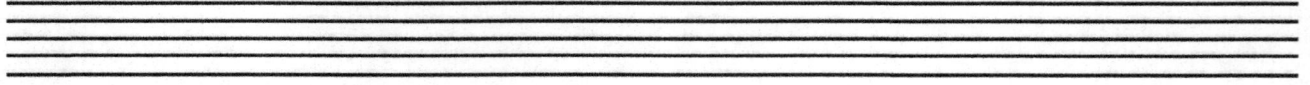

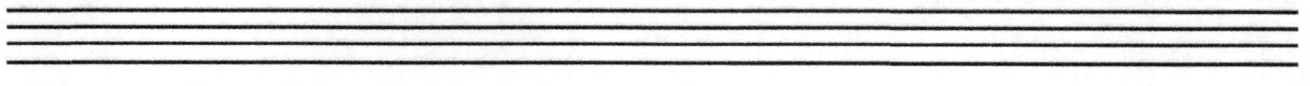

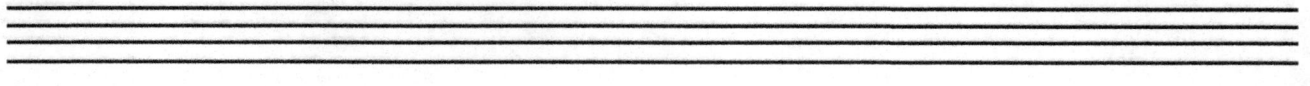

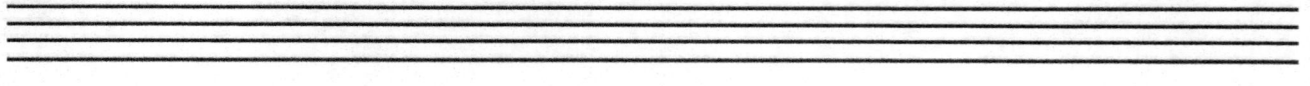

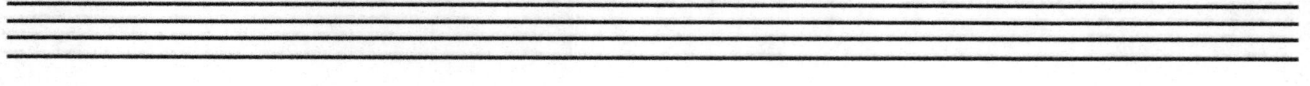

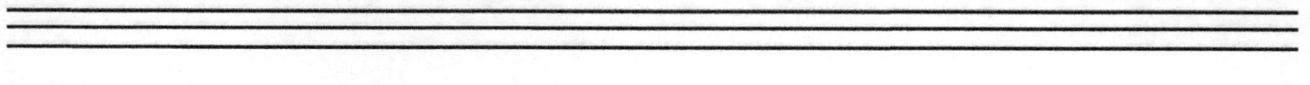

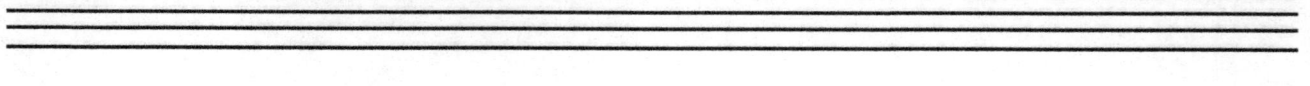

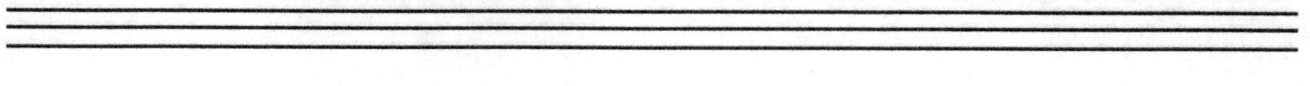

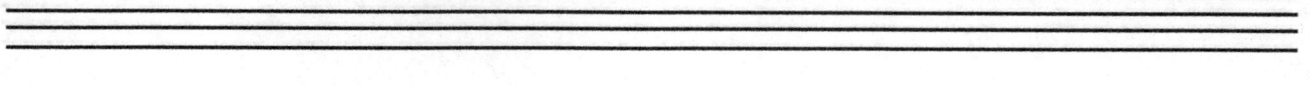

Song Title _____

Song Title_____

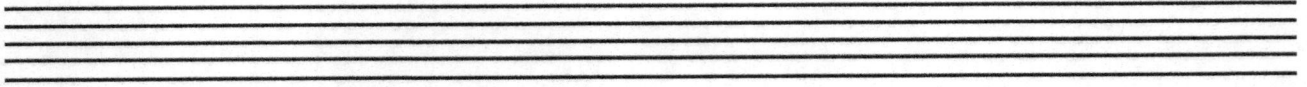

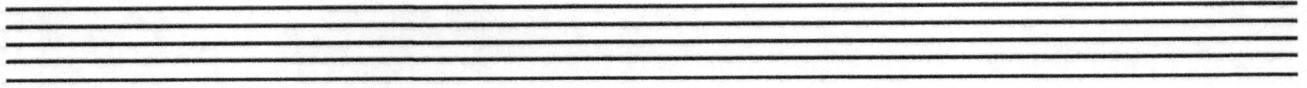

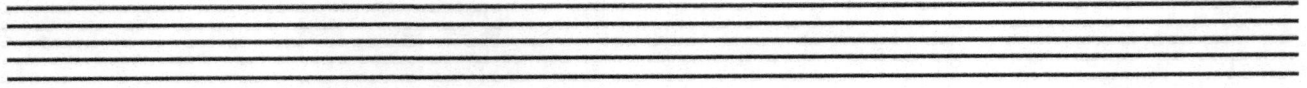

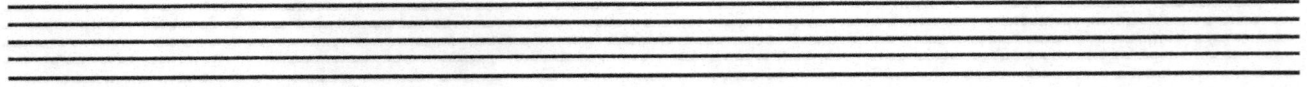

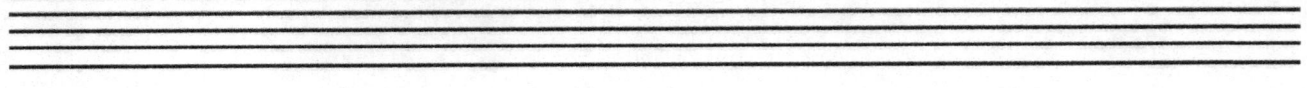

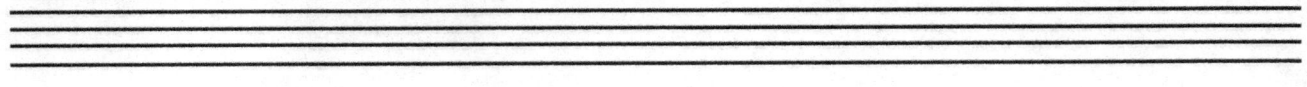

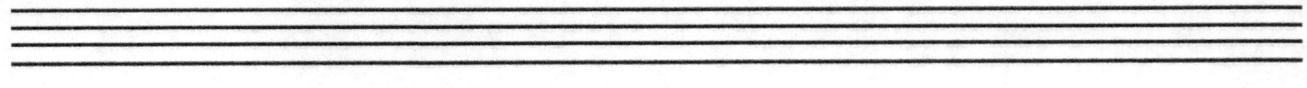

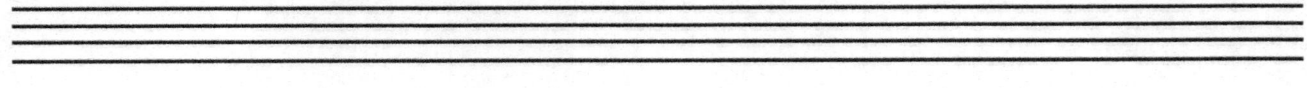

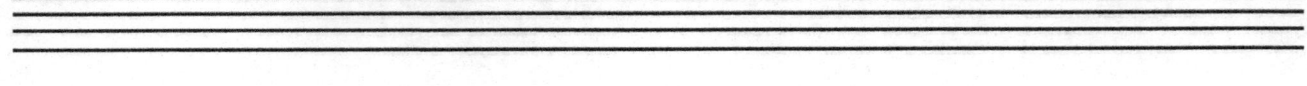

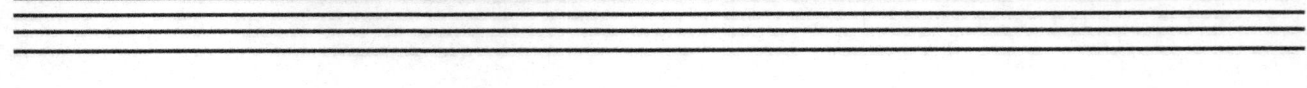

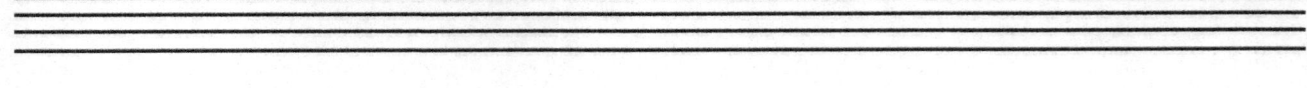

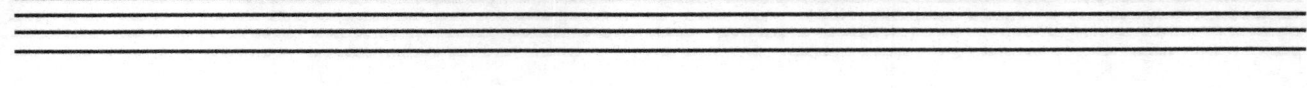

Song Title _____

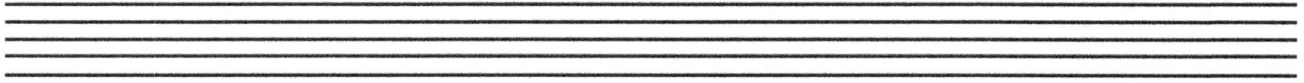

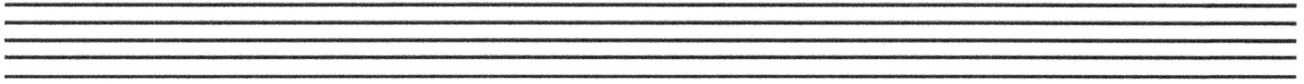

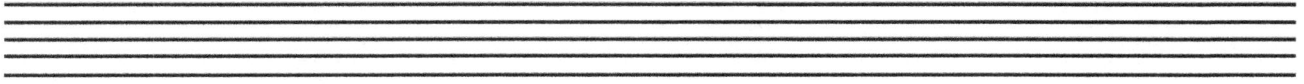

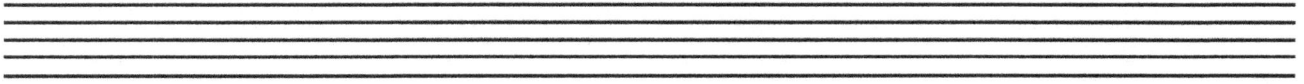

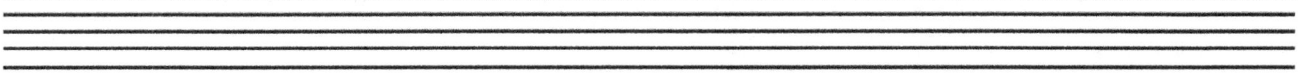

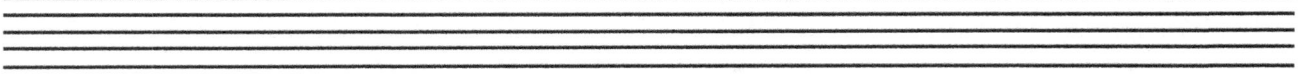

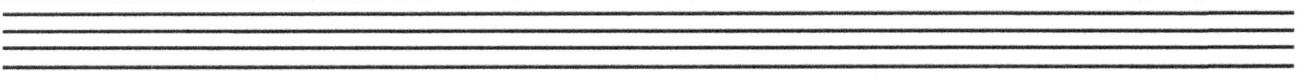

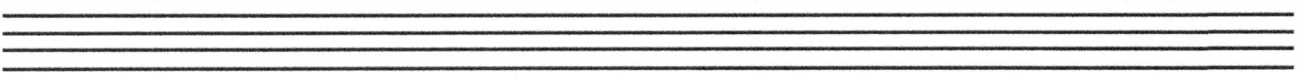

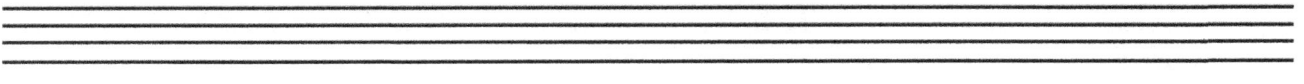

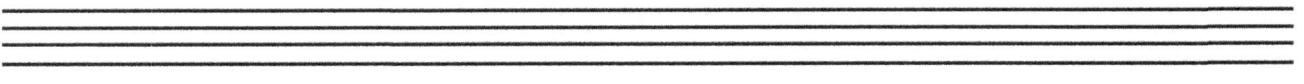

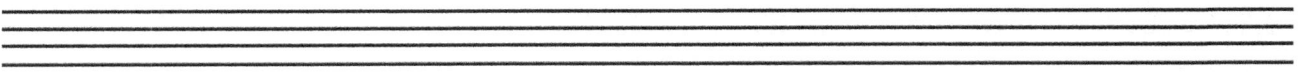

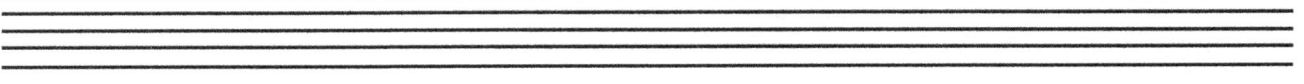

Song Title _____

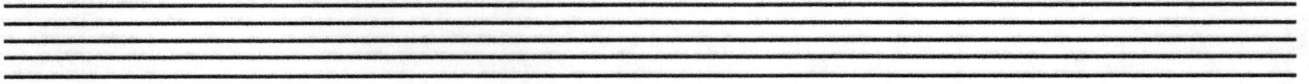

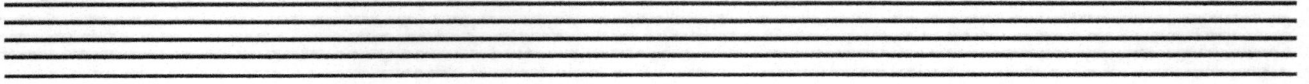

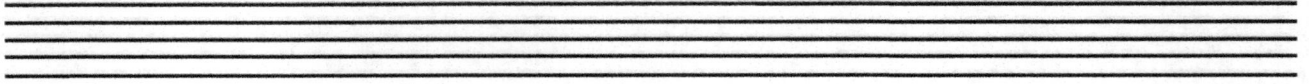

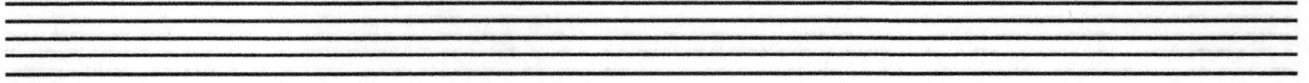

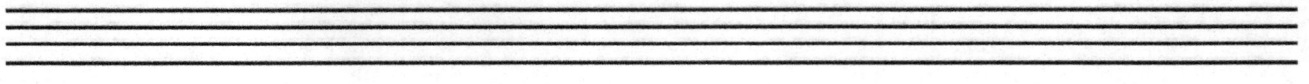

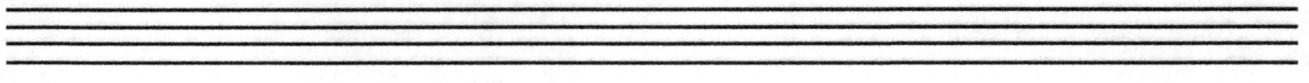

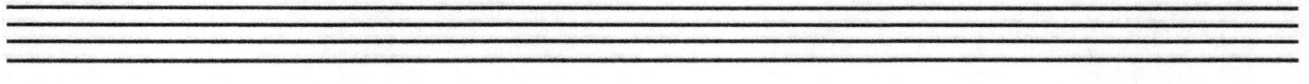

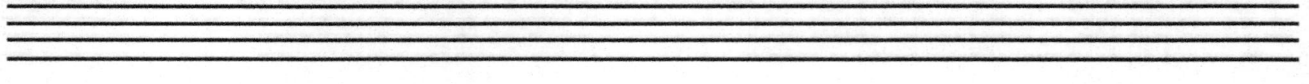

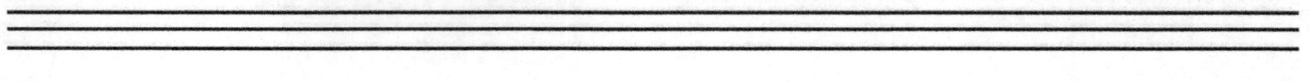

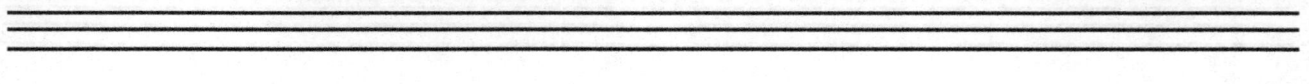

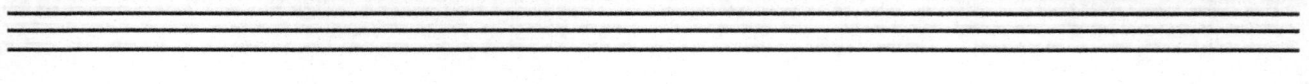

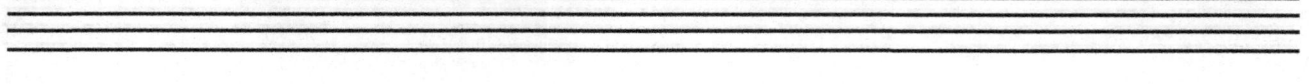

Song Title _____

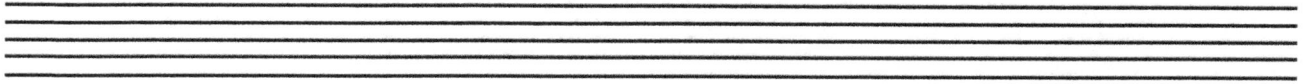
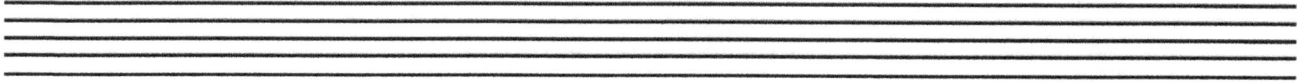
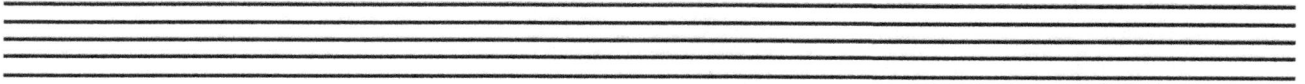
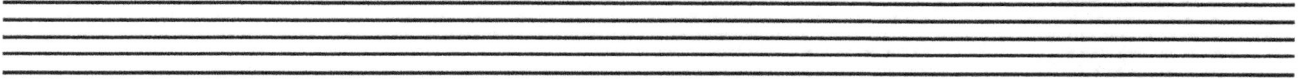
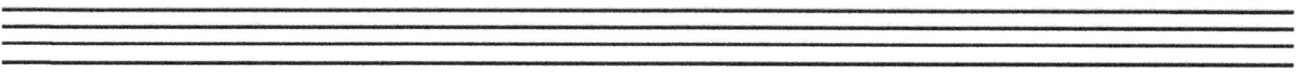
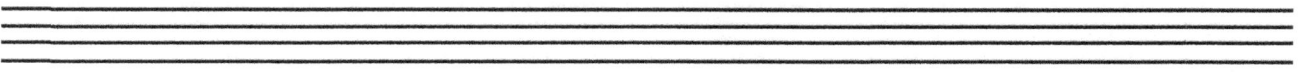
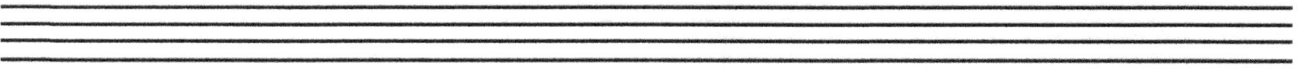
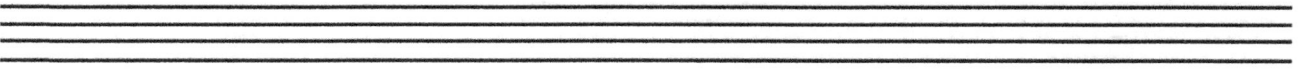
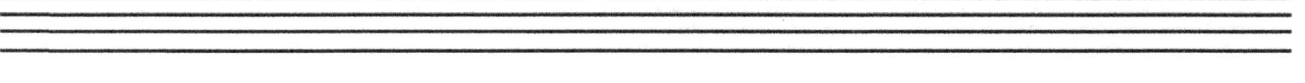
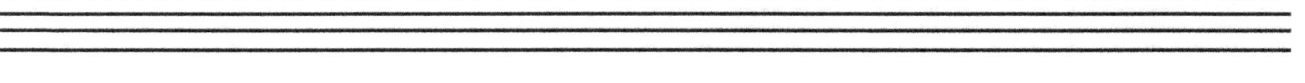
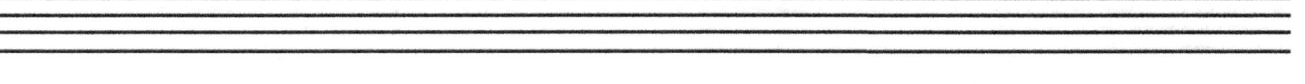
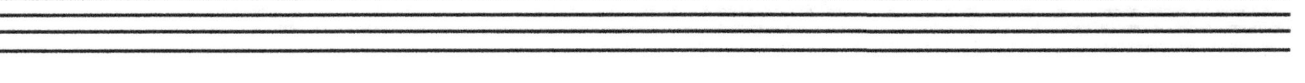

Song Title _____

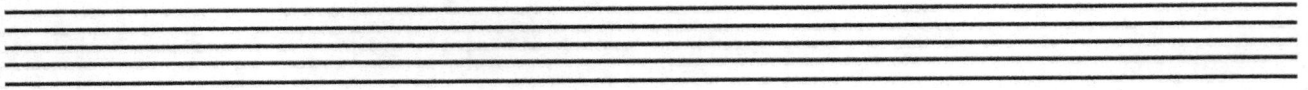

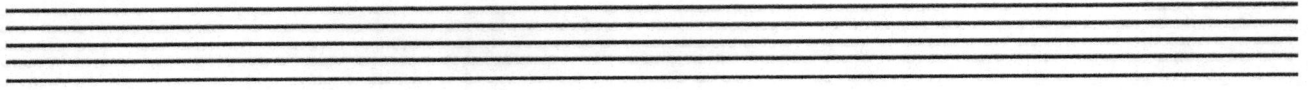

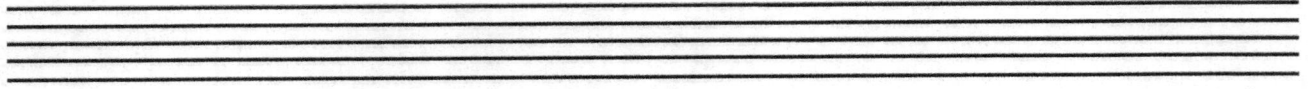

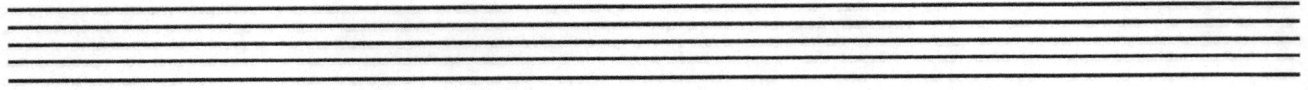

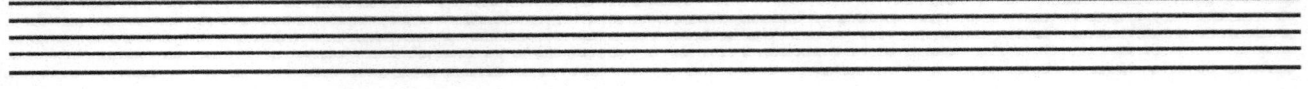

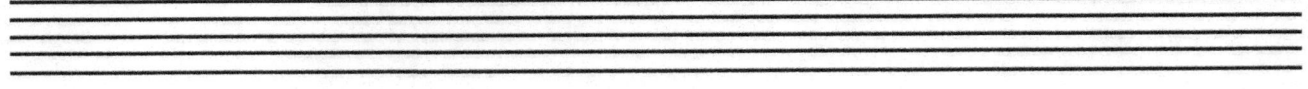

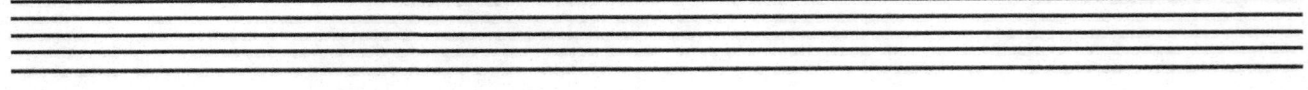

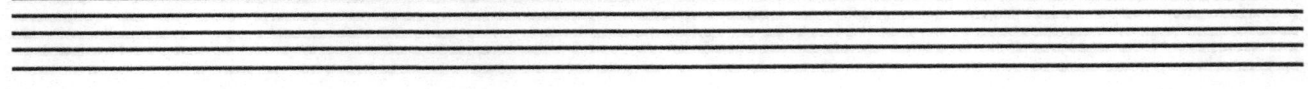

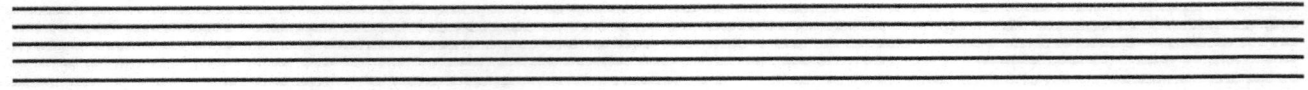

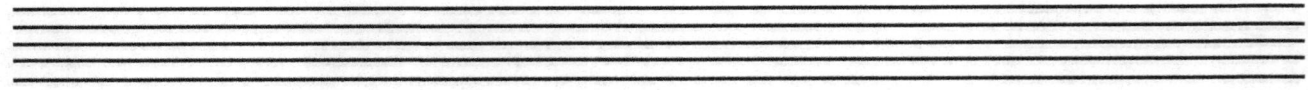

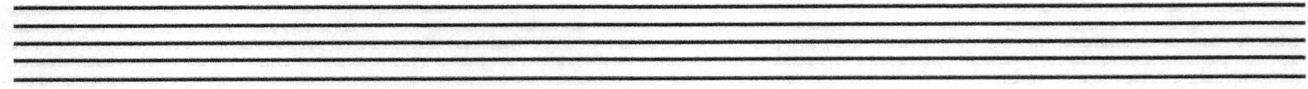

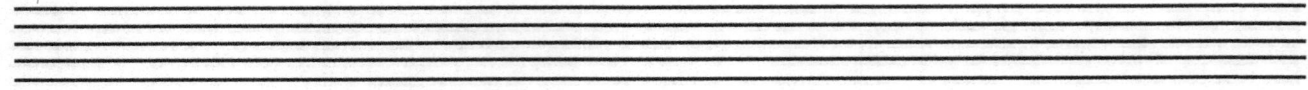

Song Title _____

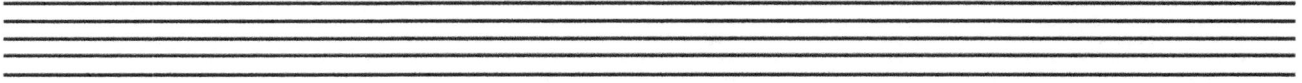

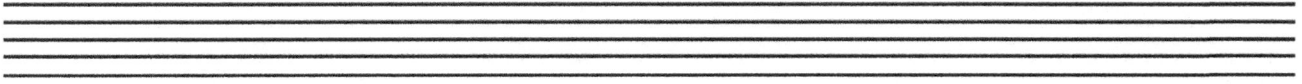

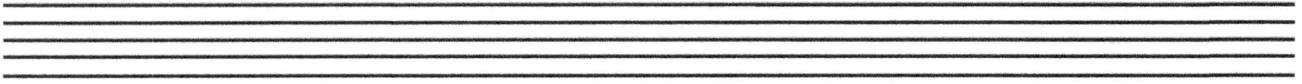

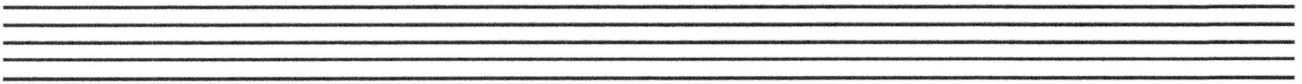

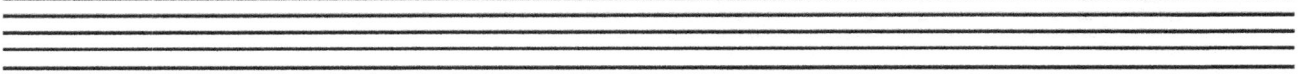

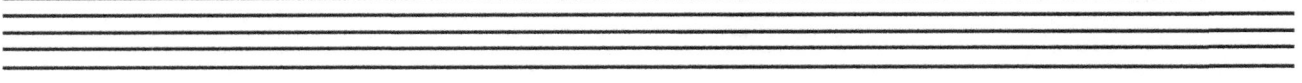

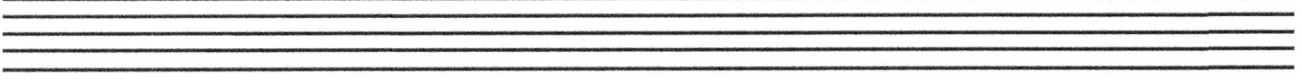

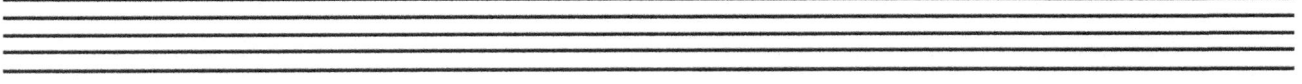

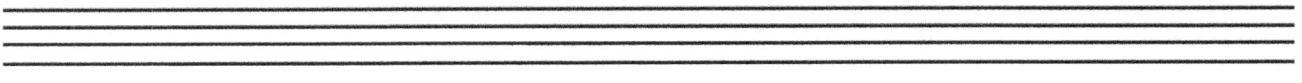

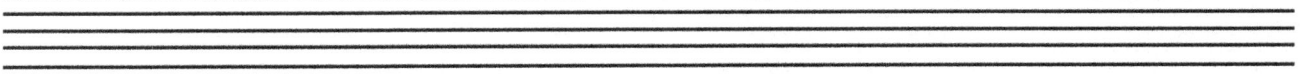

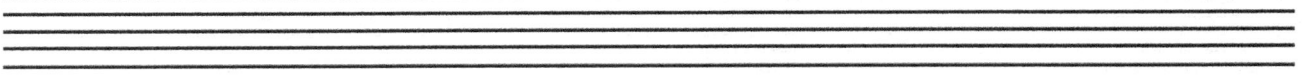

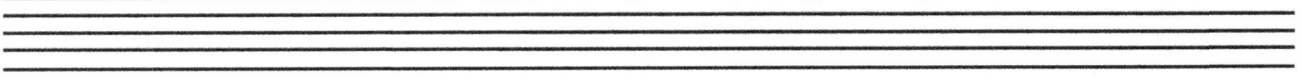

Song Title _____

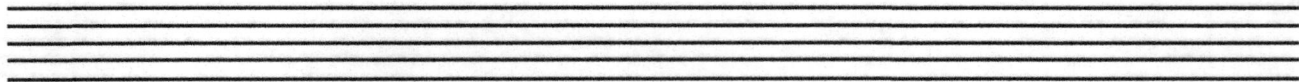

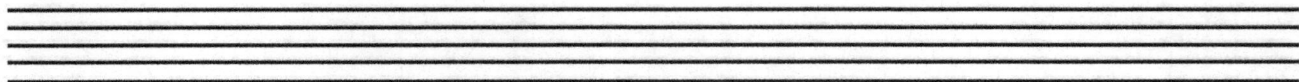

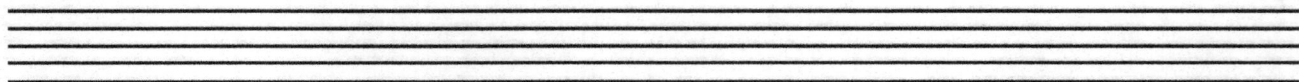

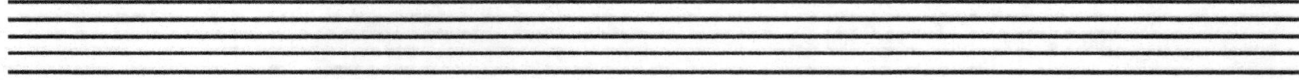

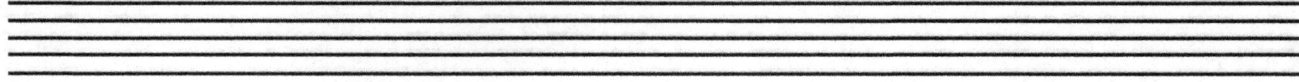

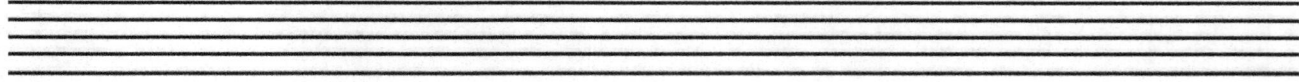

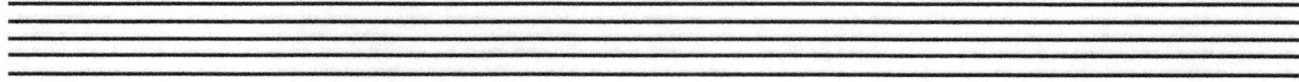

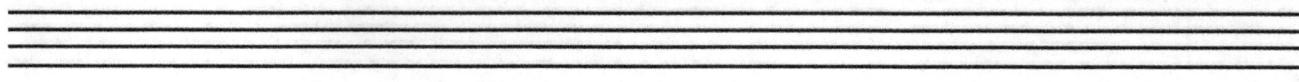

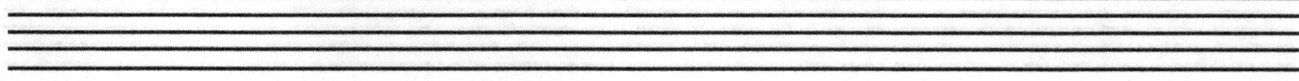

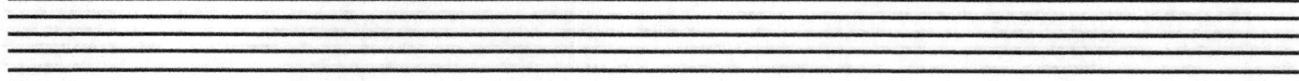

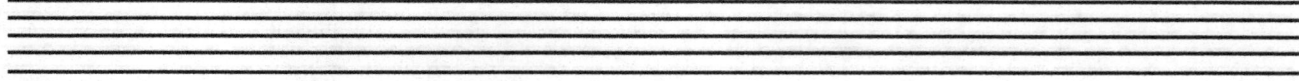

Song Title _____

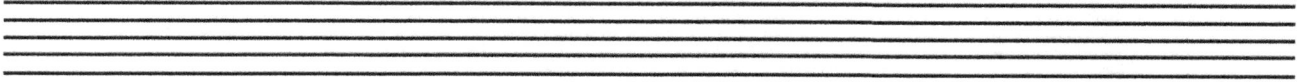

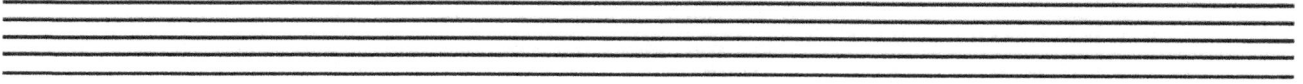

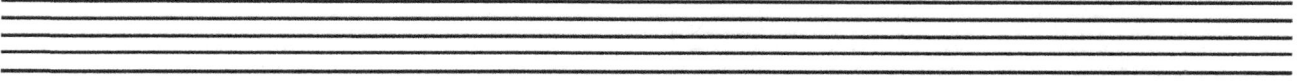

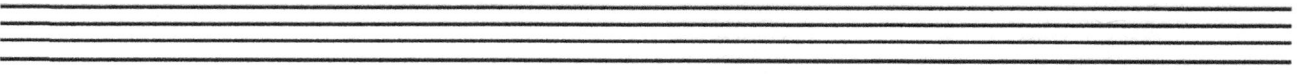

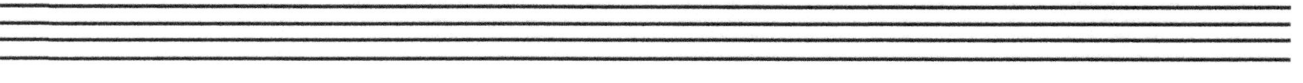

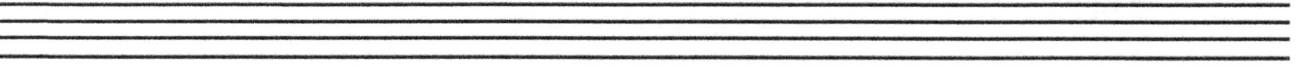

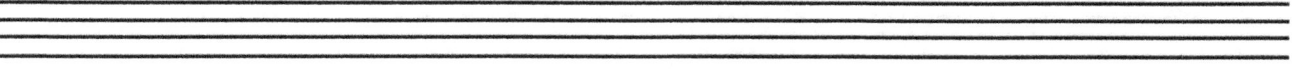

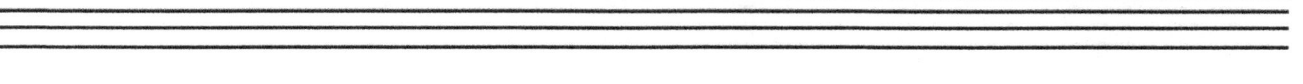

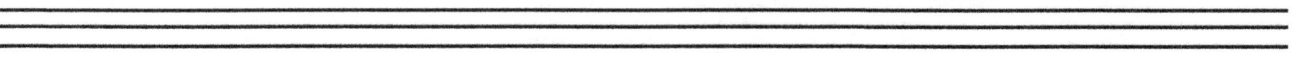

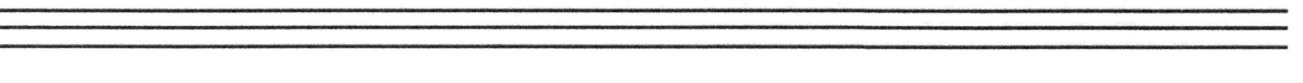

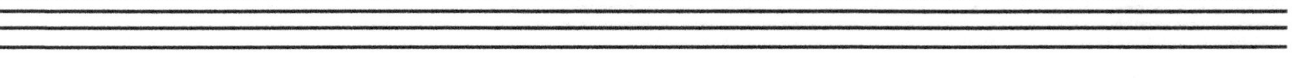

Song Title _____

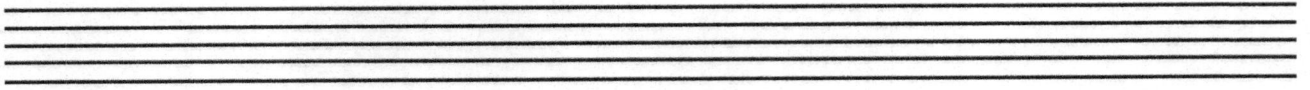

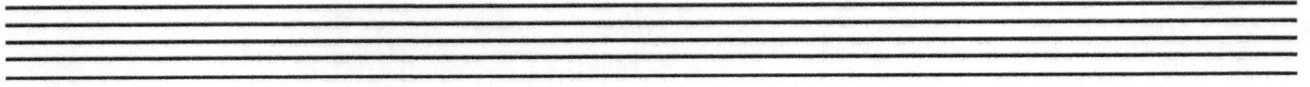

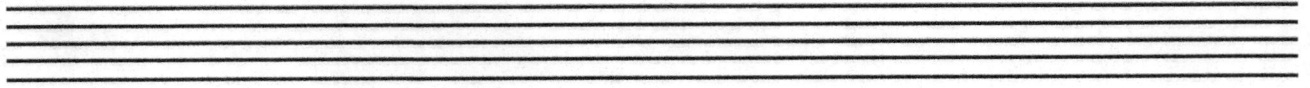

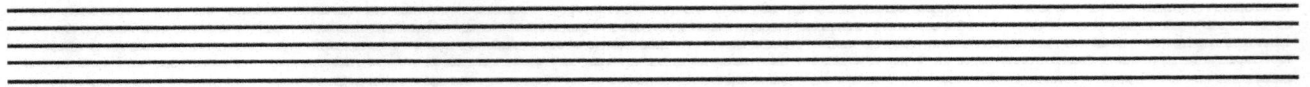

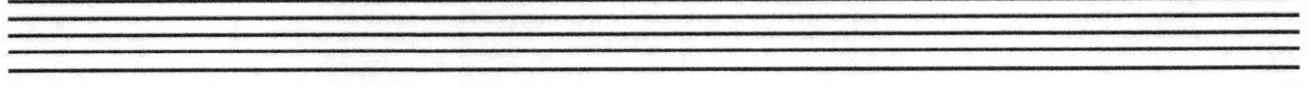

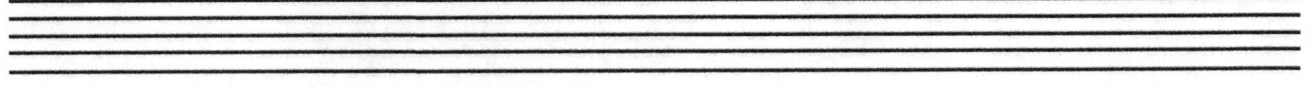

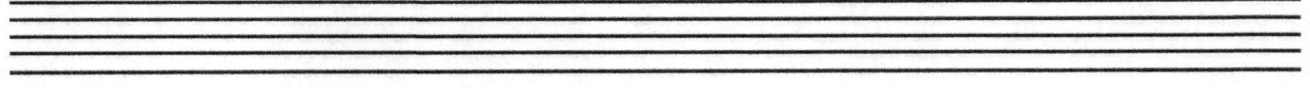

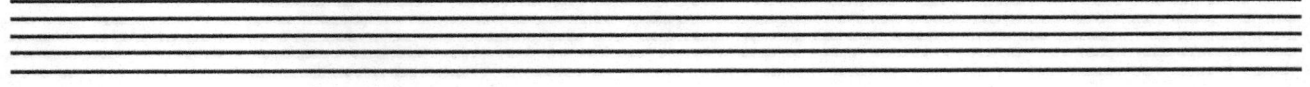

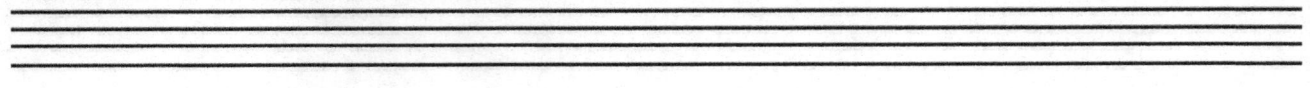

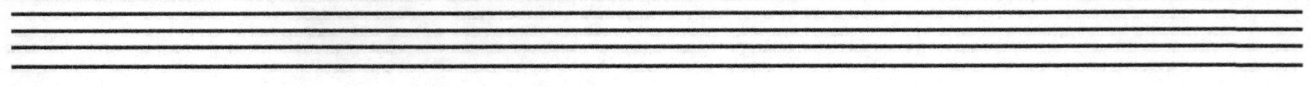

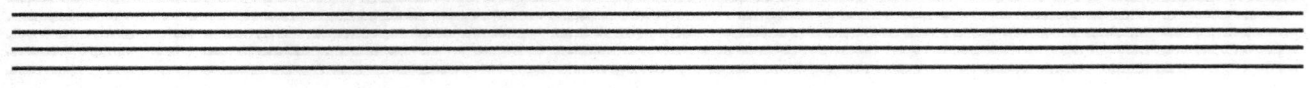

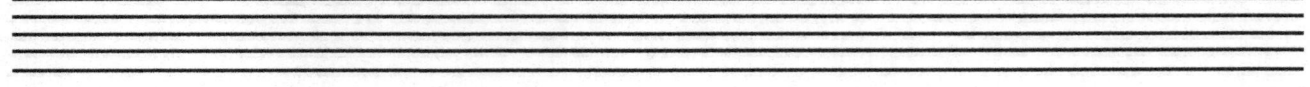

Song Title _____

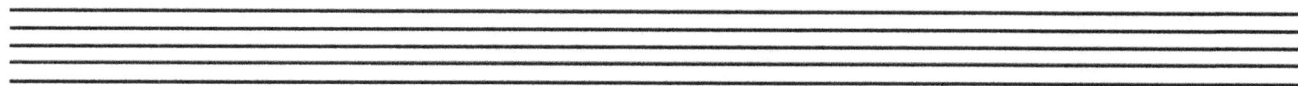

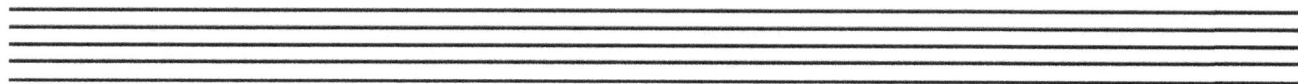

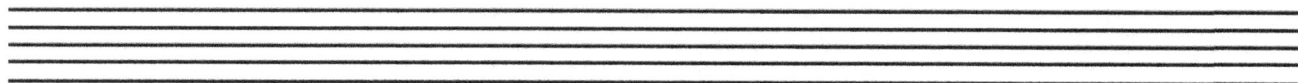

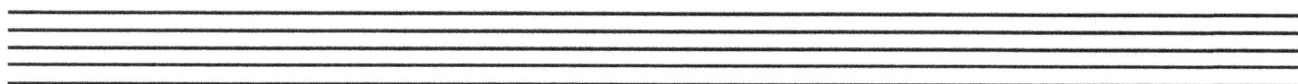

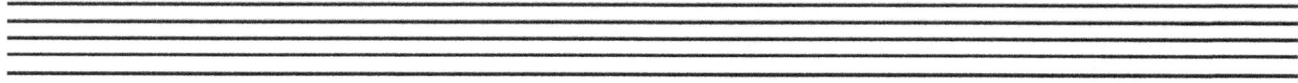

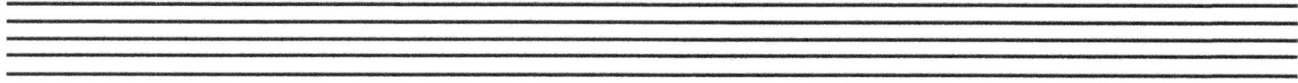

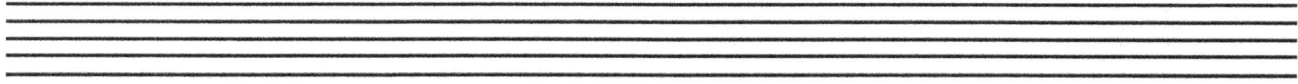

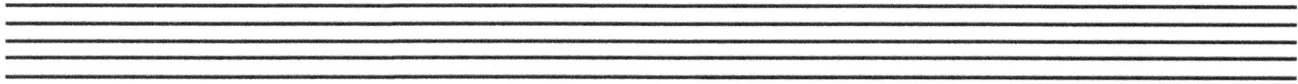

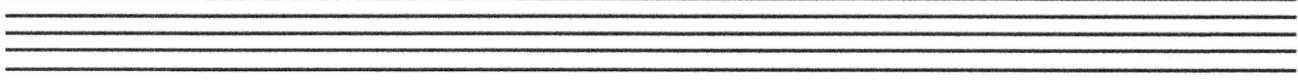

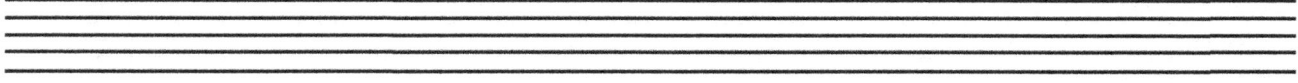

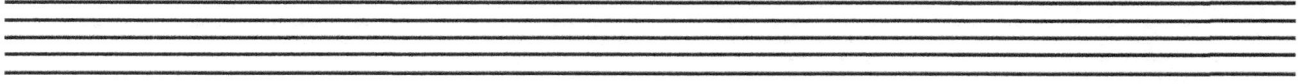

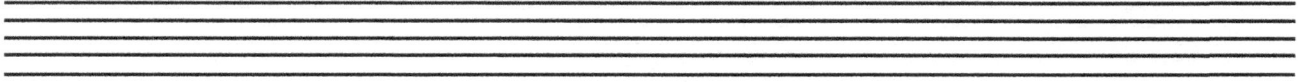

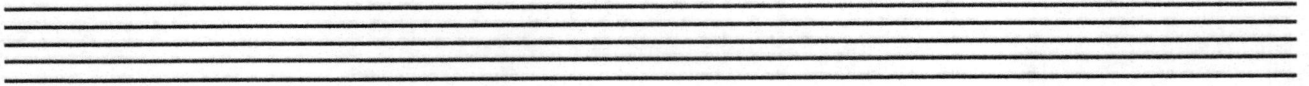
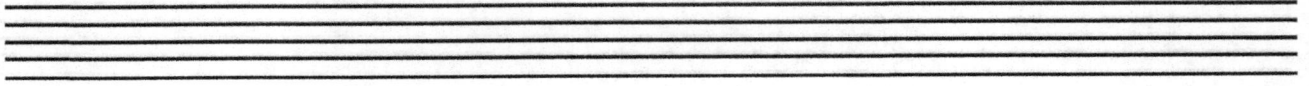
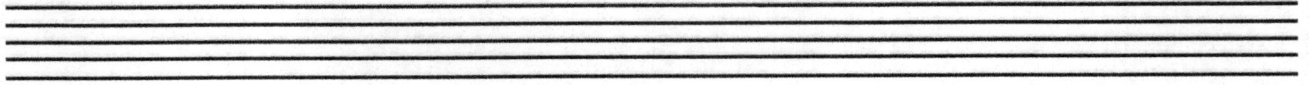
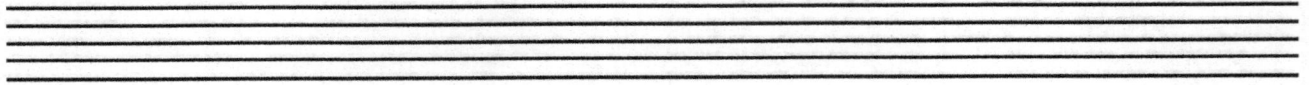
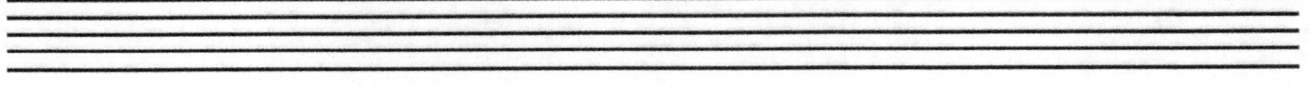

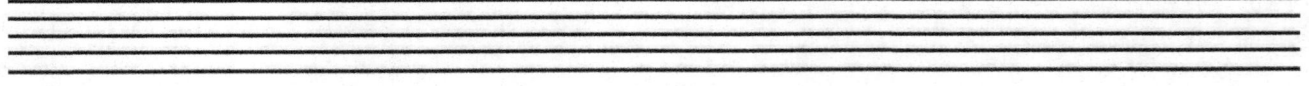
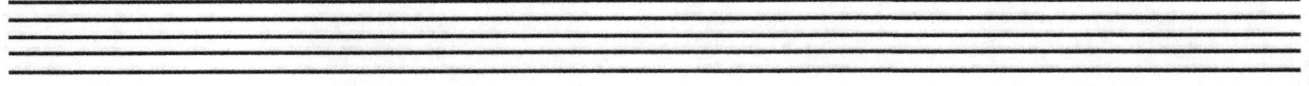
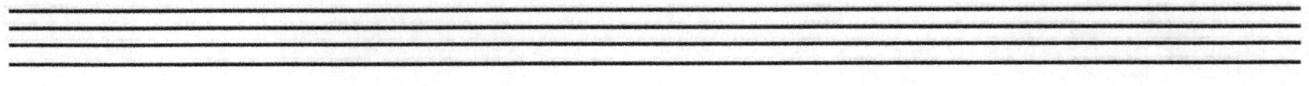
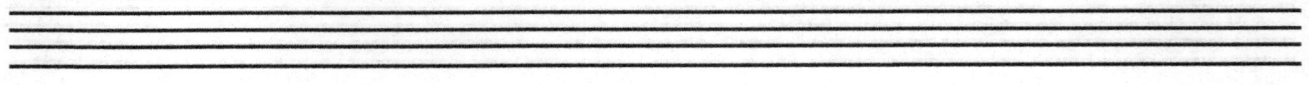
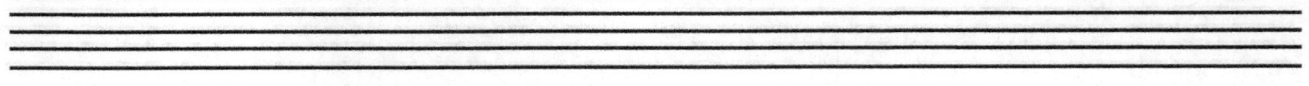
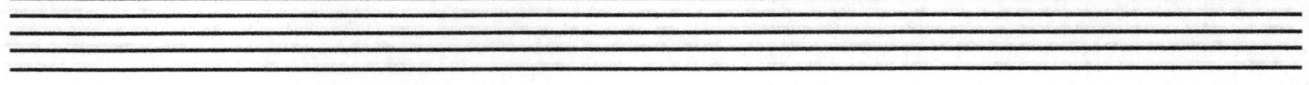

Song Title _____

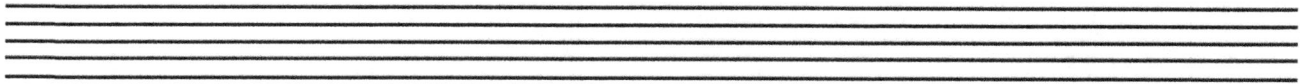

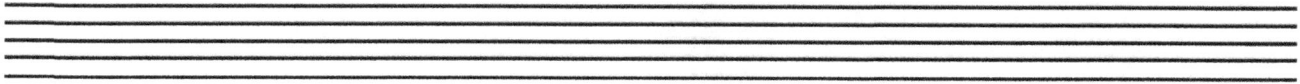

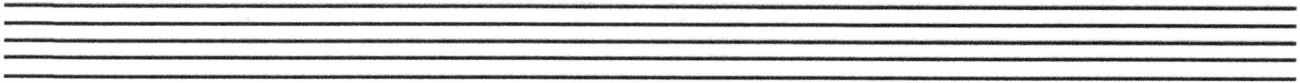

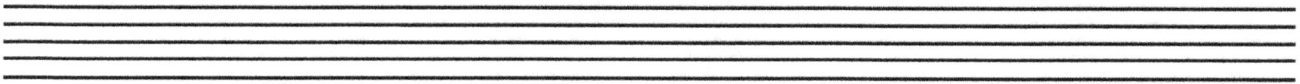

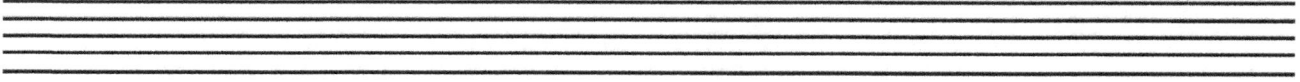

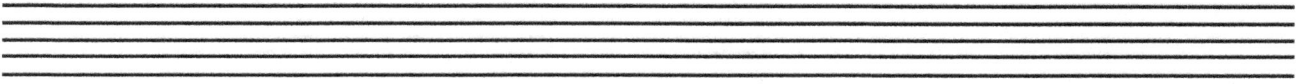

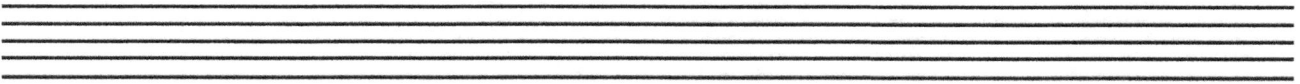

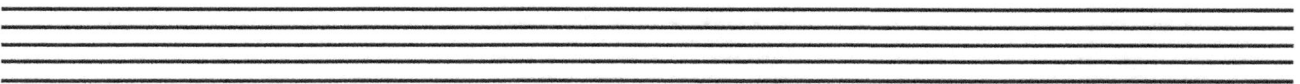

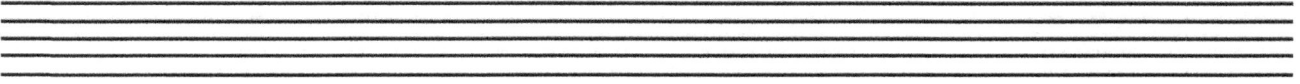

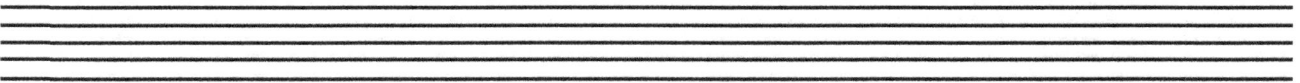

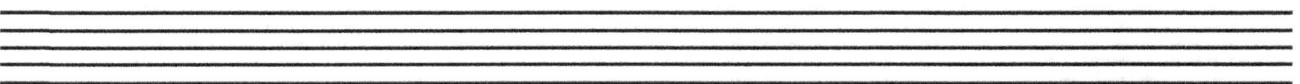

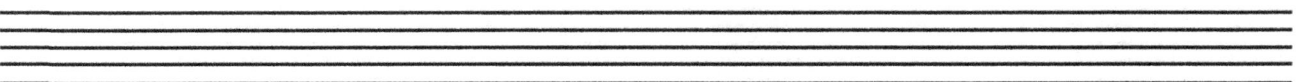

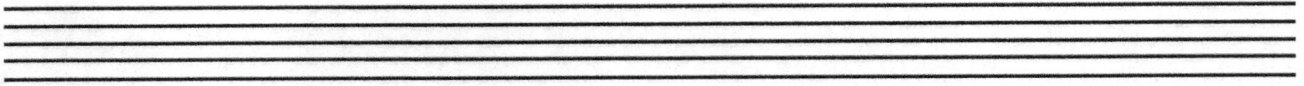

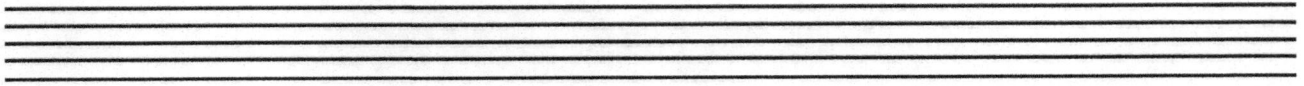

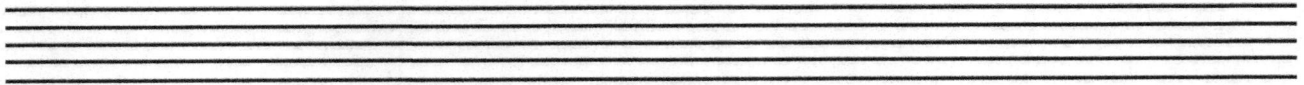

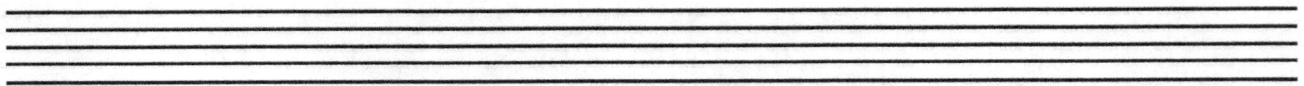

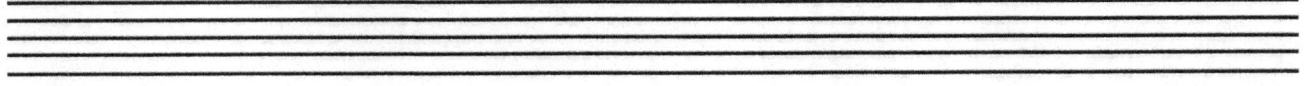

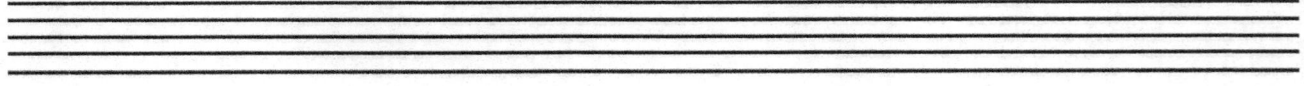

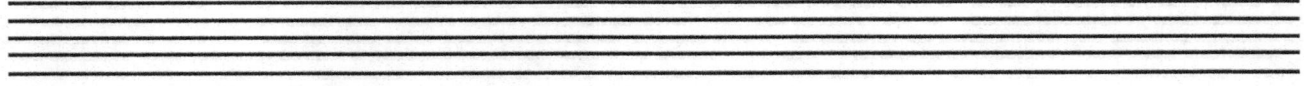

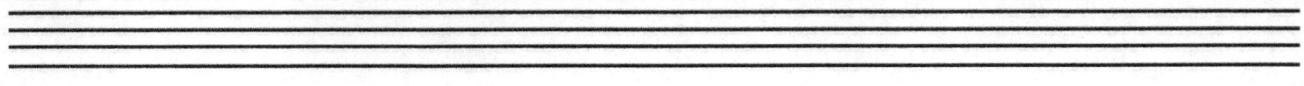

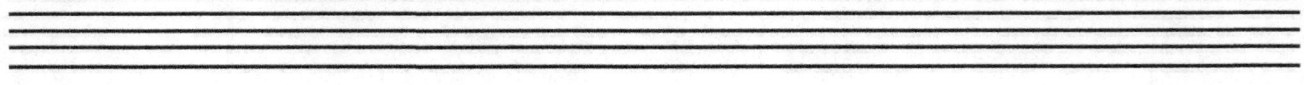

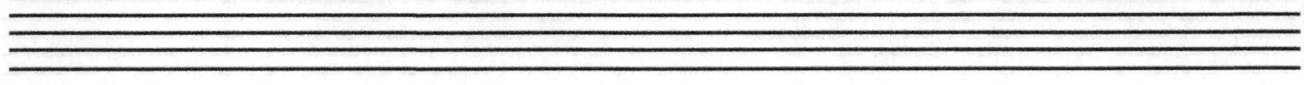

Song Title _____

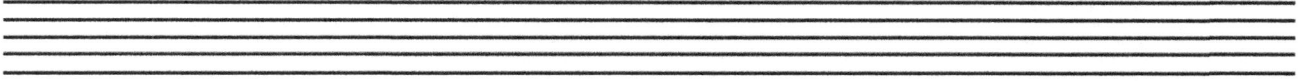

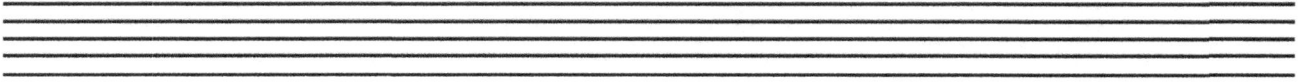

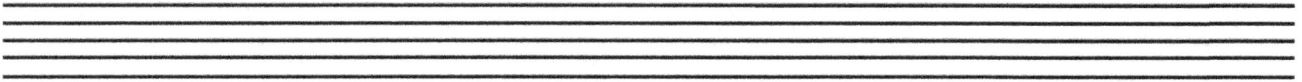

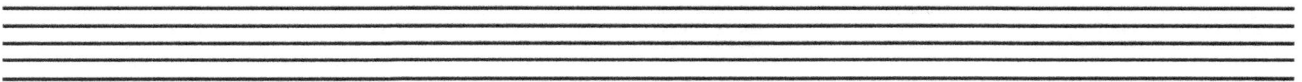

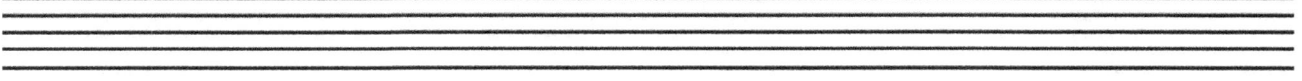

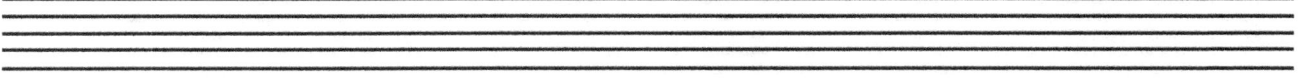

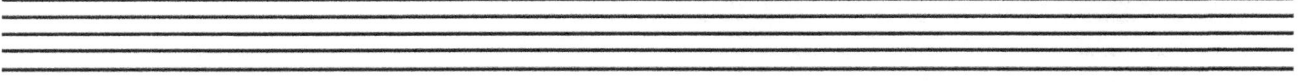

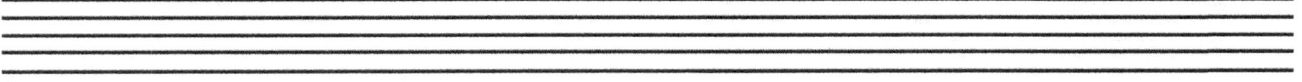

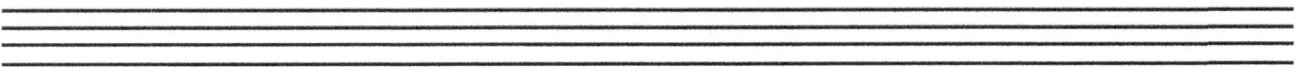

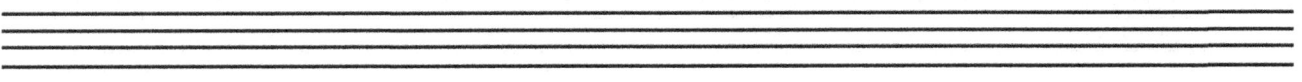

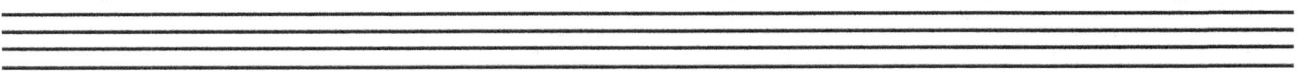

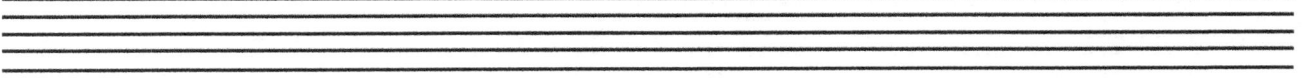

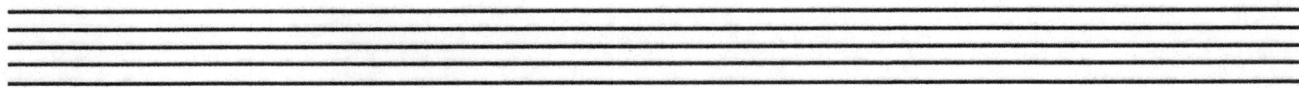

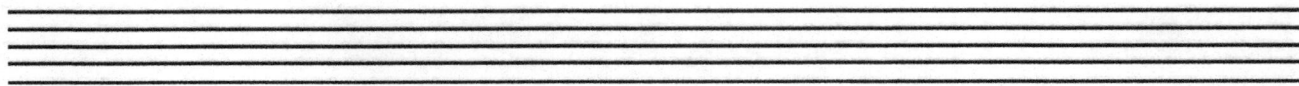

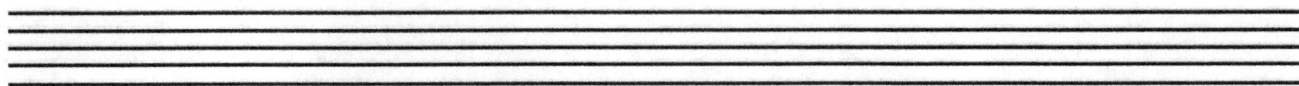

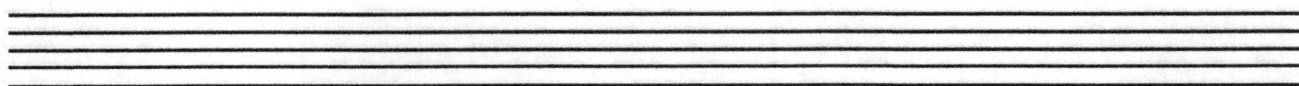

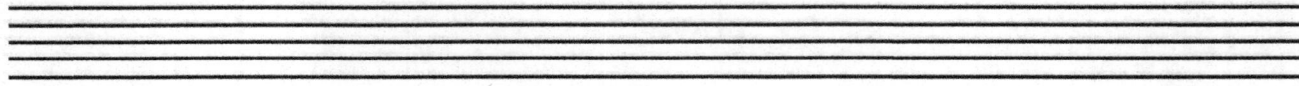

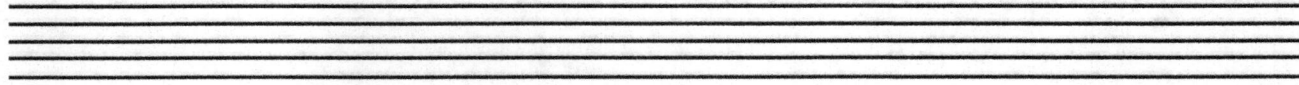

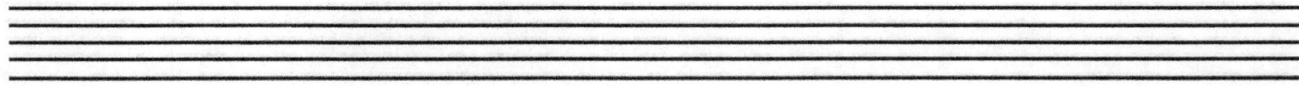

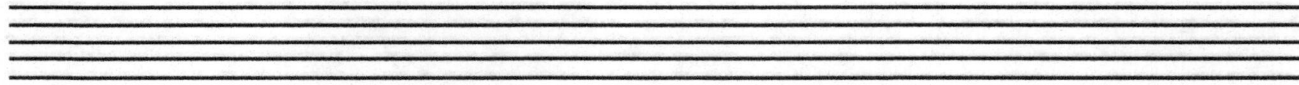

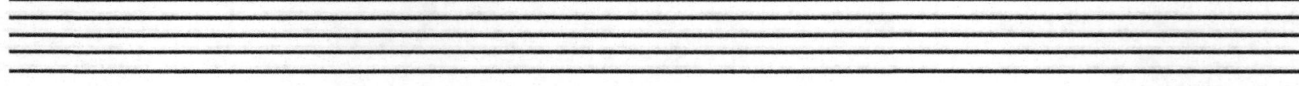

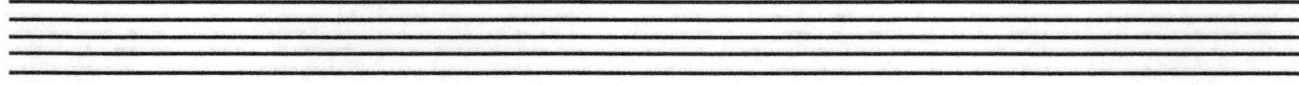

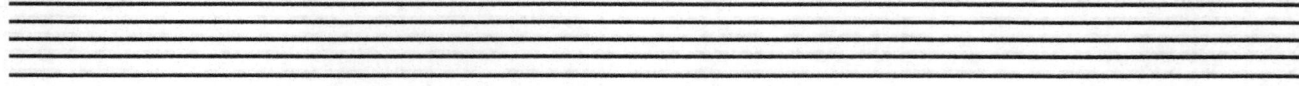

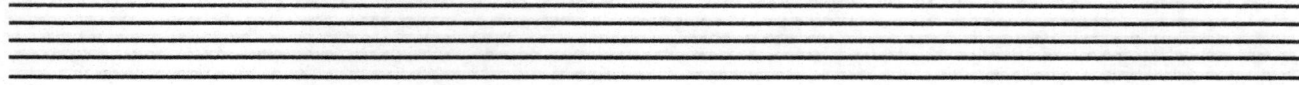

Song Title _____

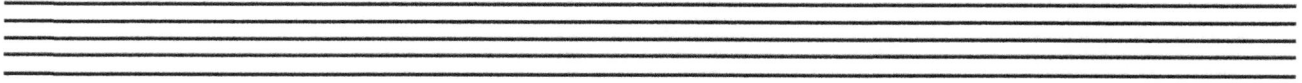

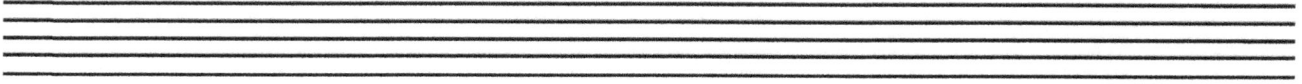

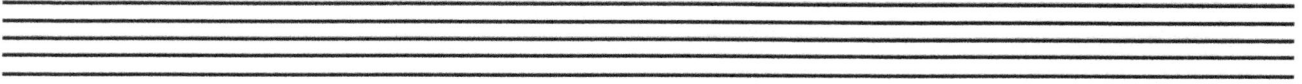

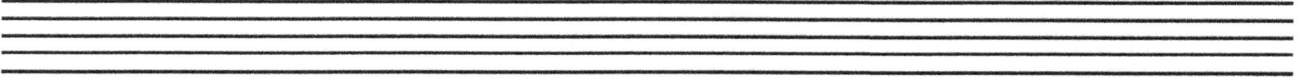

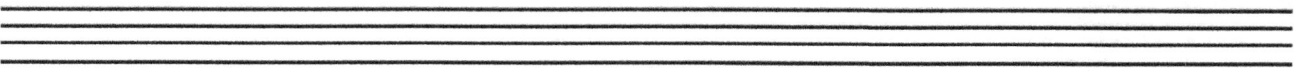

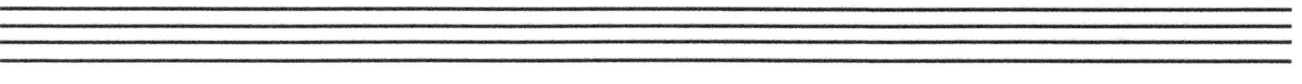

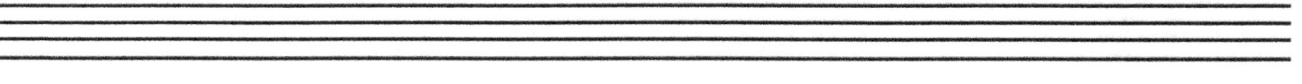

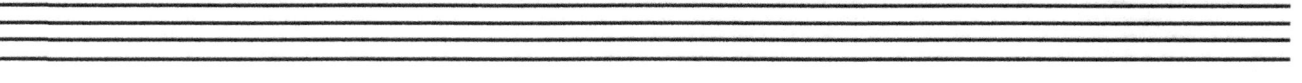

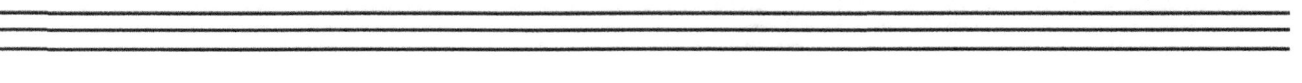

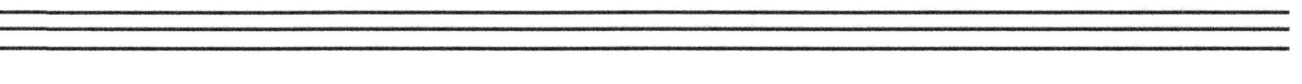

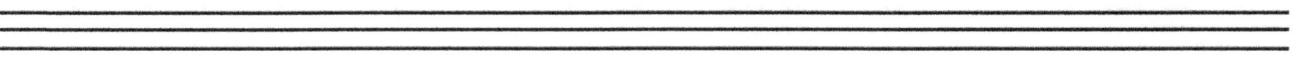

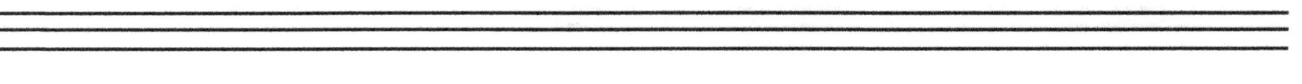

Song Title _____

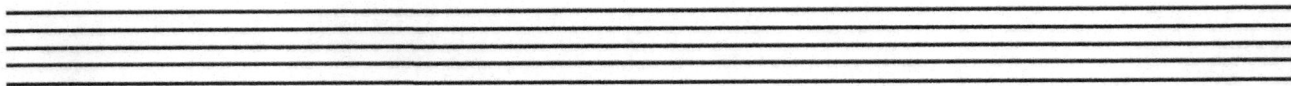

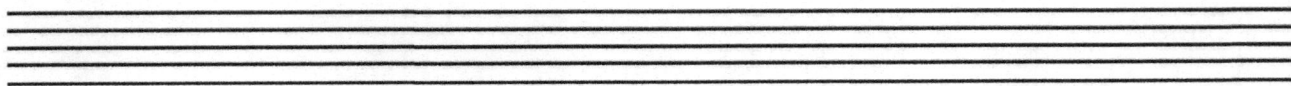

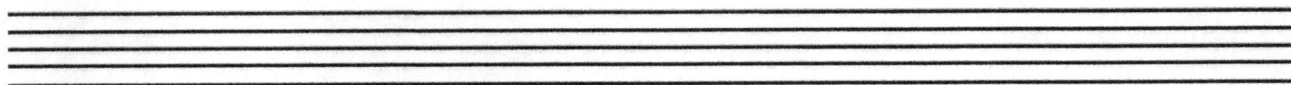

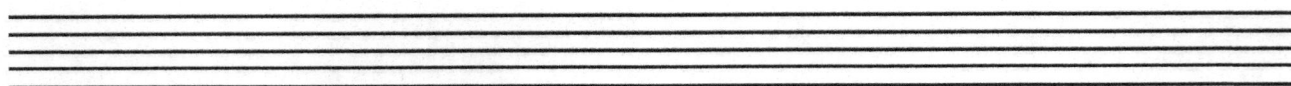

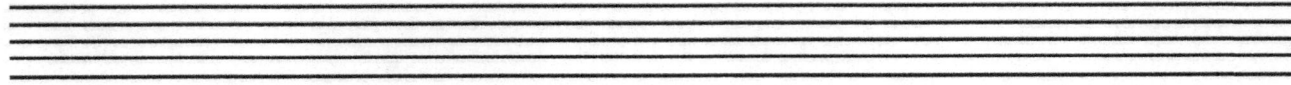

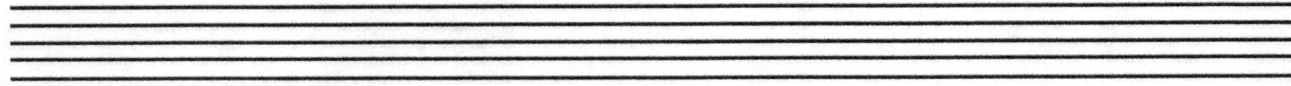

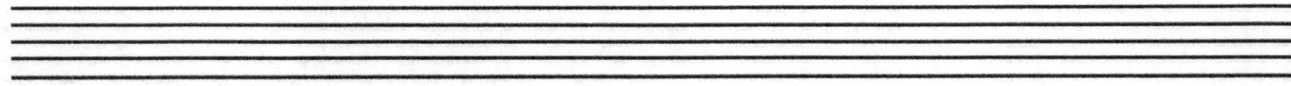

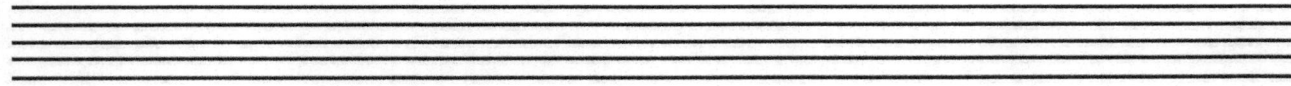

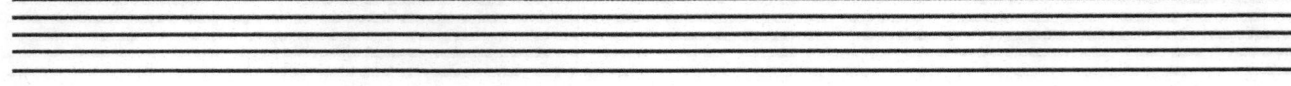

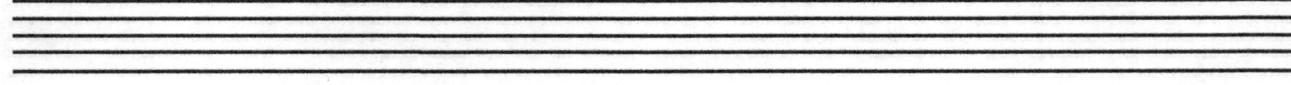

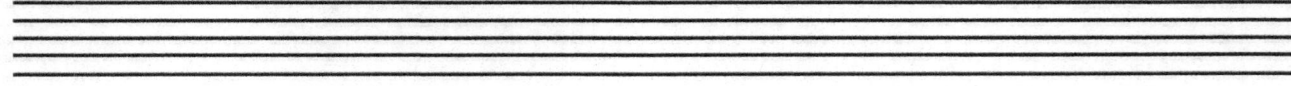

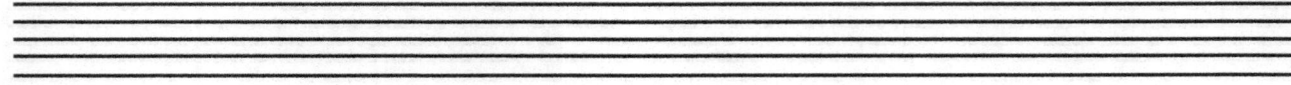

Song Title _____

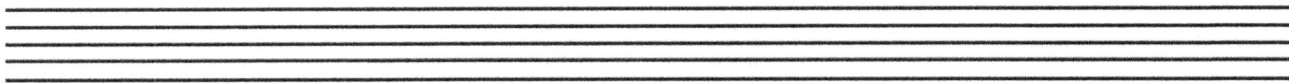

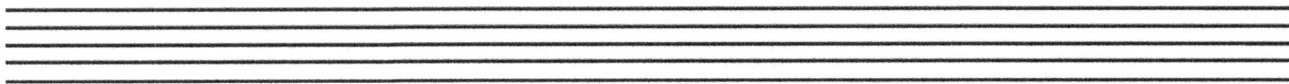

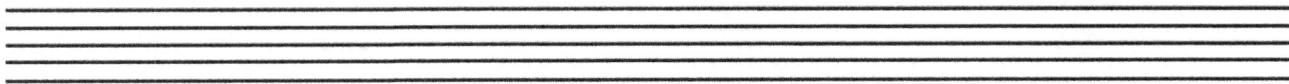

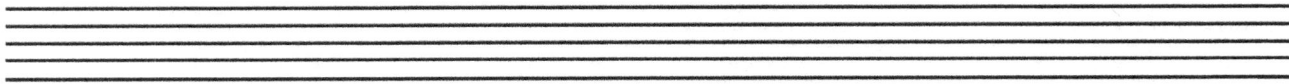

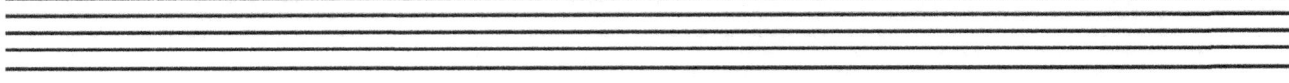

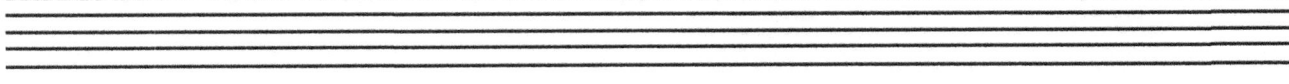

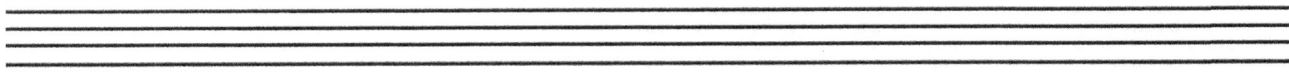

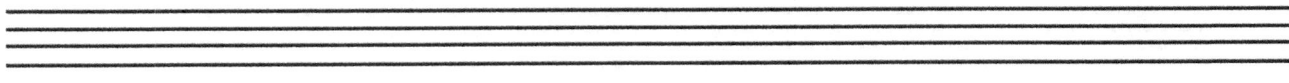

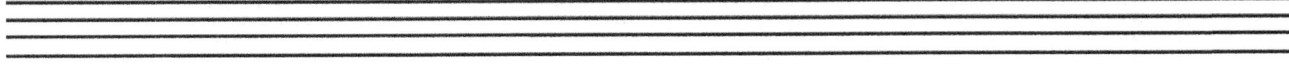

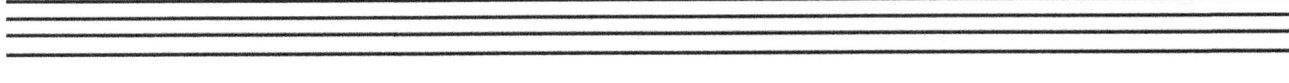

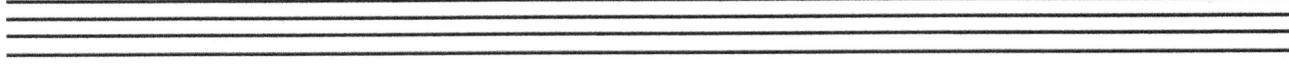

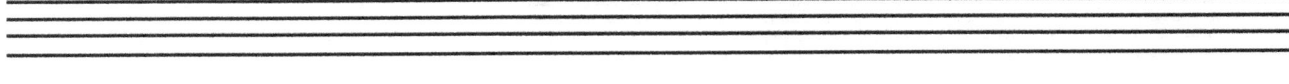

Song Title _____

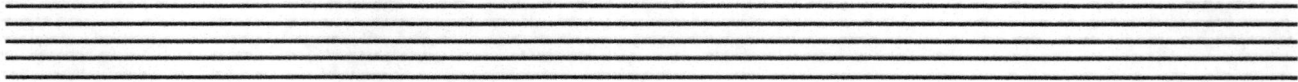

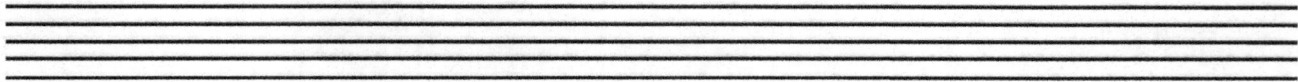

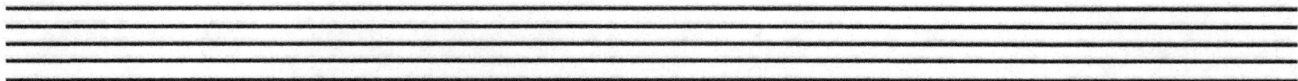

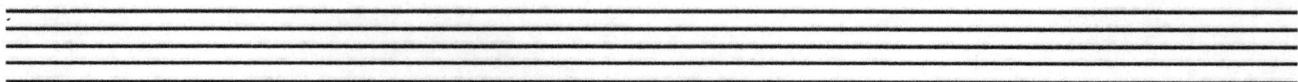

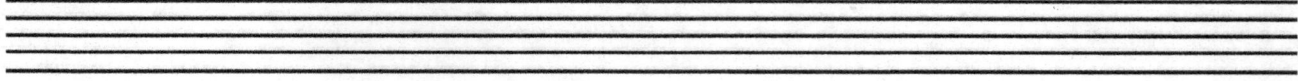

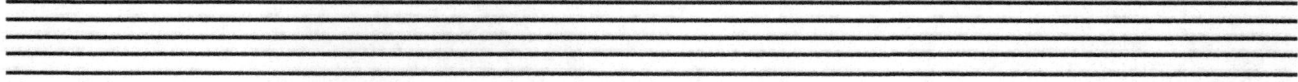

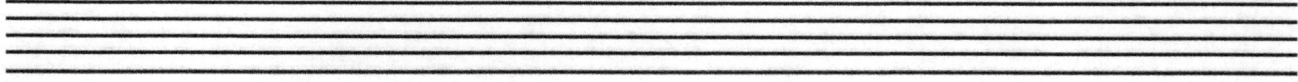

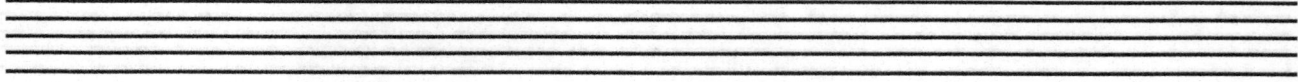

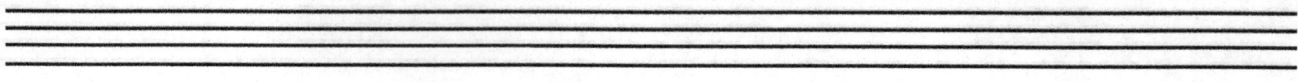

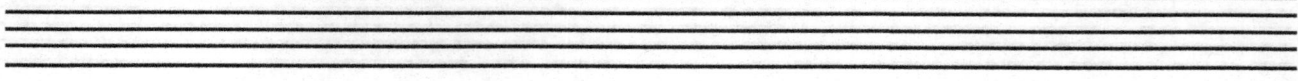

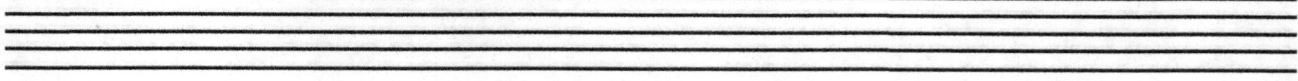

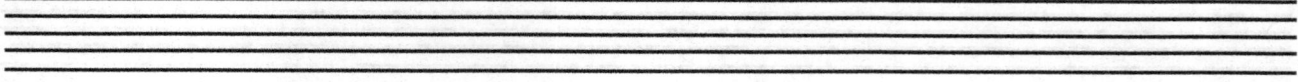

Song Title _____

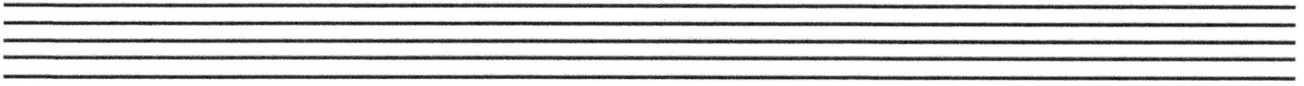

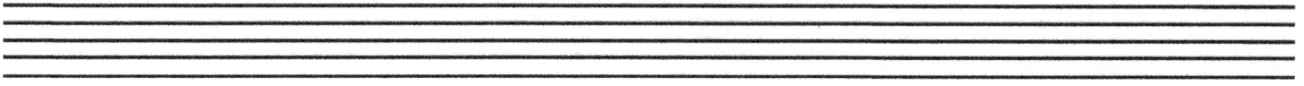

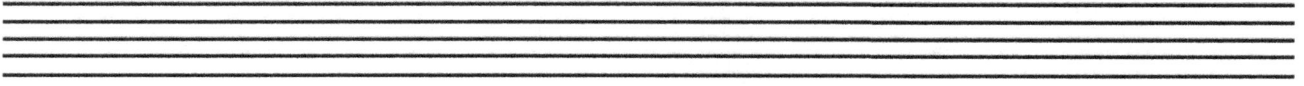

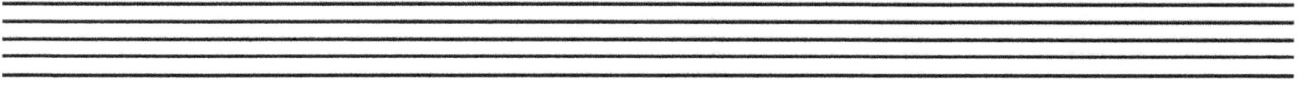

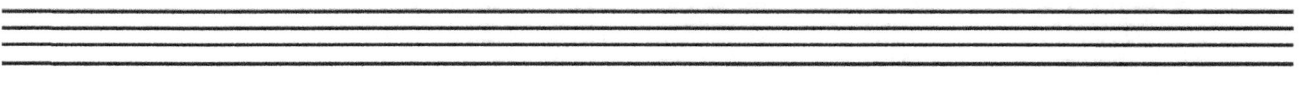

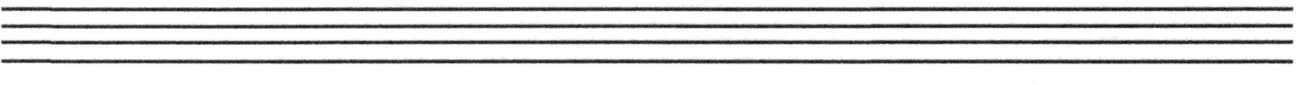

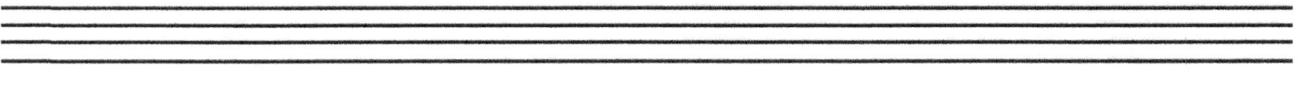

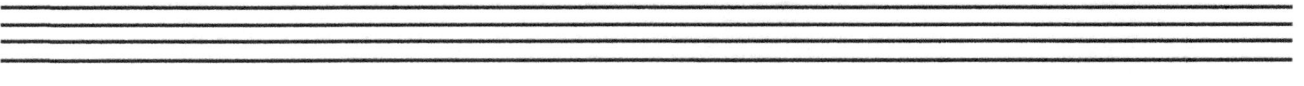

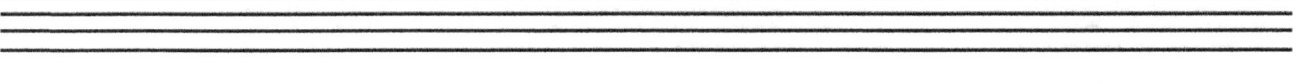

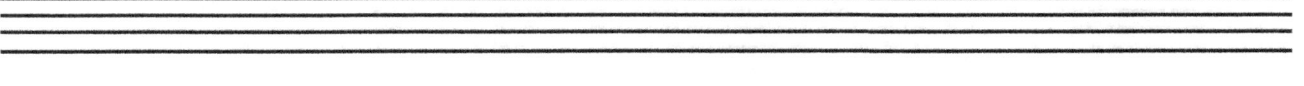

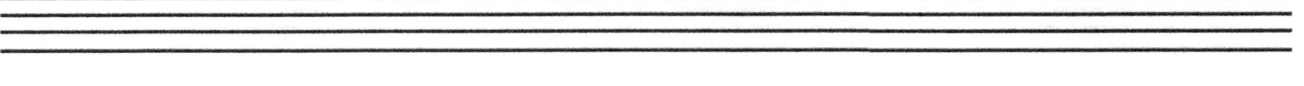

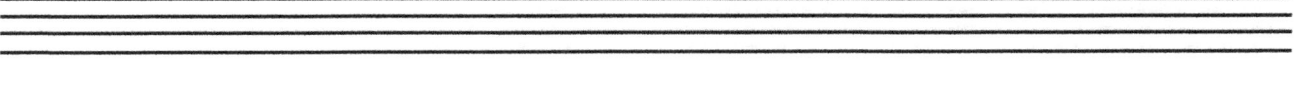

Song Title _____

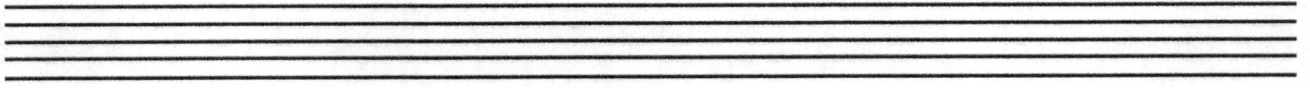
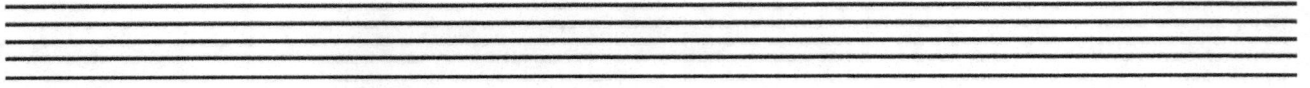
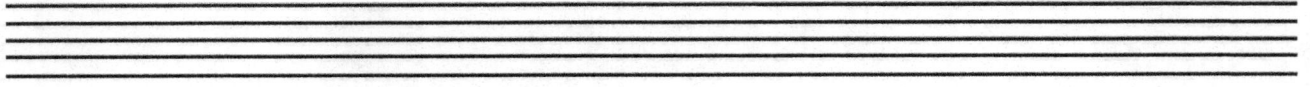
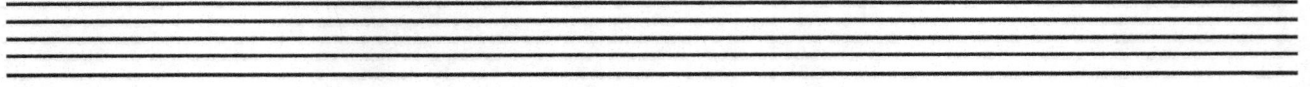
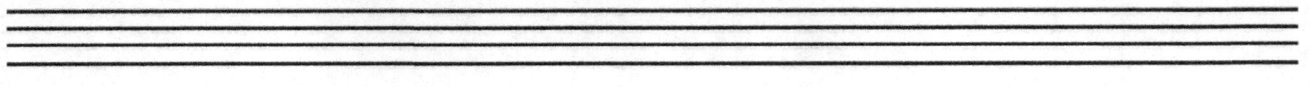
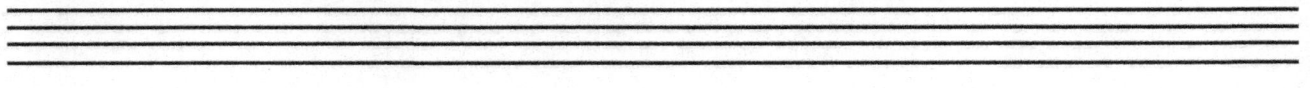
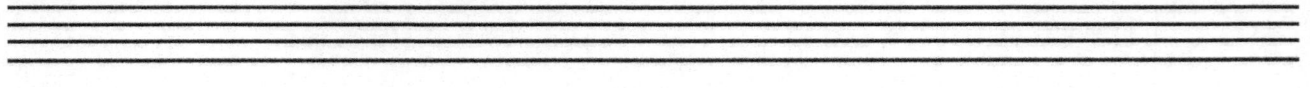
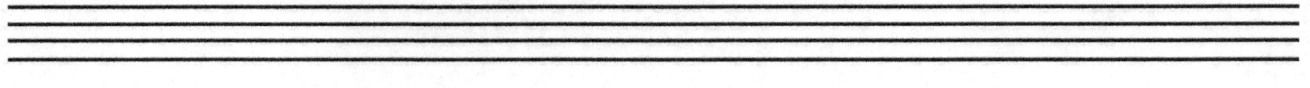
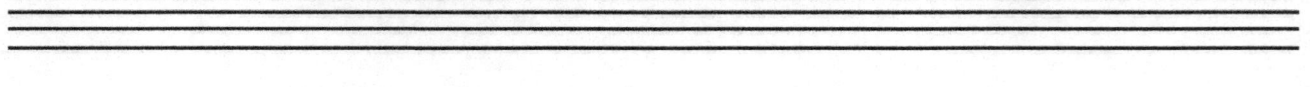
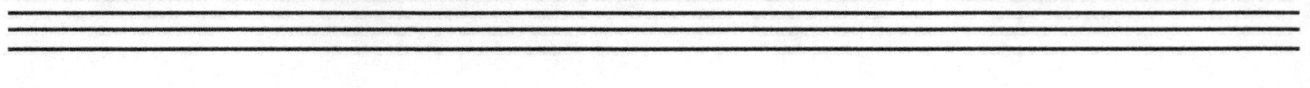
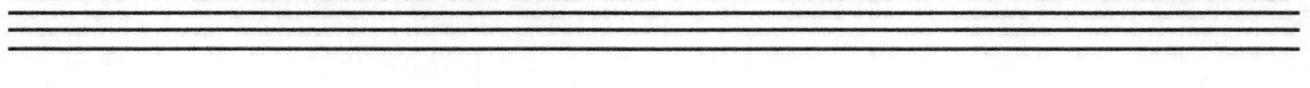
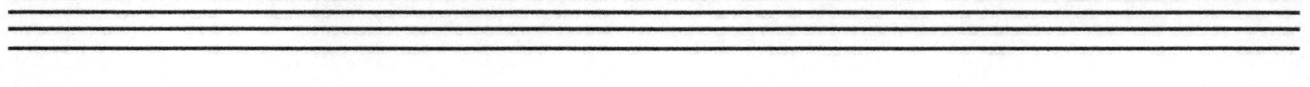

Song Title _____

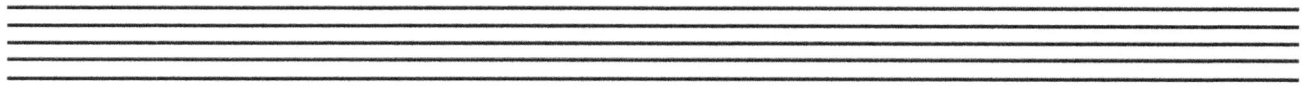

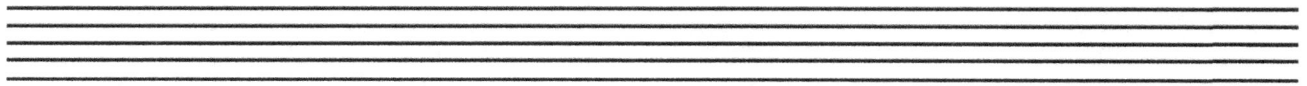

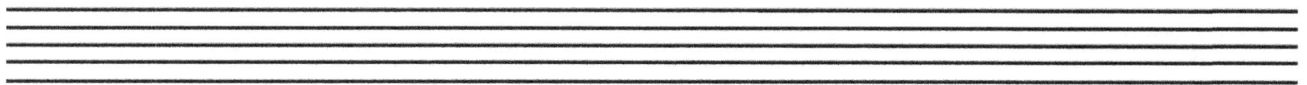

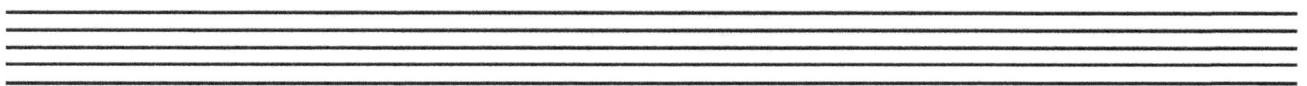

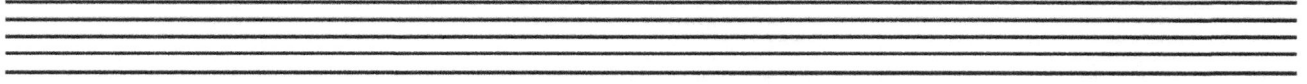

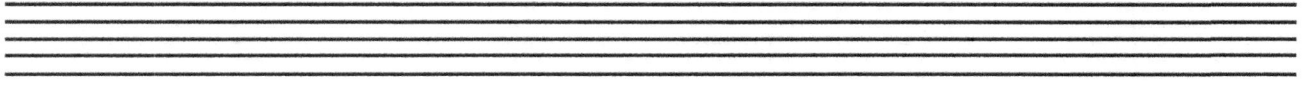

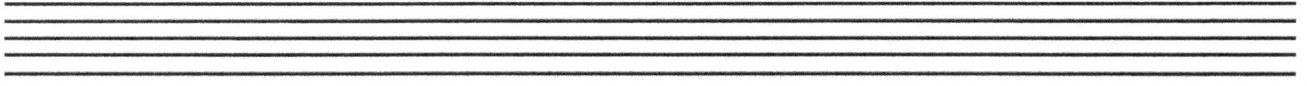

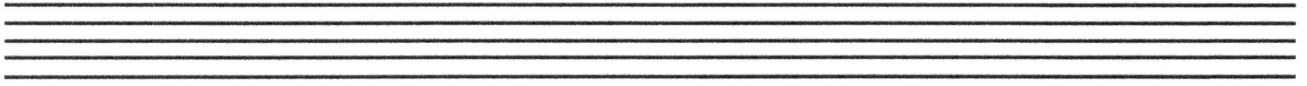

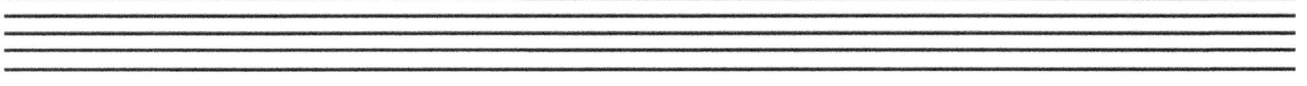

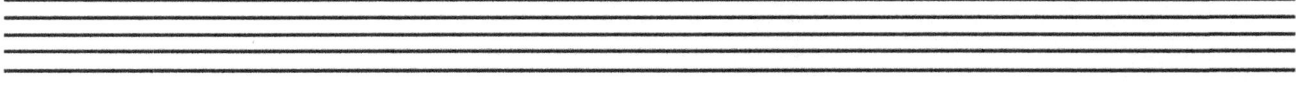

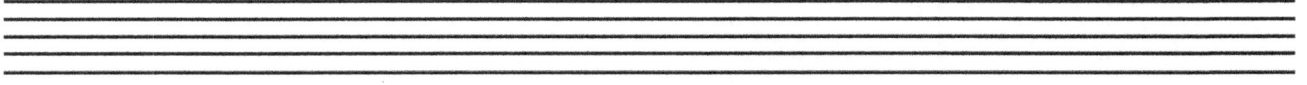

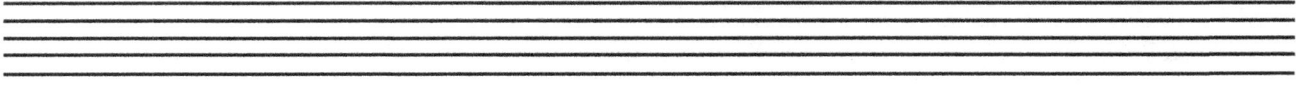

Song Title _____

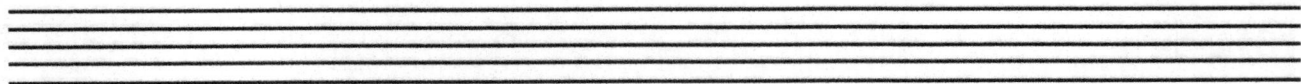

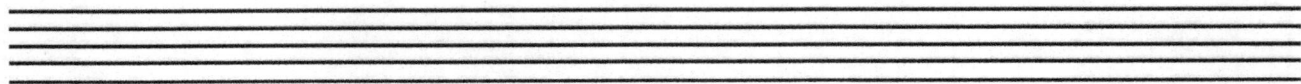

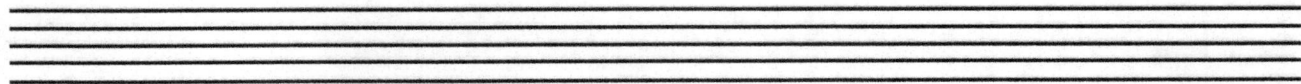

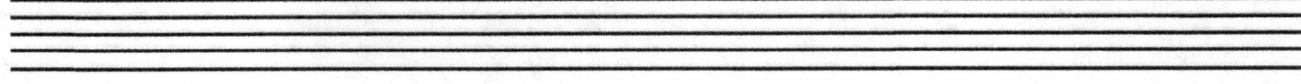

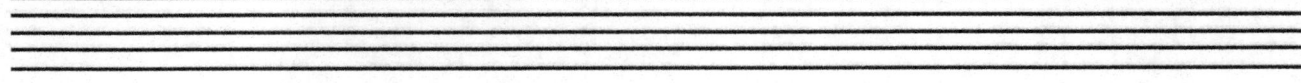

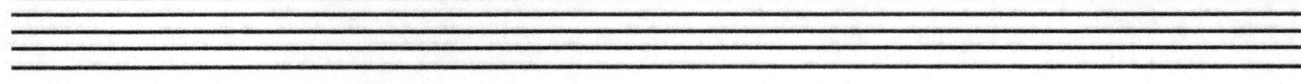

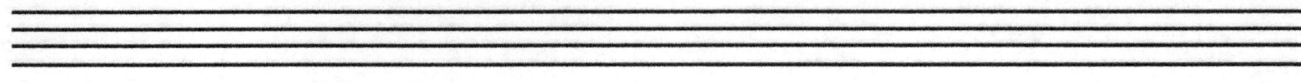

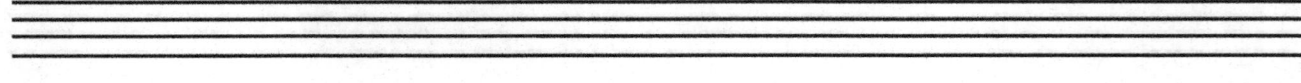

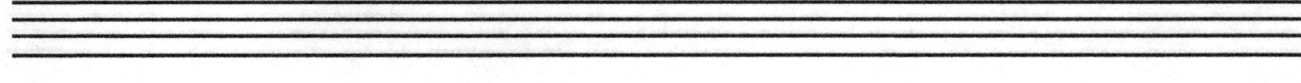

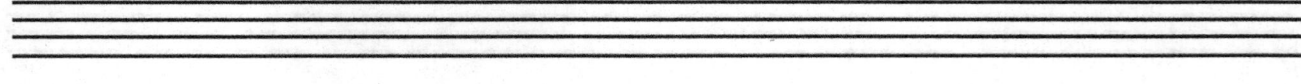

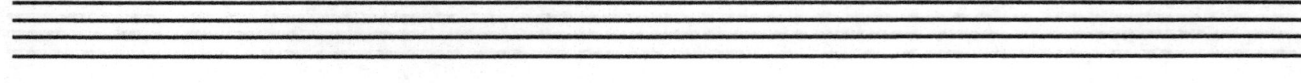

Song Title _____

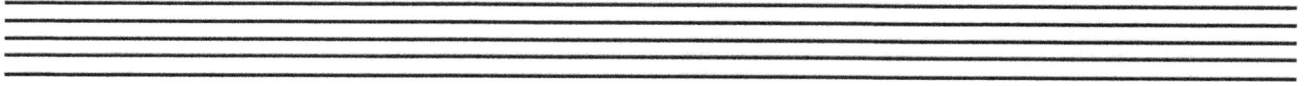

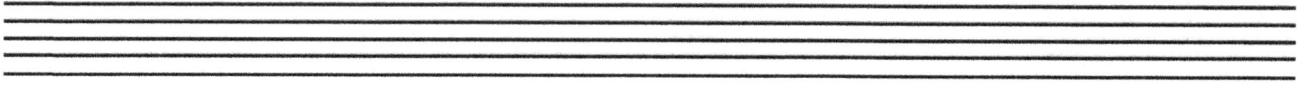

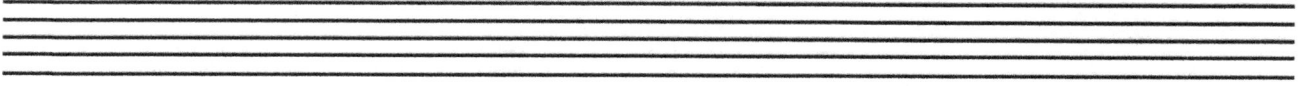

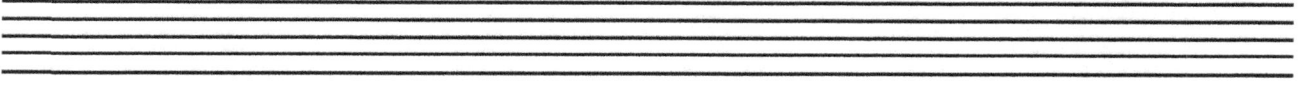

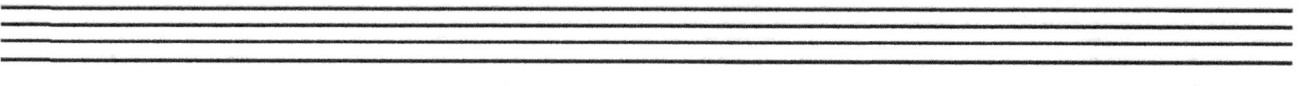

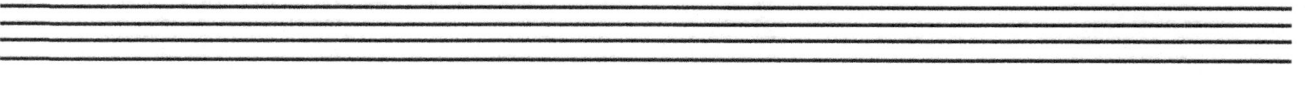

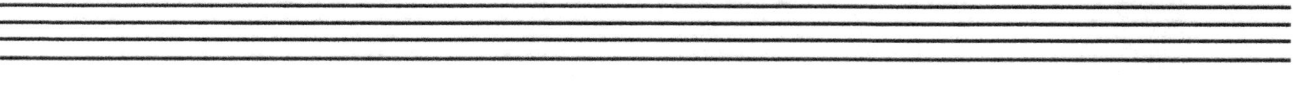

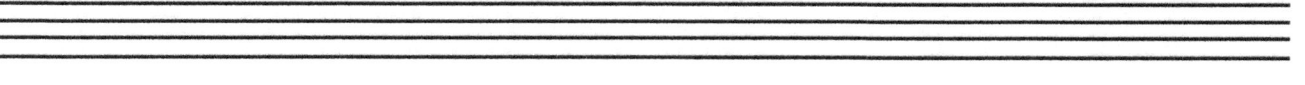

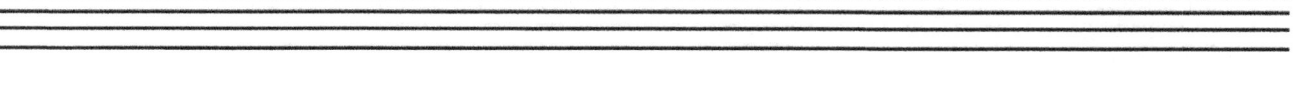

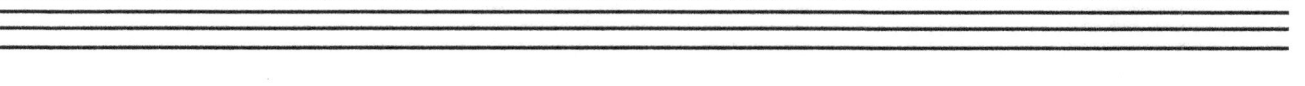

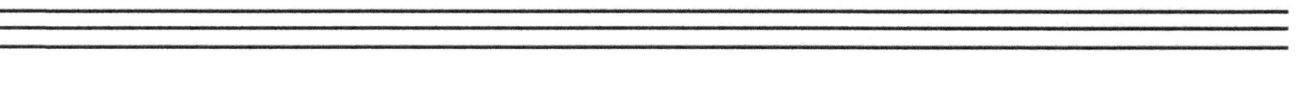

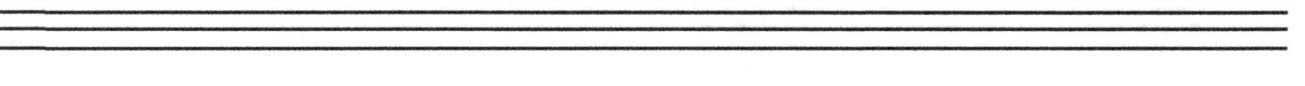

Song Title _____

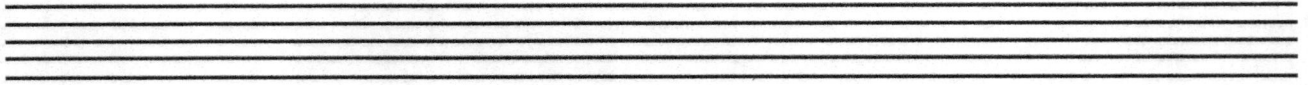

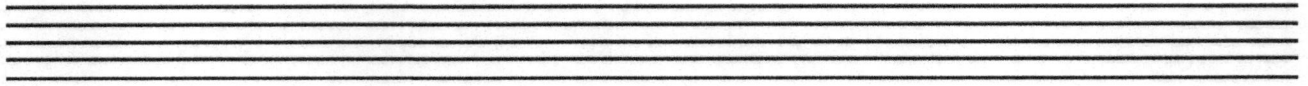

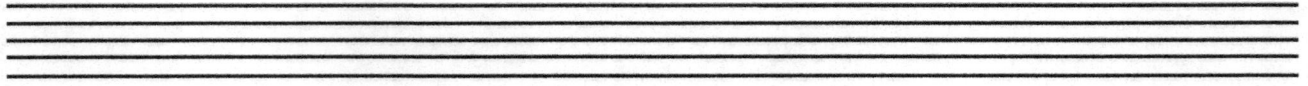

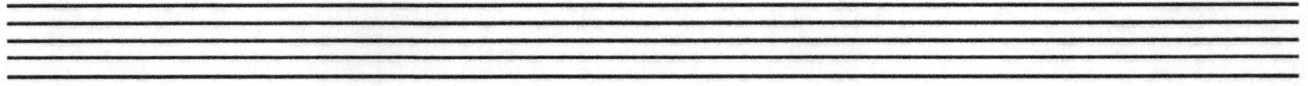

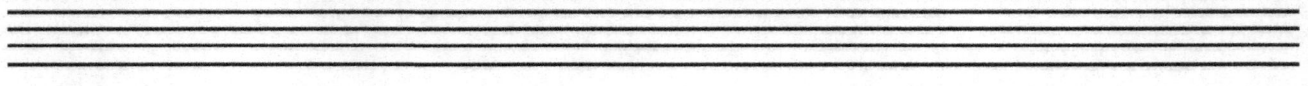

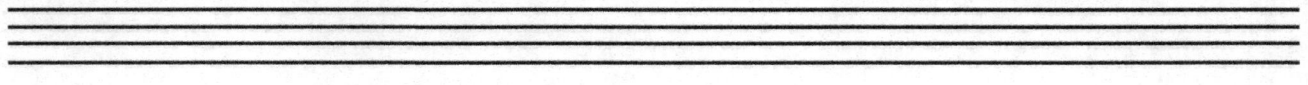

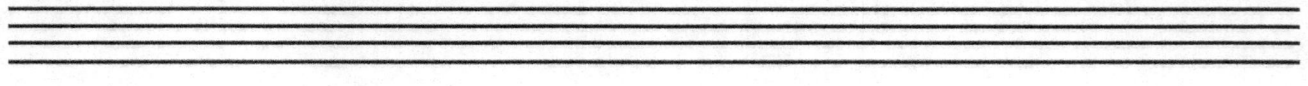

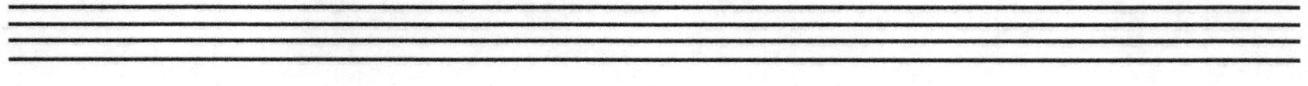

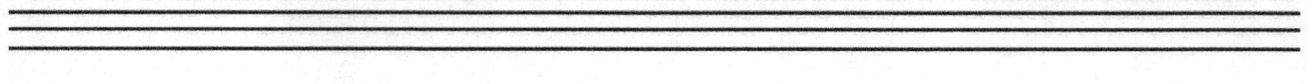

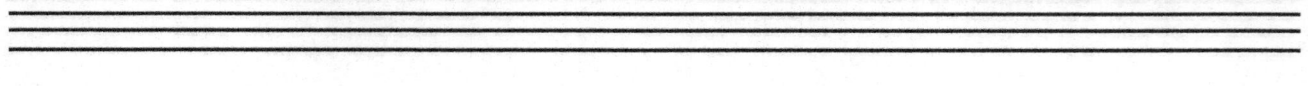

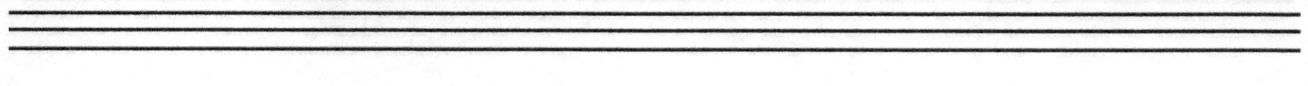

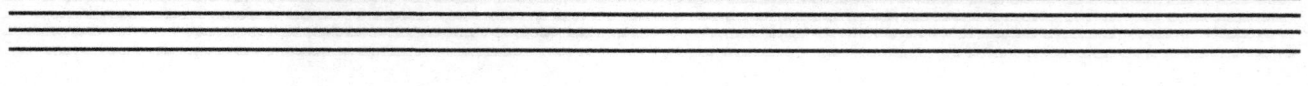

Song Title _____

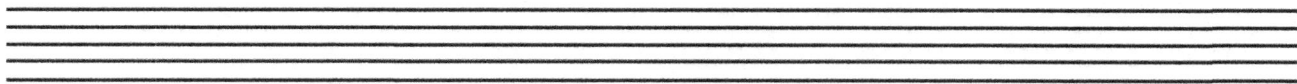

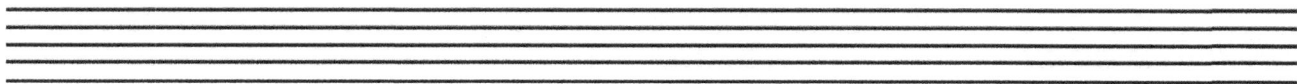

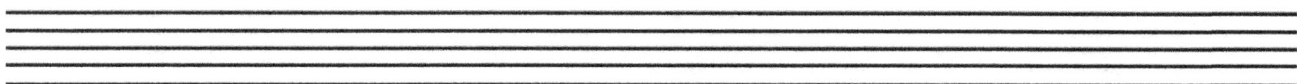

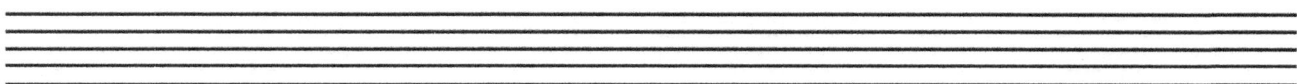

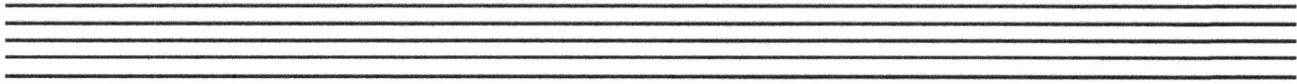

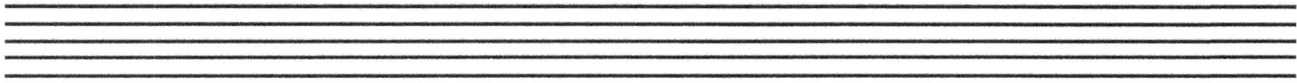

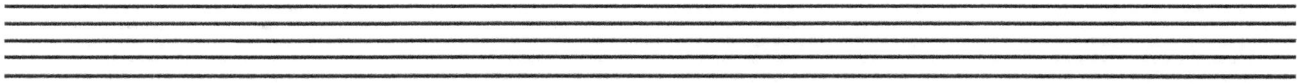

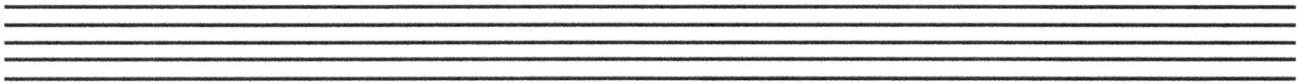

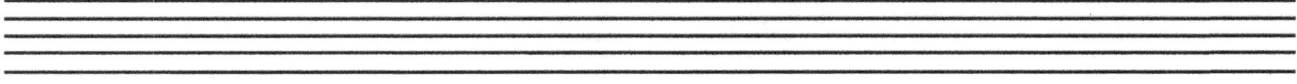

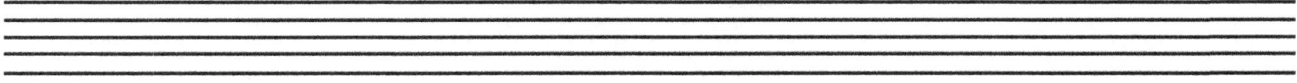

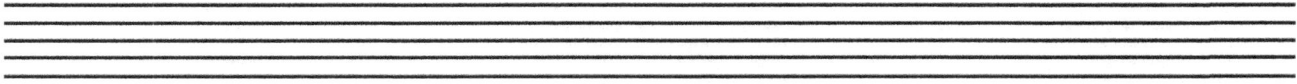

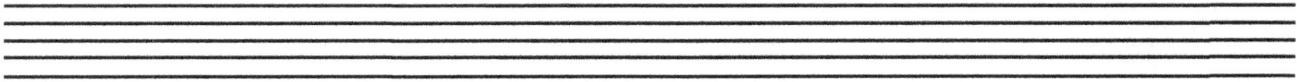

Song Title _____

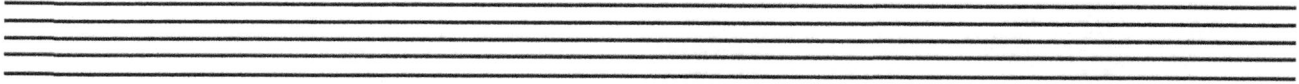

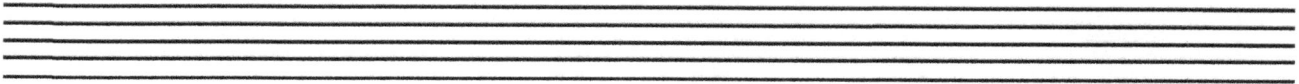

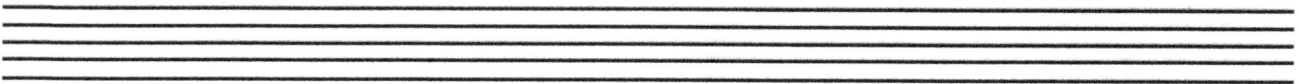

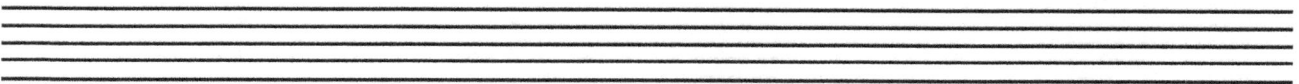

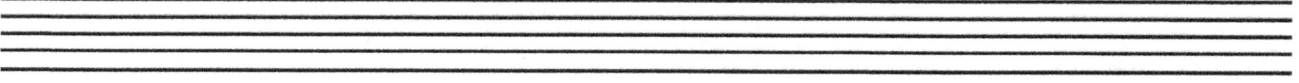

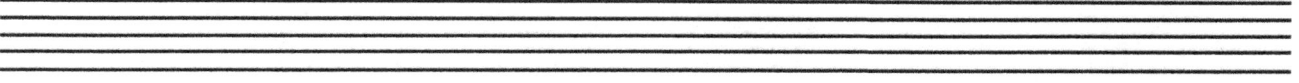

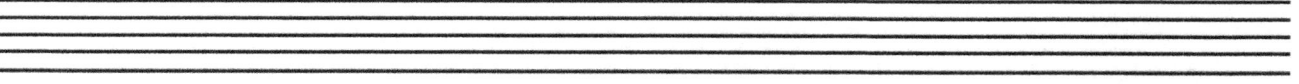

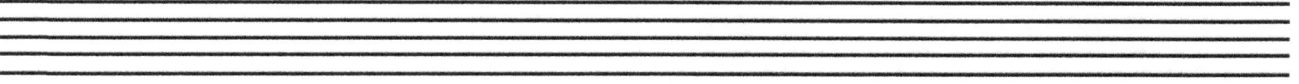

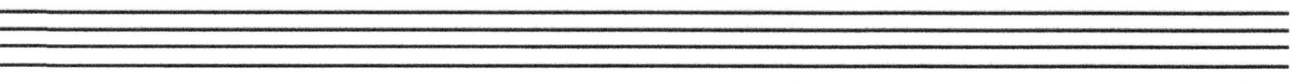

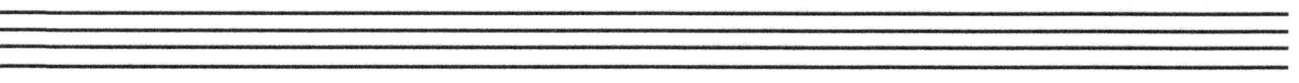

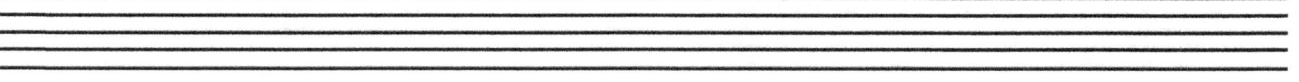

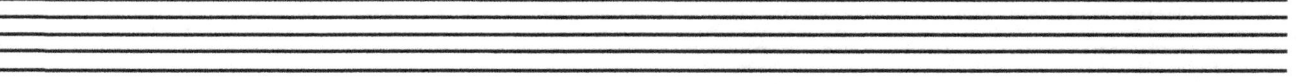

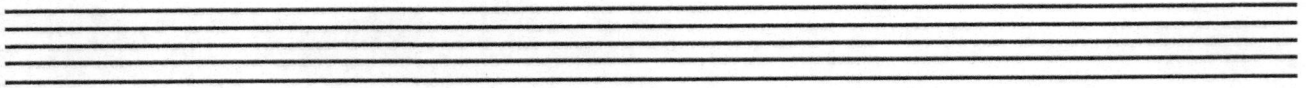
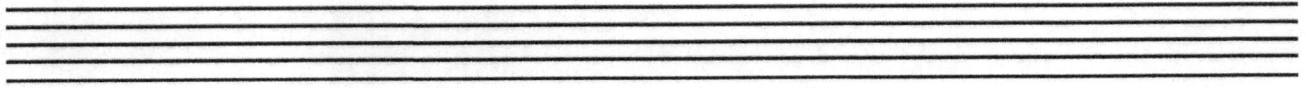
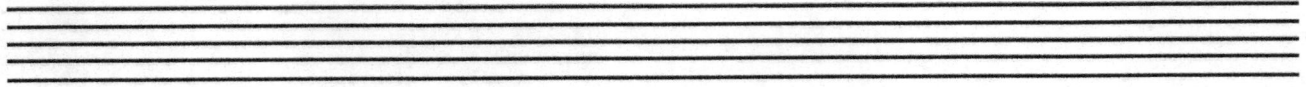
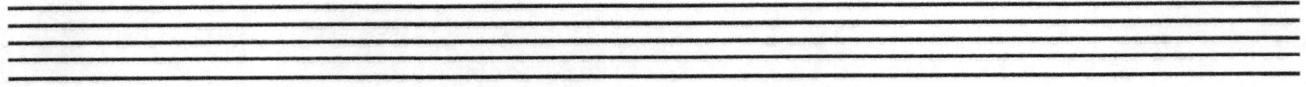
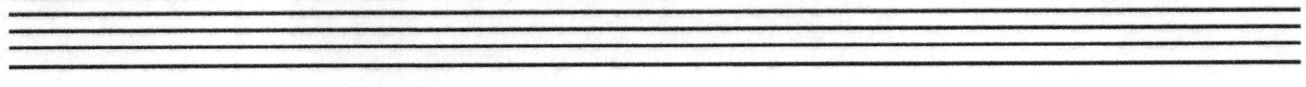
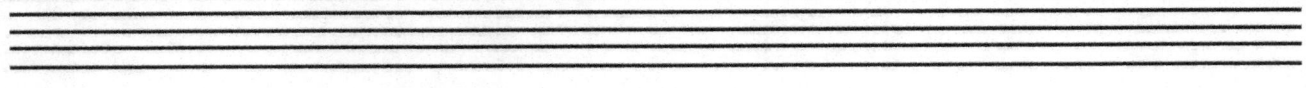
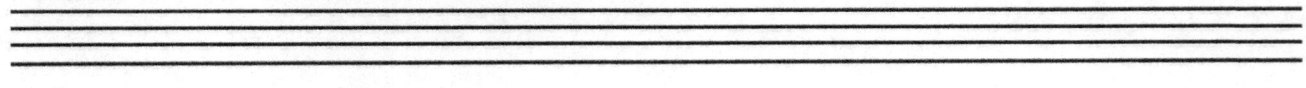
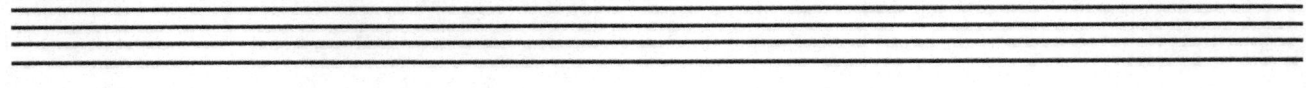
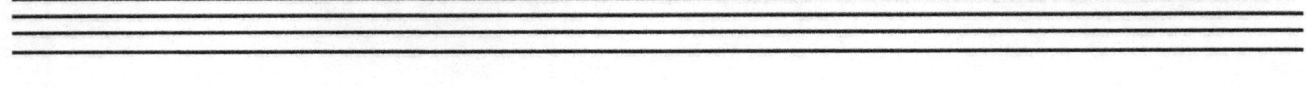
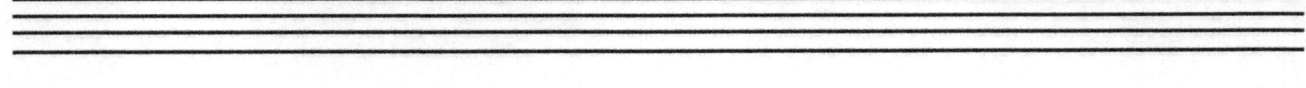
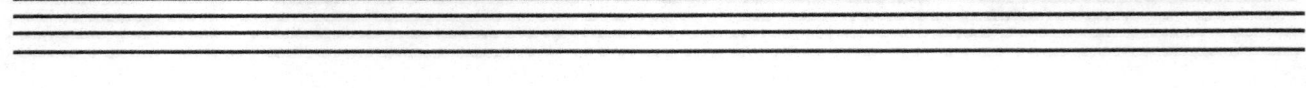
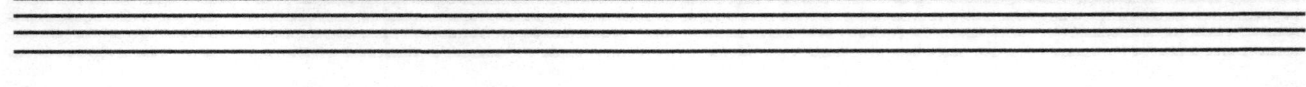

Song Title _____

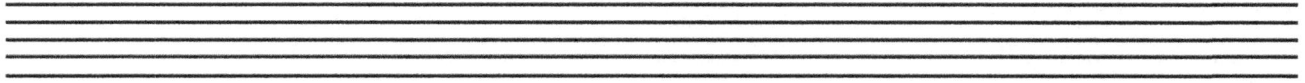

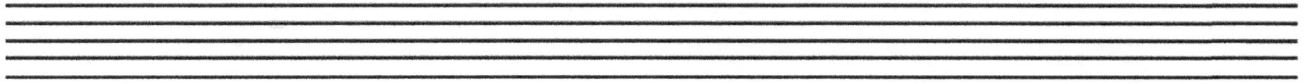

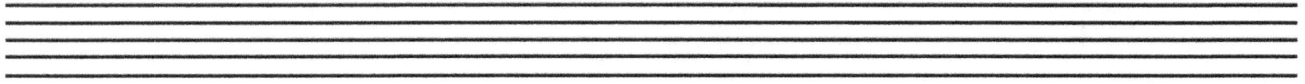

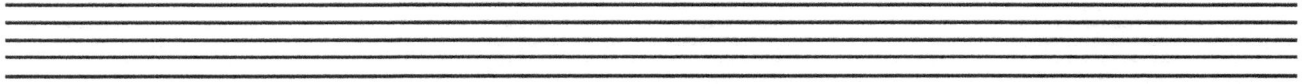

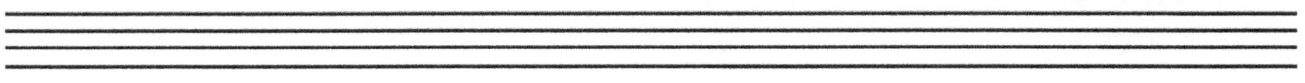

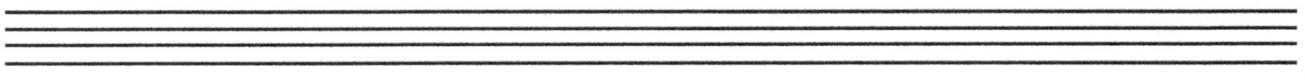

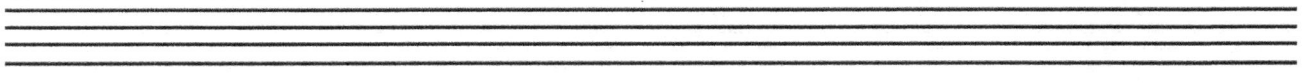

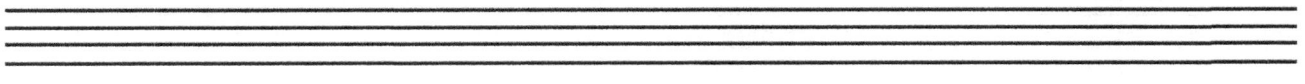

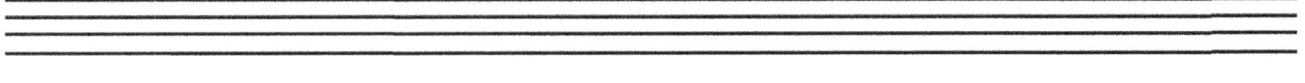

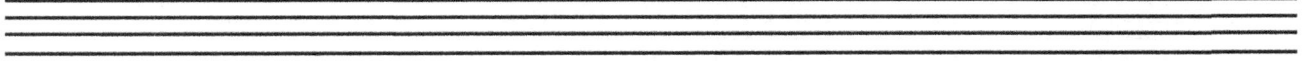

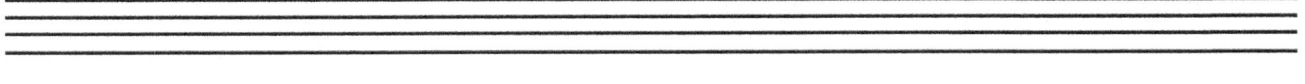

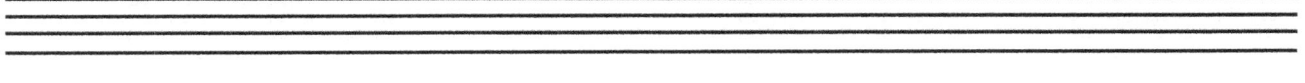

Song Title _____

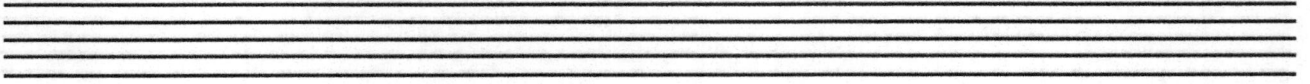

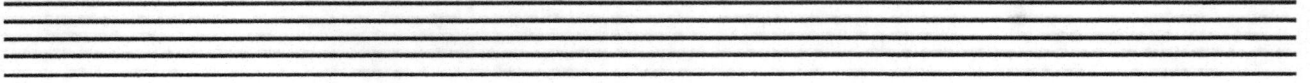

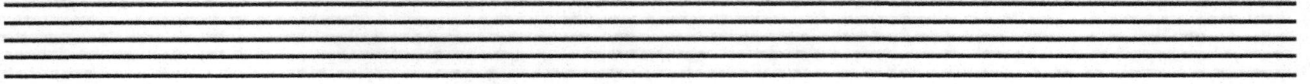

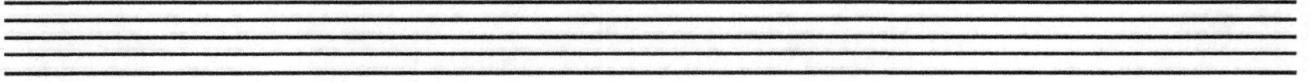

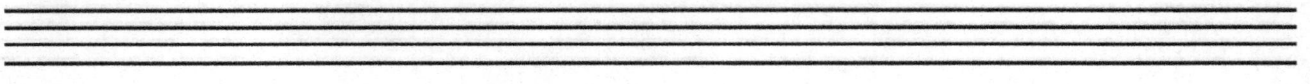

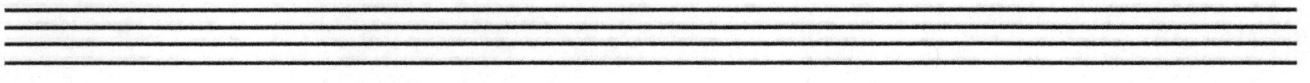

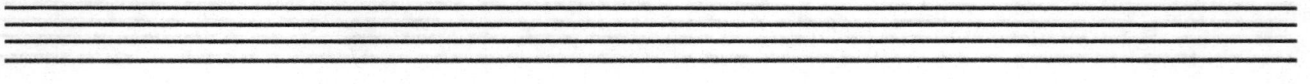

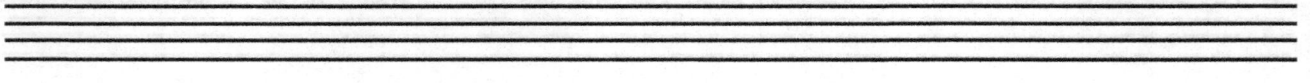

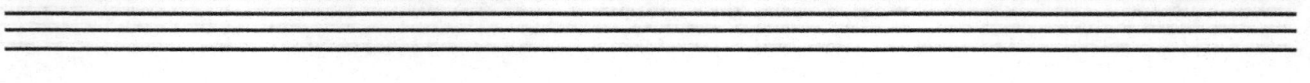

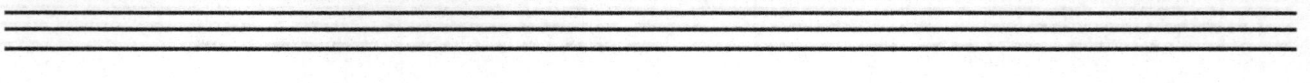

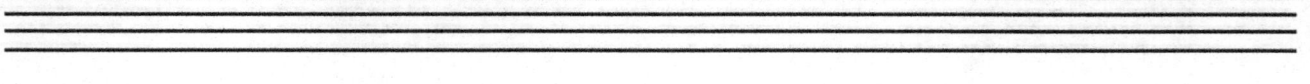

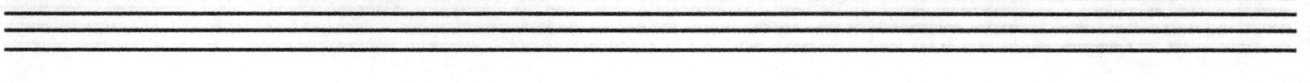

Song Title _____

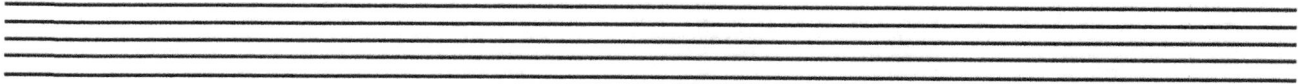

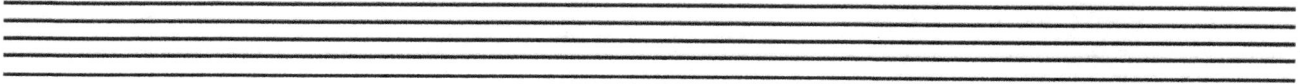

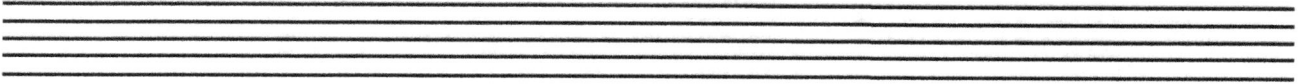

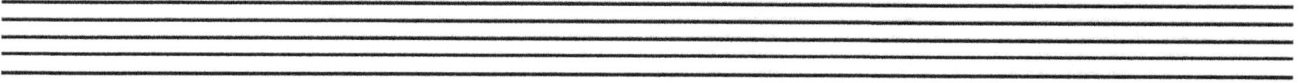

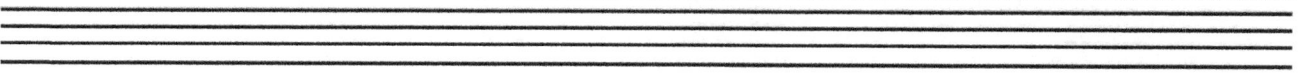

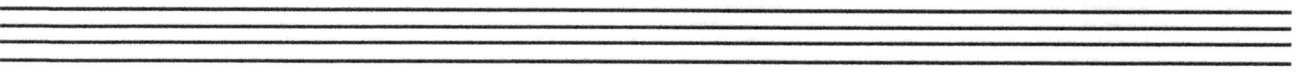

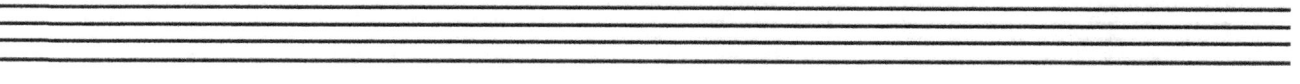

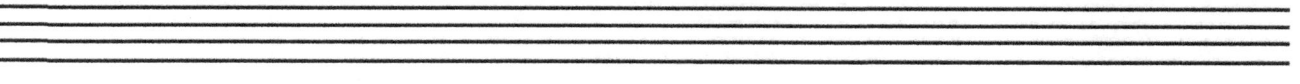

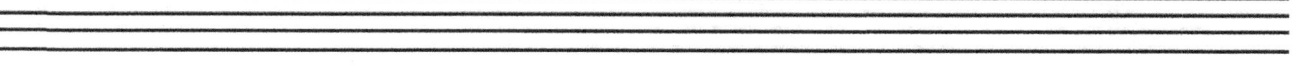

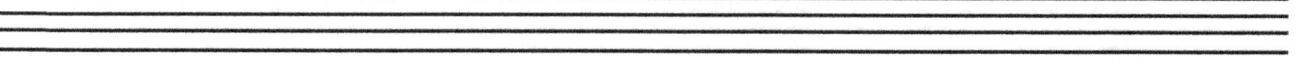

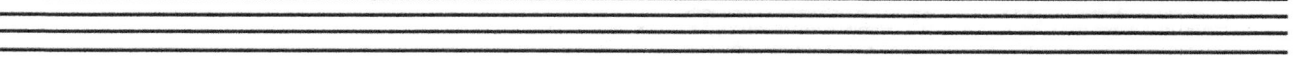

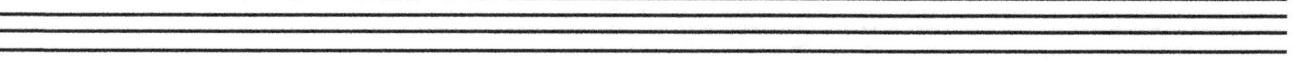

Song Title _____

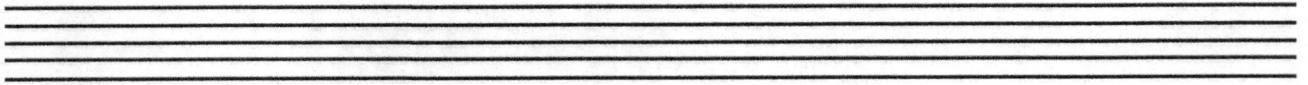
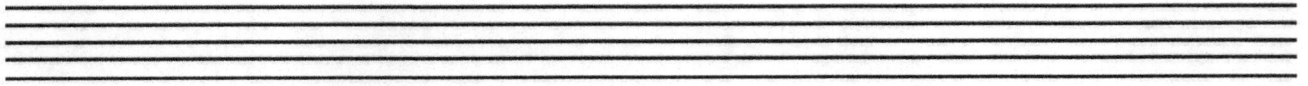
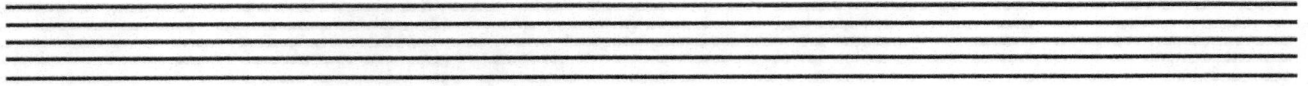
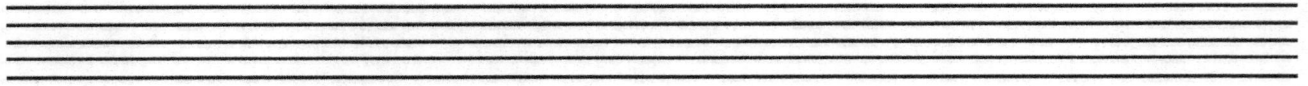
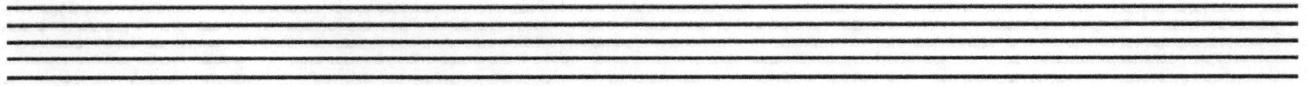
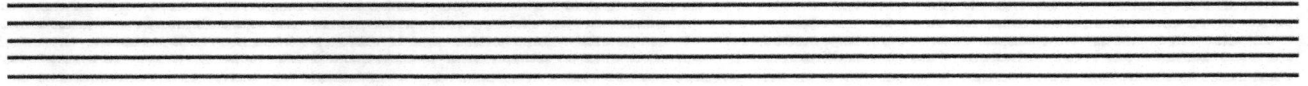
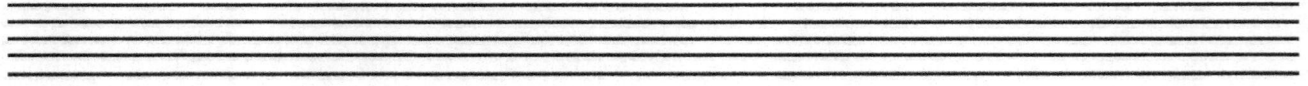
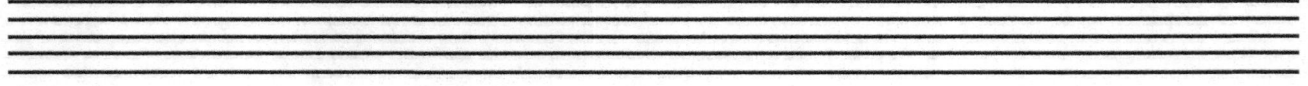
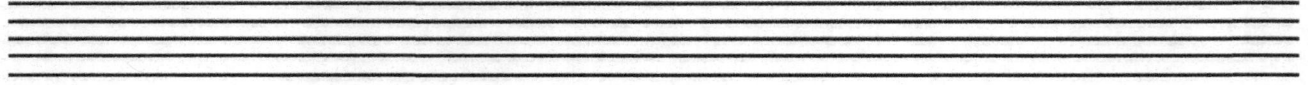
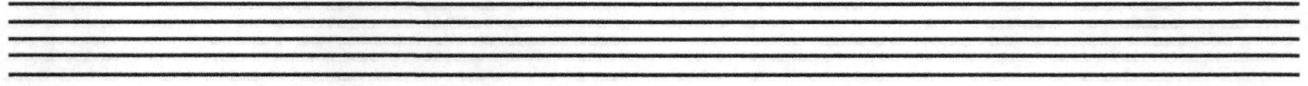
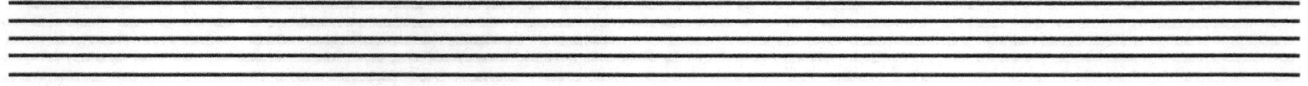
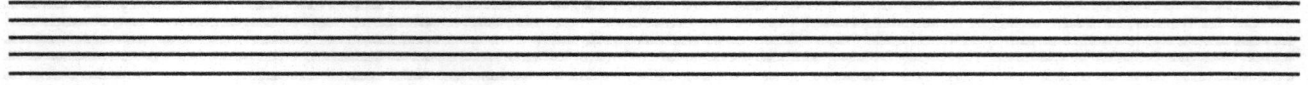

Song Title _____

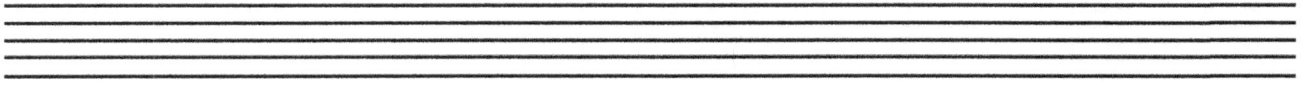

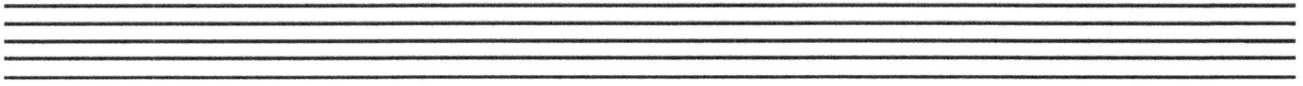

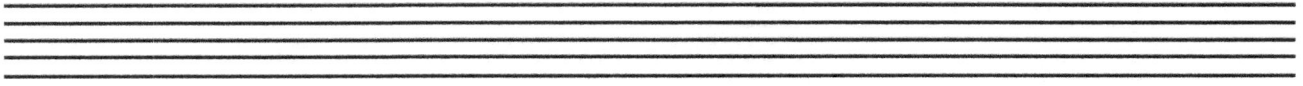

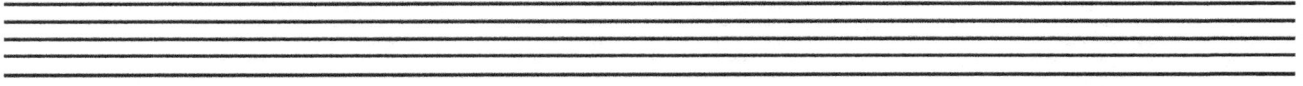

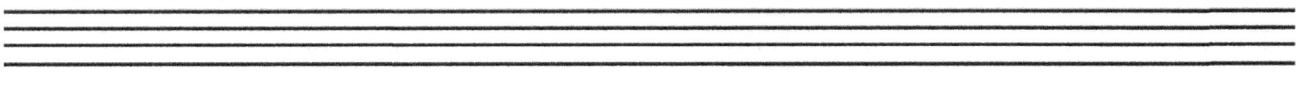

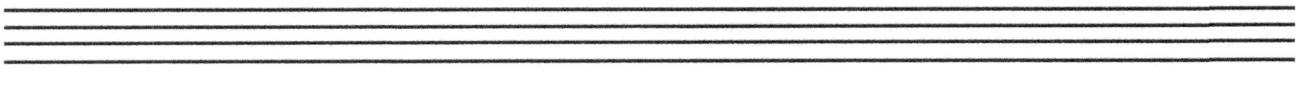

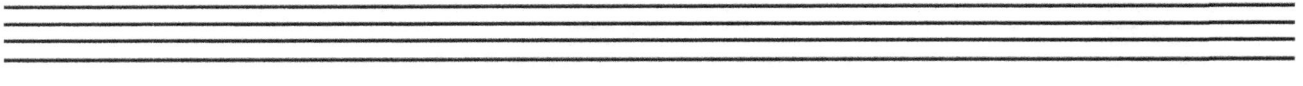

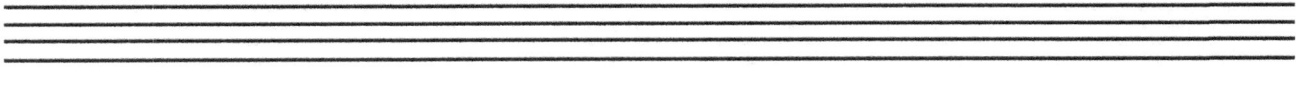

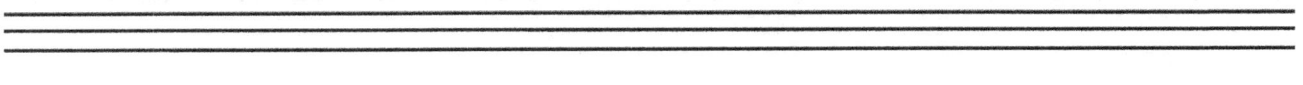

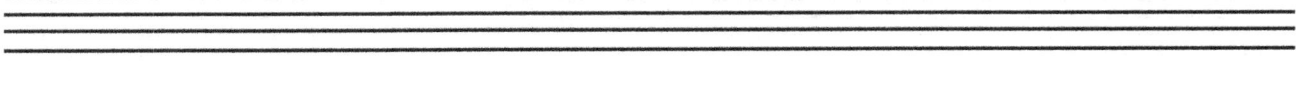

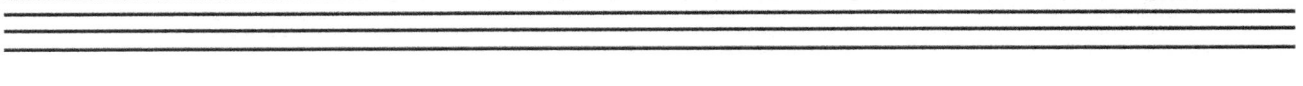

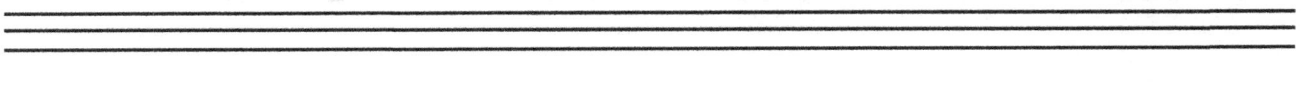

Song Title _____

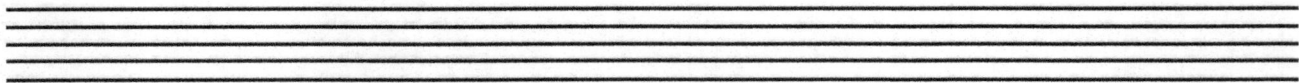

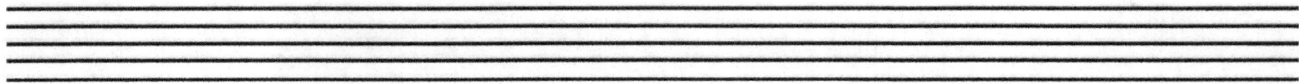

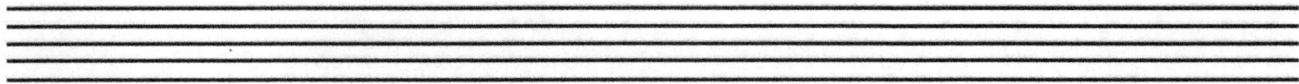

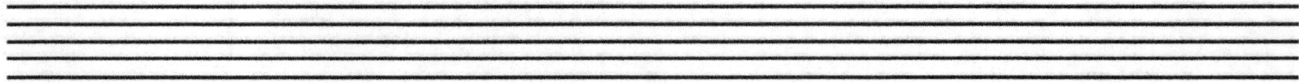

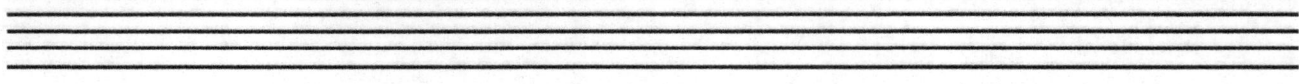

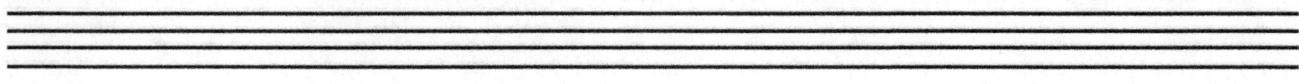

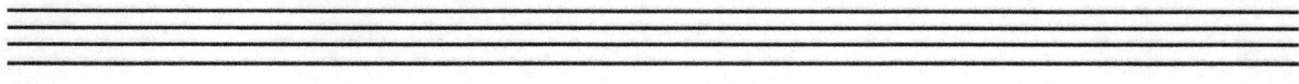

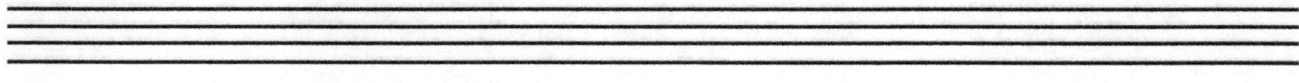

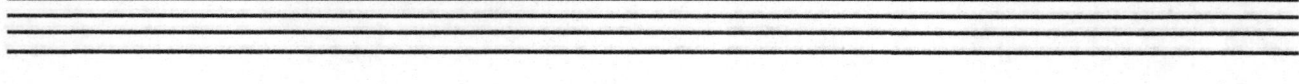

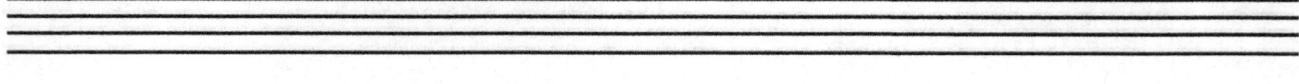

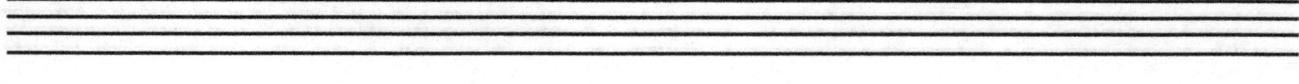

Song Title _____

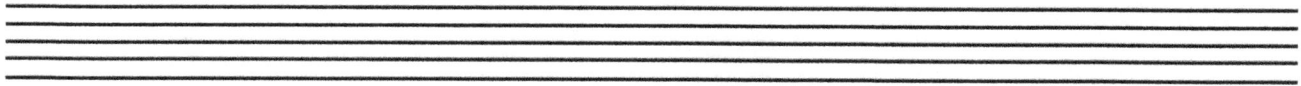

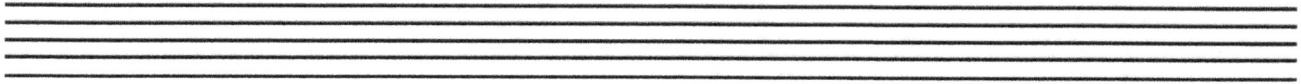

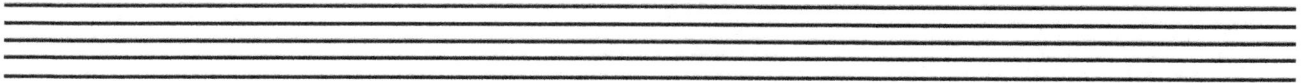

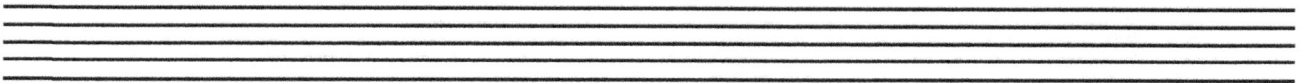

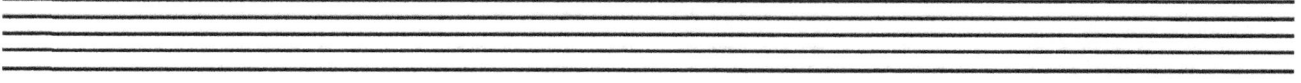

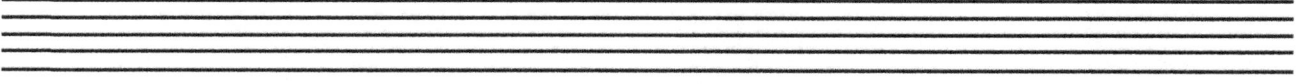

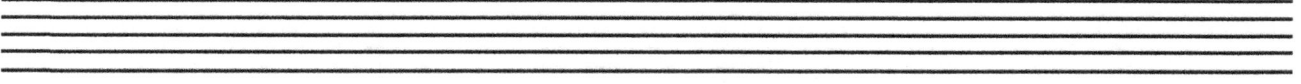

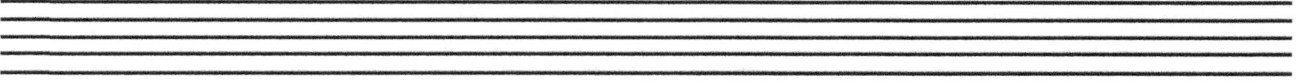

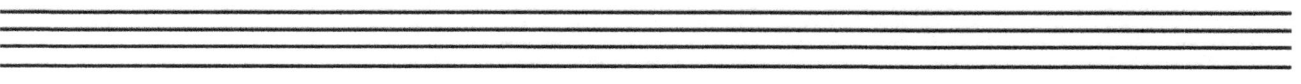

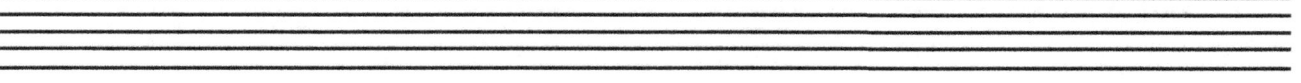

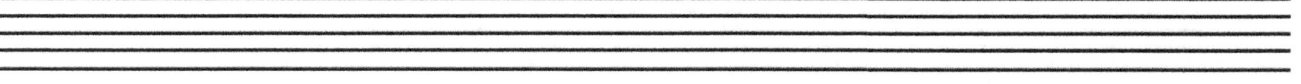

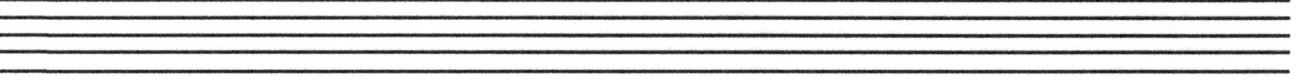

Song Title _____

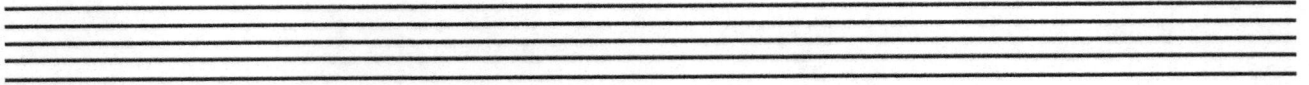

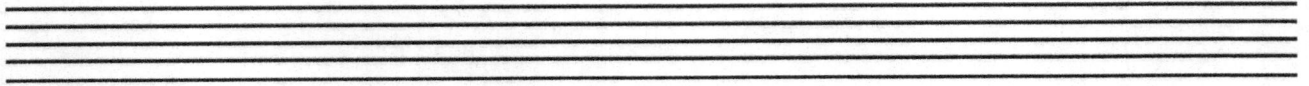

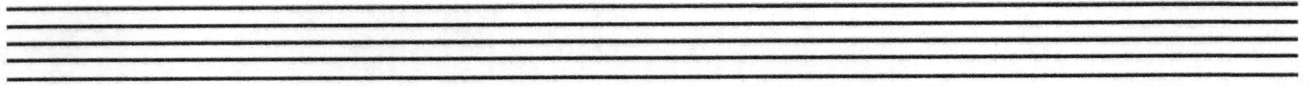

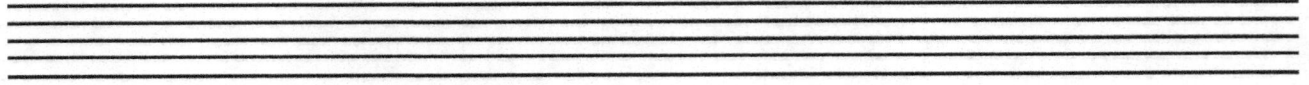

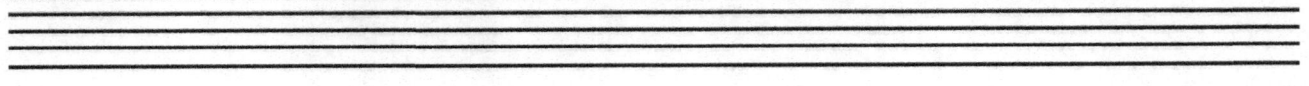

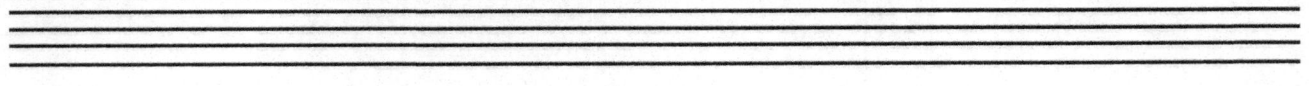

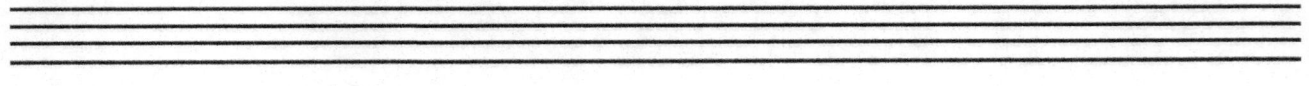

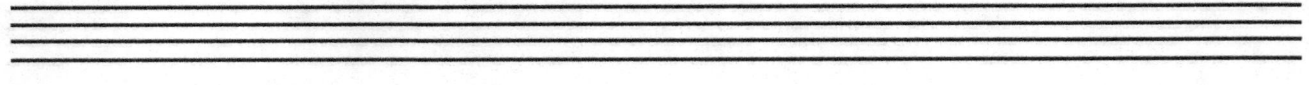

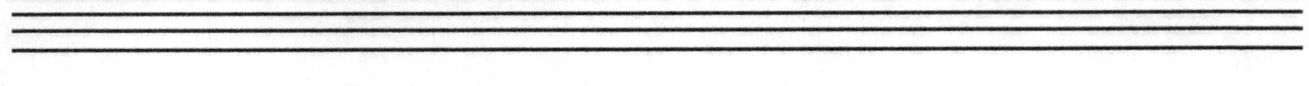

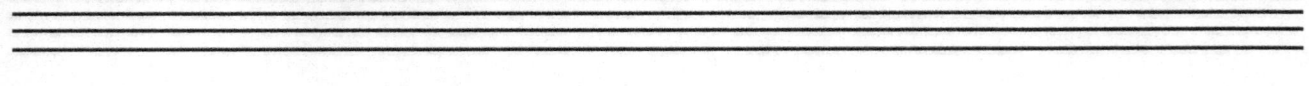

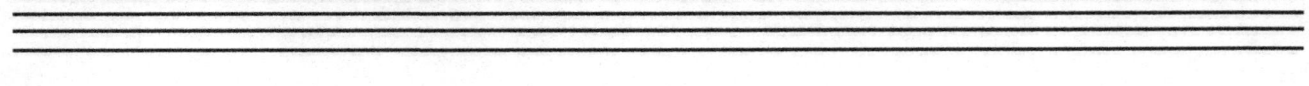

Song Title _____

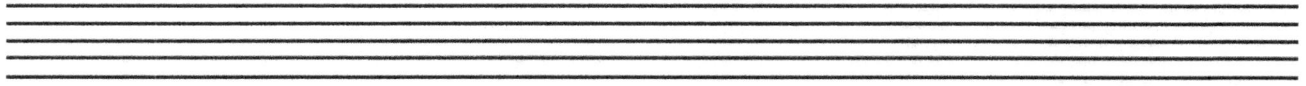

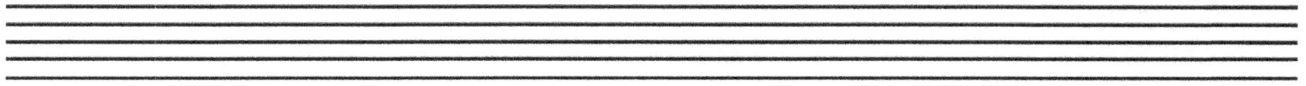

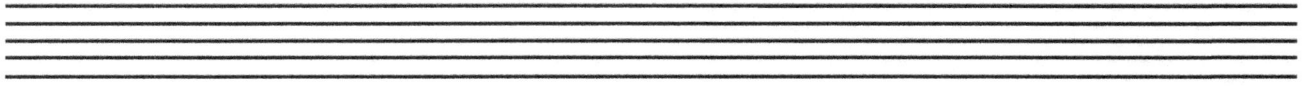

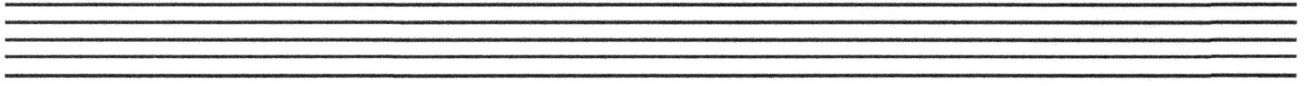

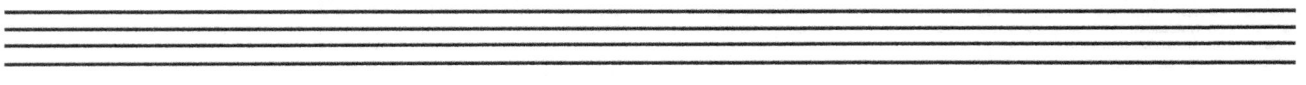

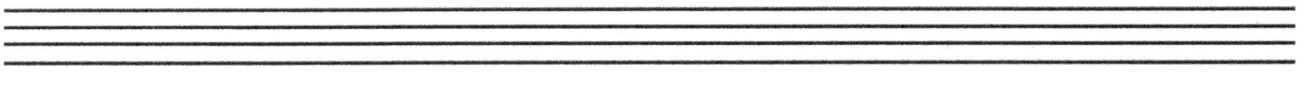

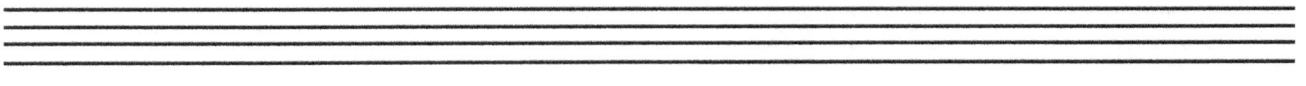

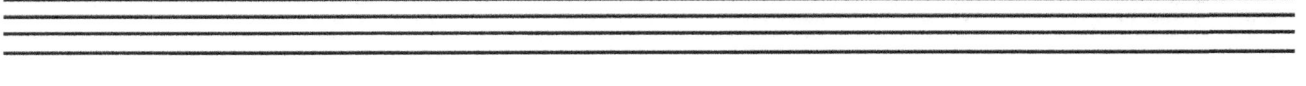

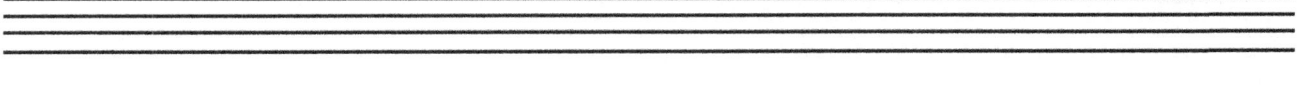

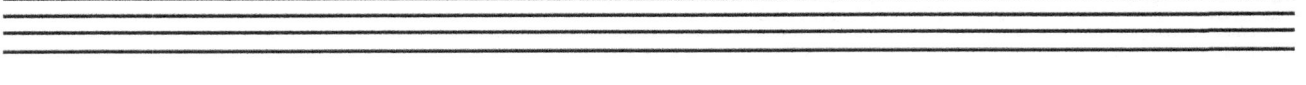

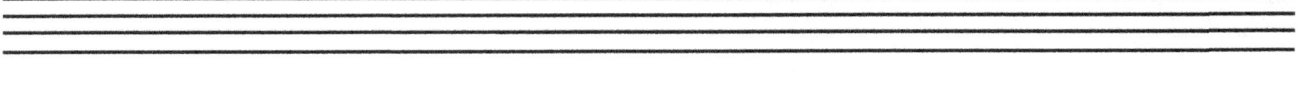

Song Title _____

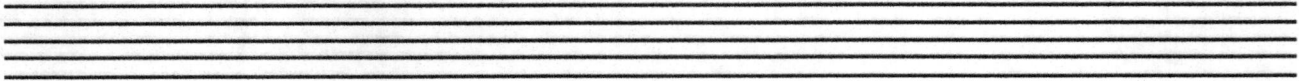

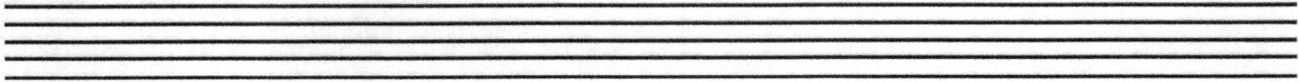

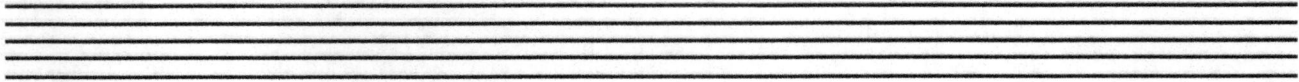

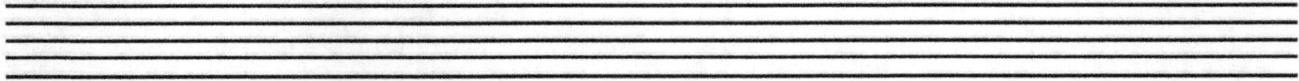

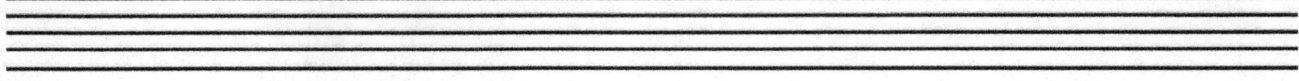

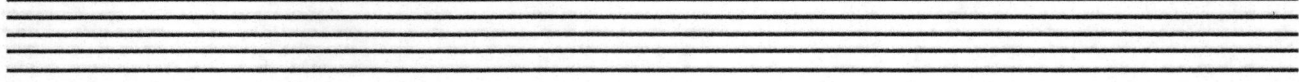

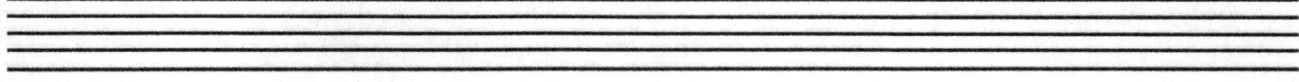

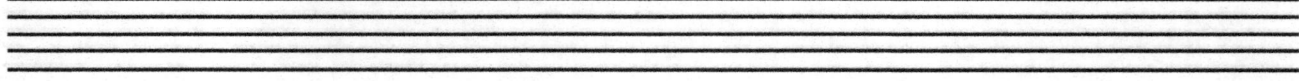

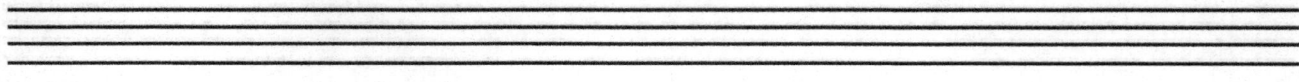

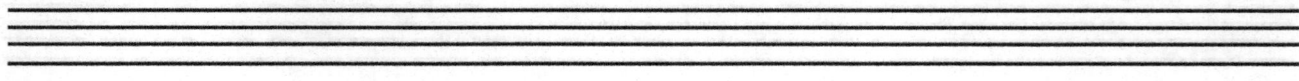

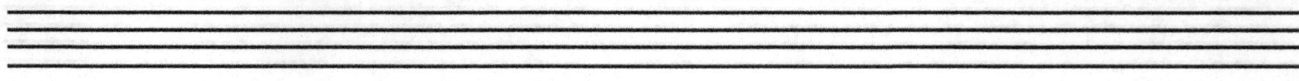

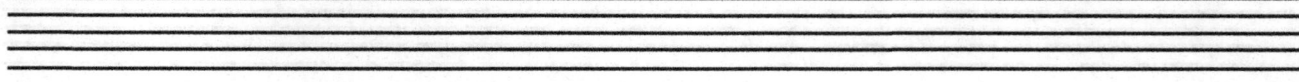

Song Title _____

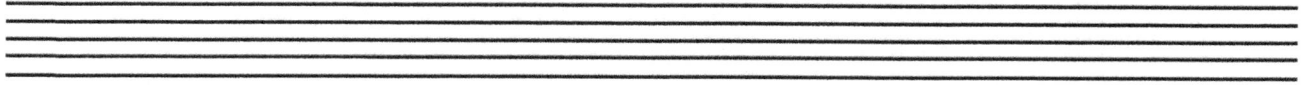

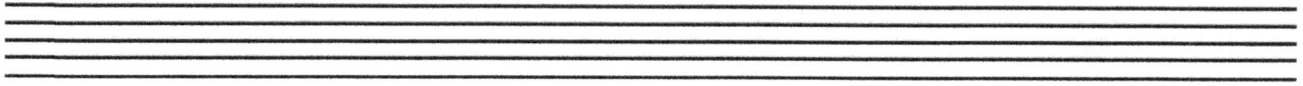

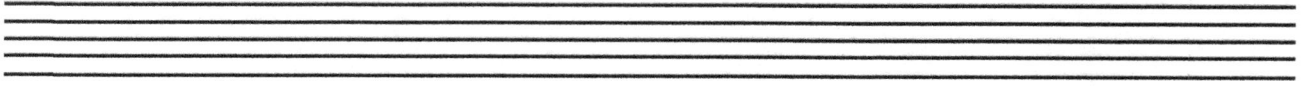

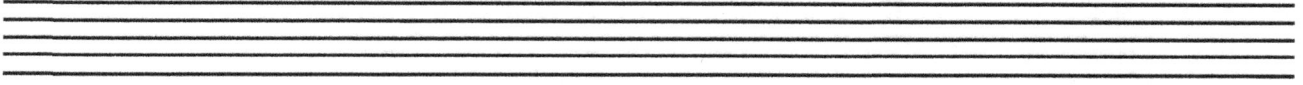

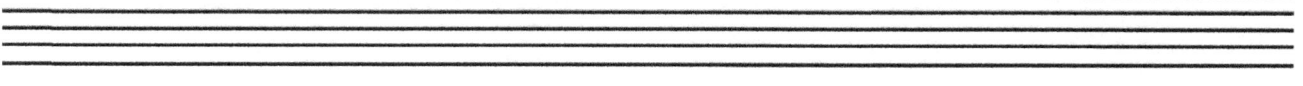

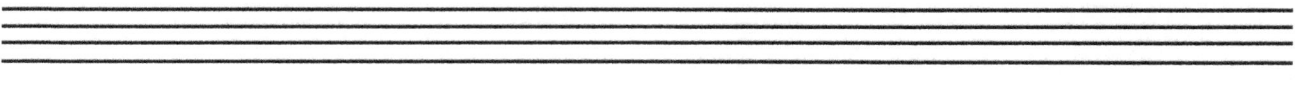

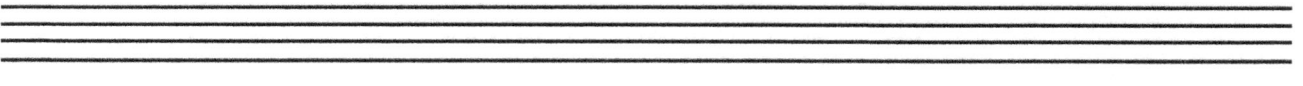

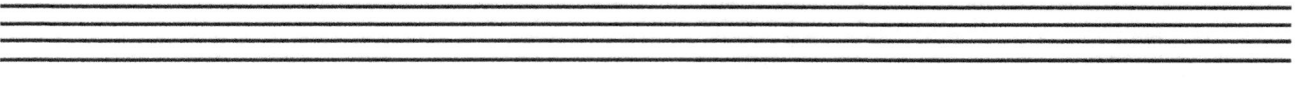

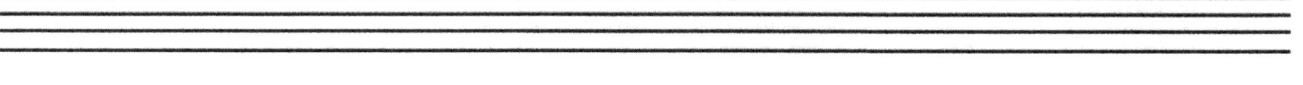

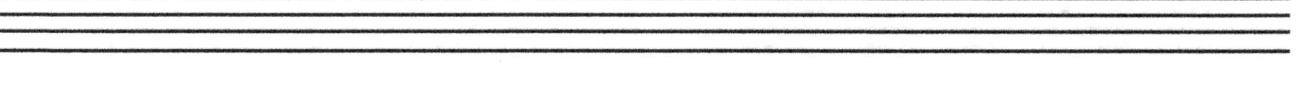

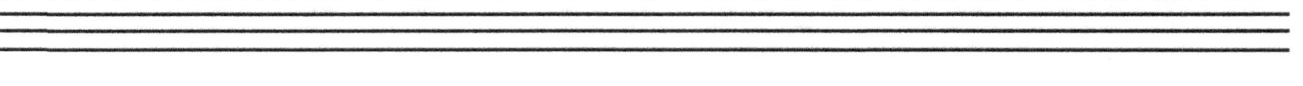

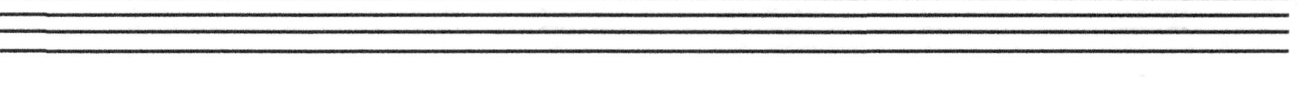

Song Title _____

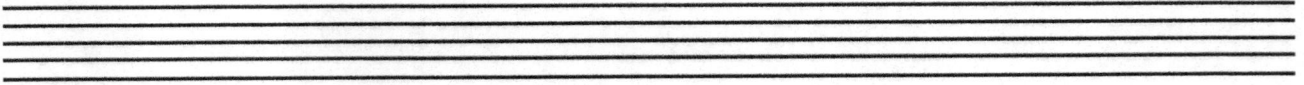
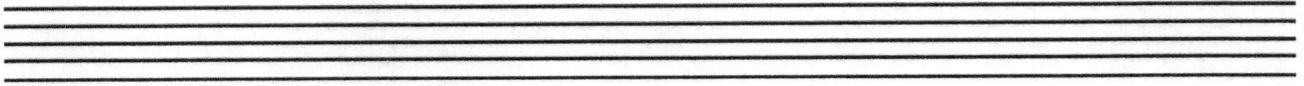
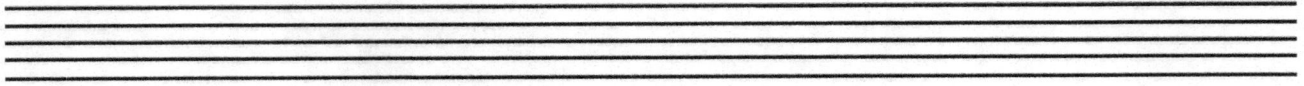
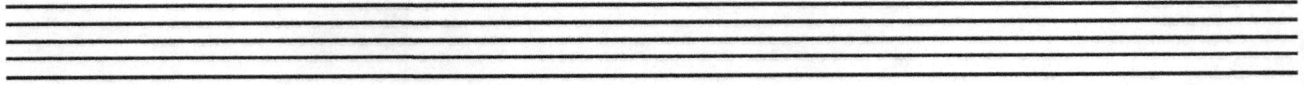
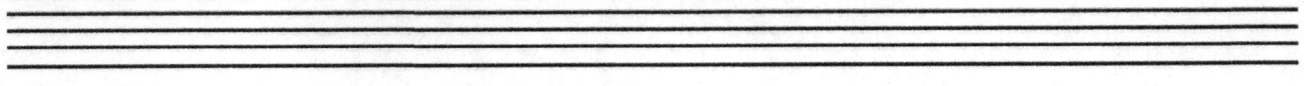
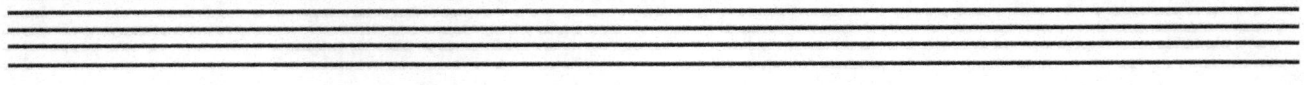
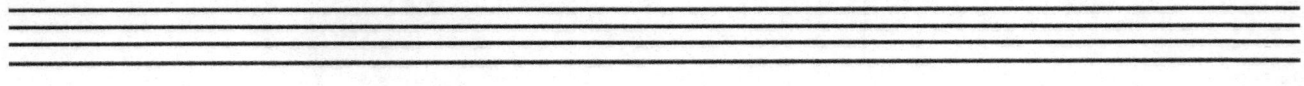
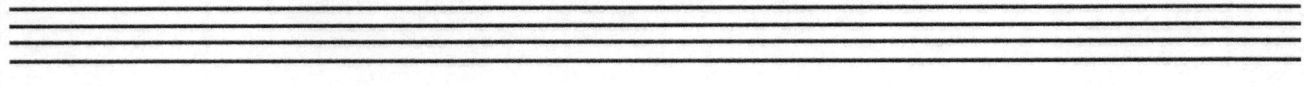
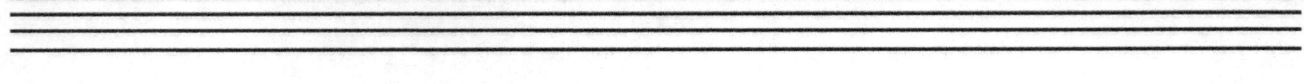
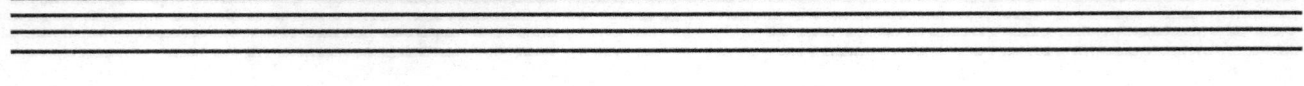
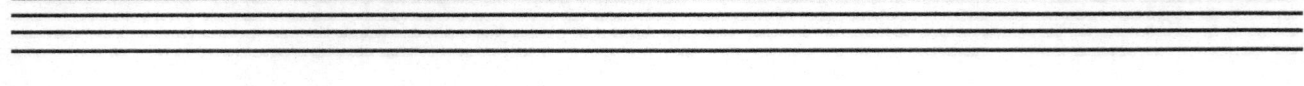
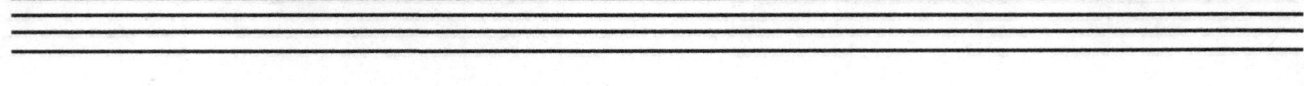

Song Title _____

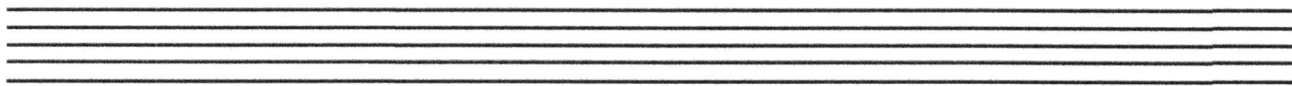

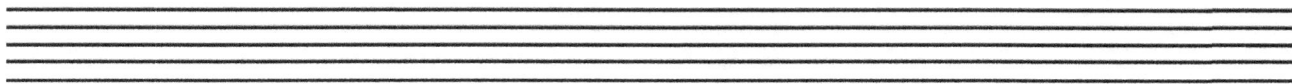

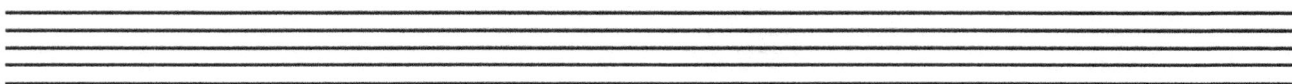

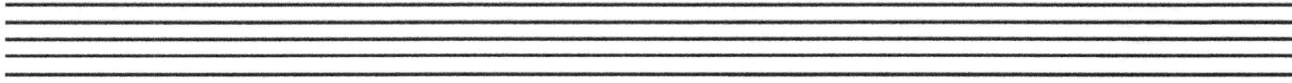

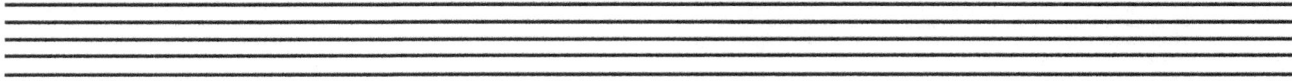

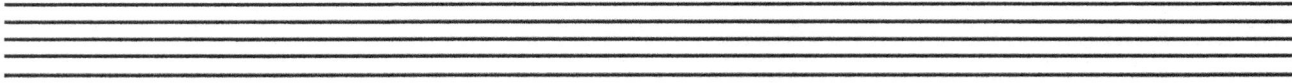

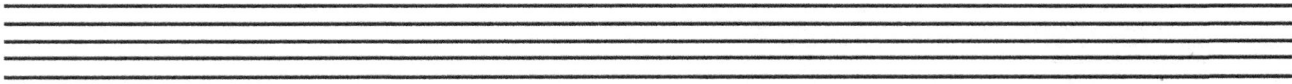

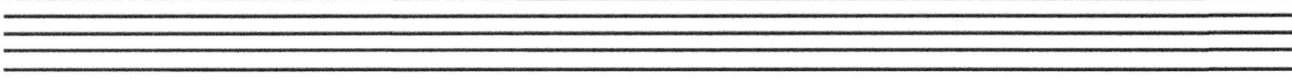

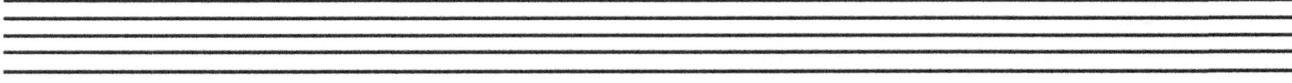

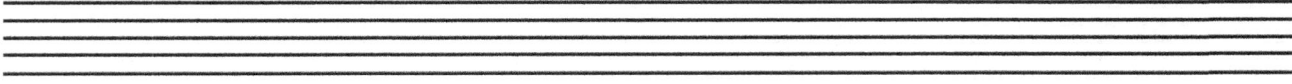

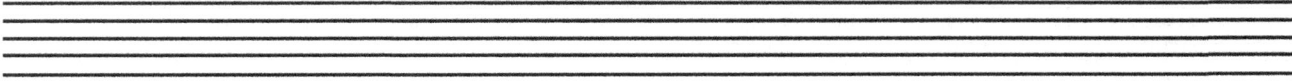

Song Title _____

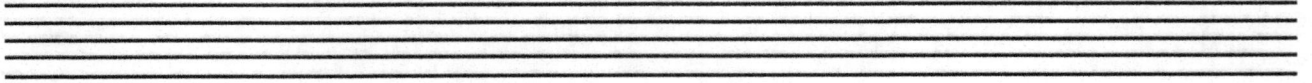

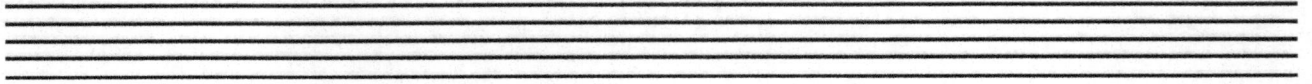

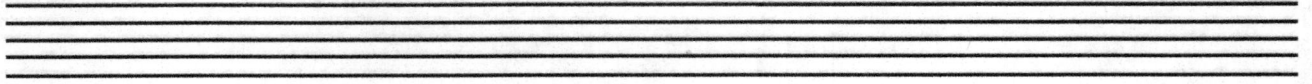

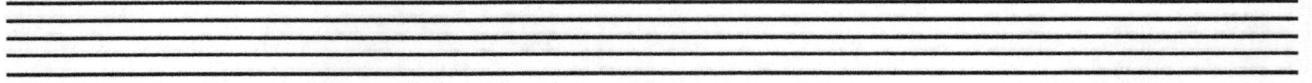

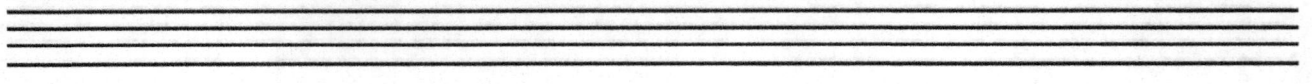

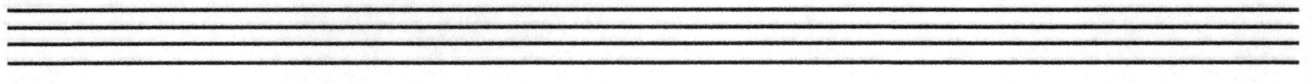

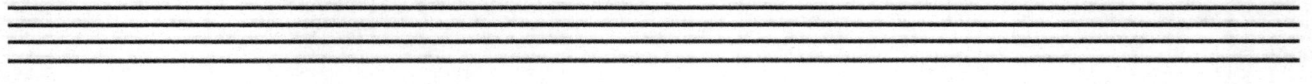

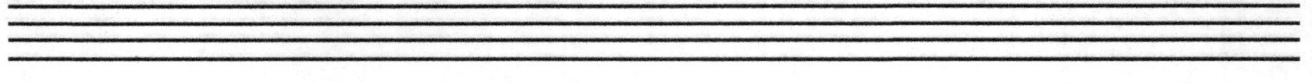

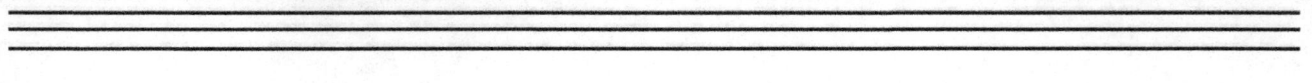

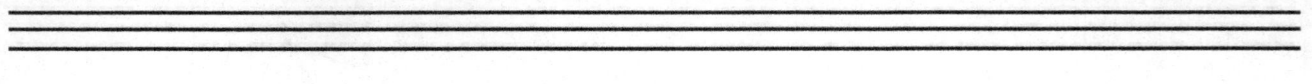

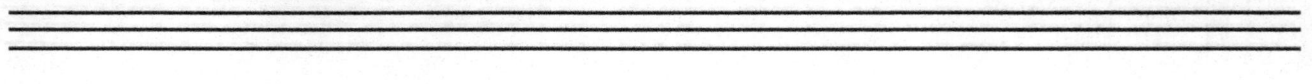

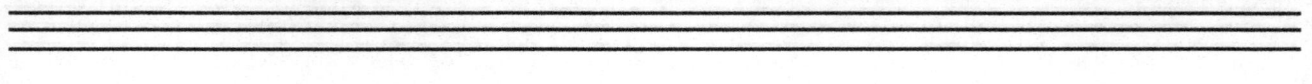

Song Title _____

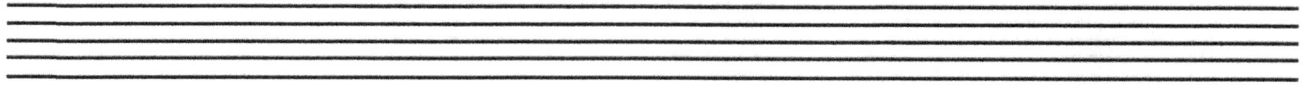

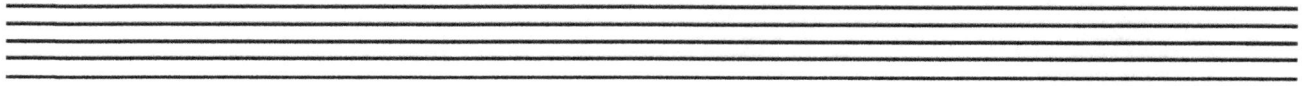

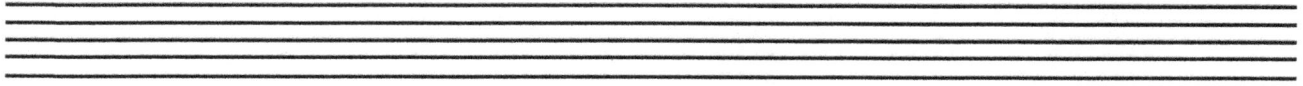

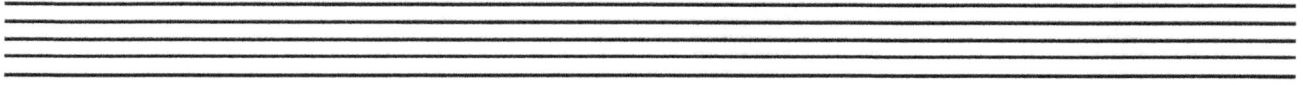

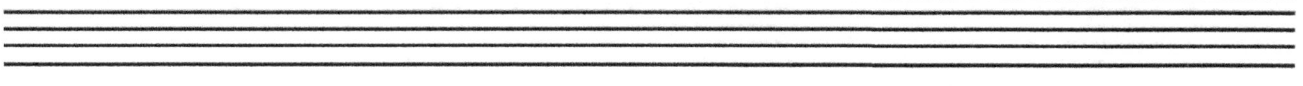

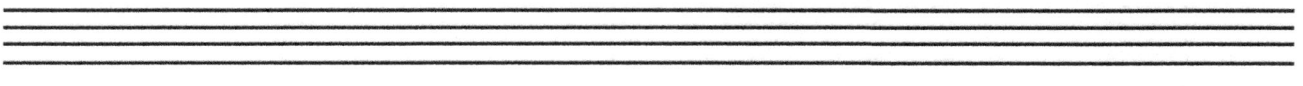

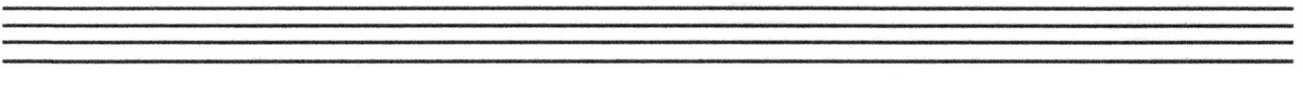

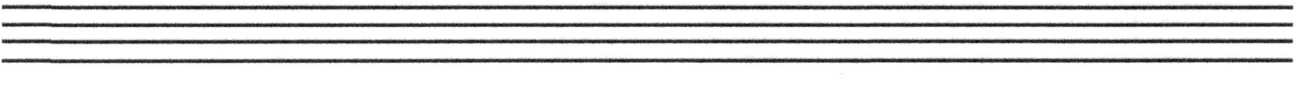

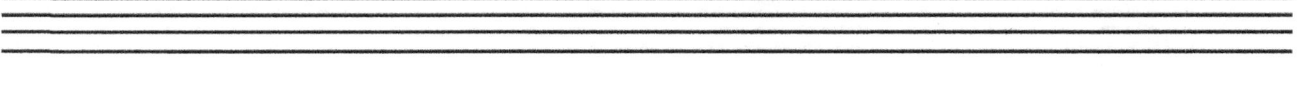

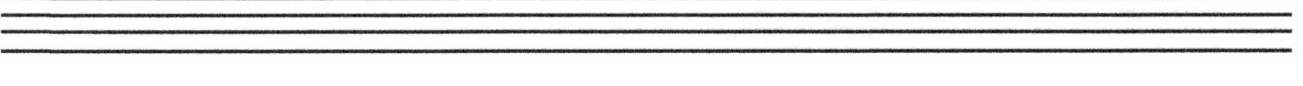

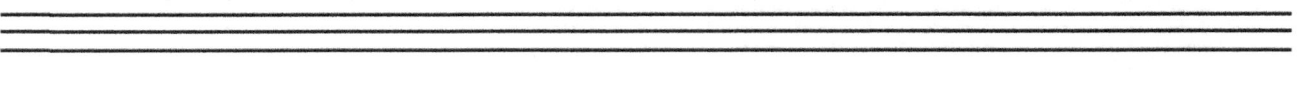

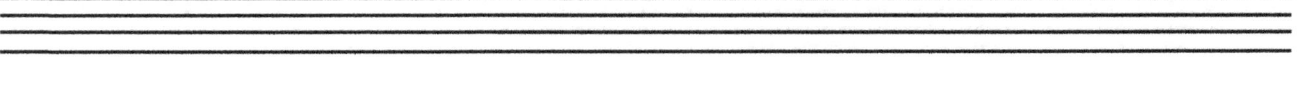

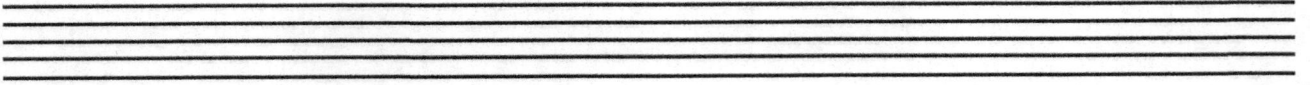

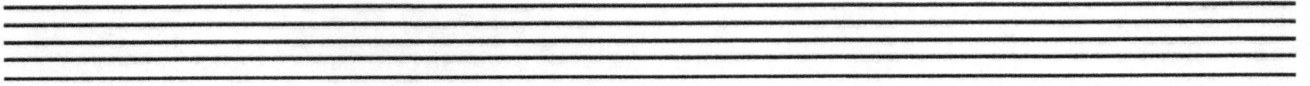

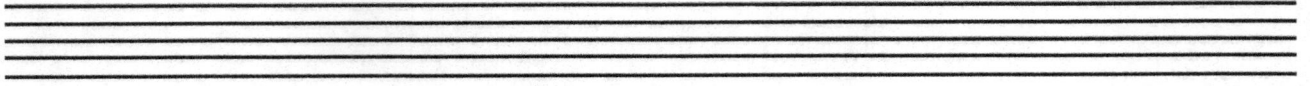

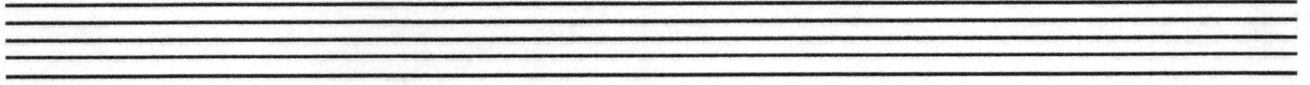

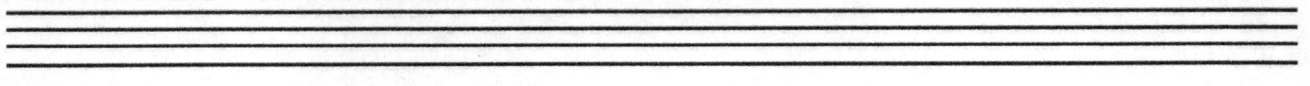

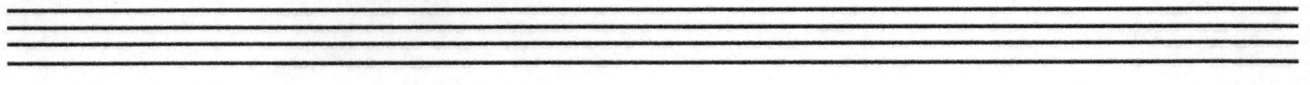

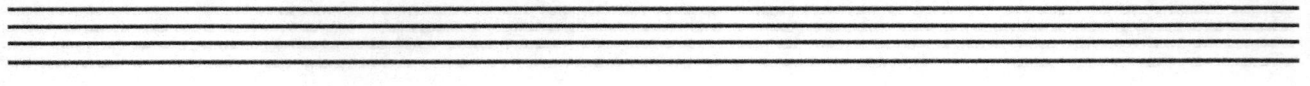

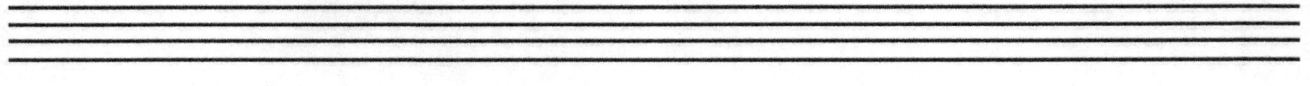

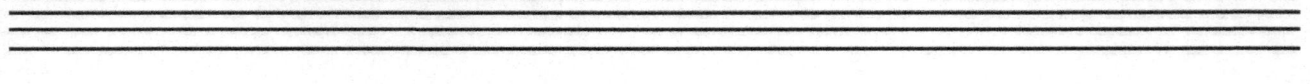

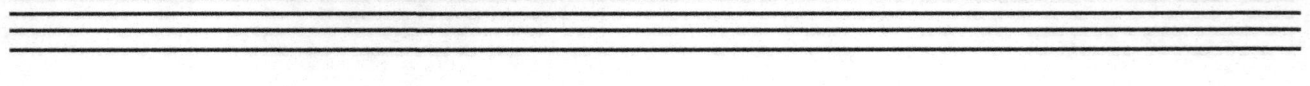

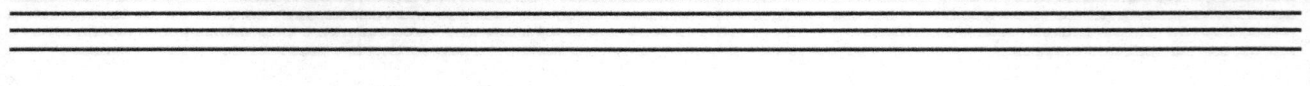

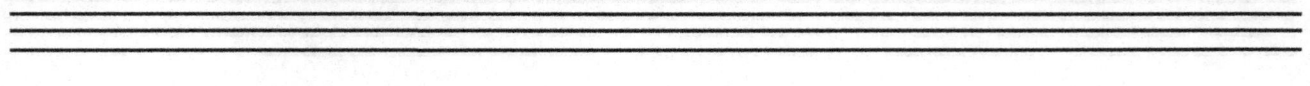

Song Title _____

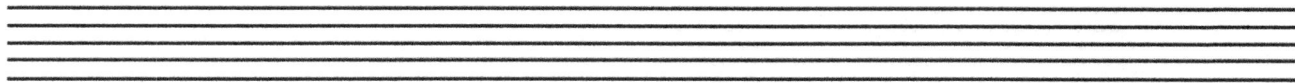

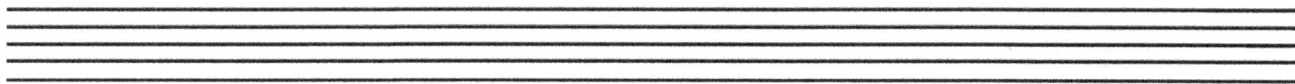

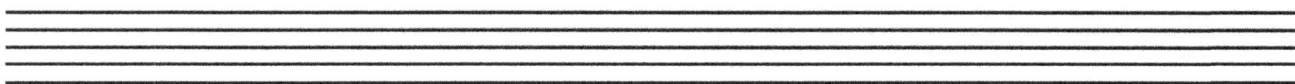

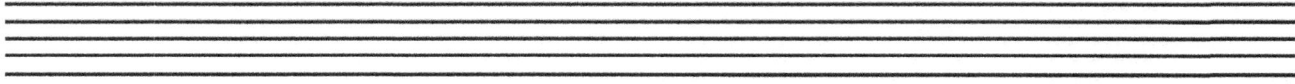

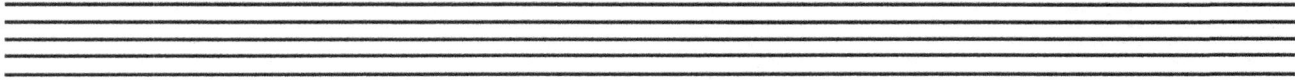

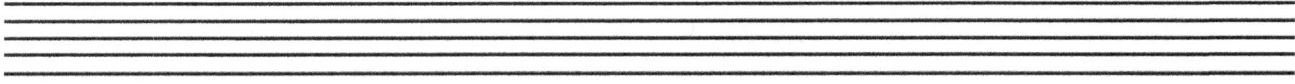

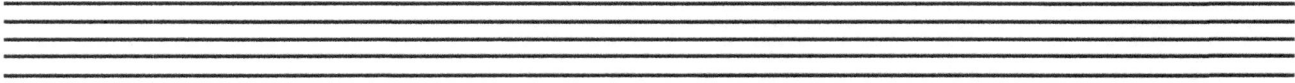

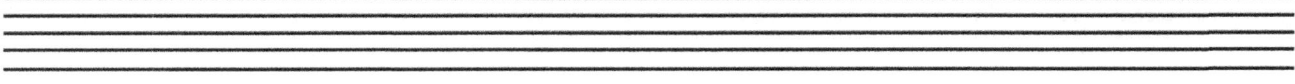

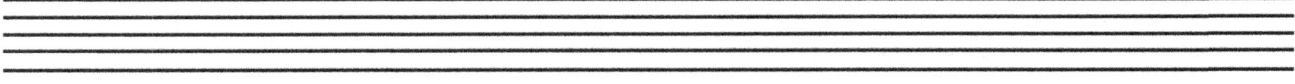

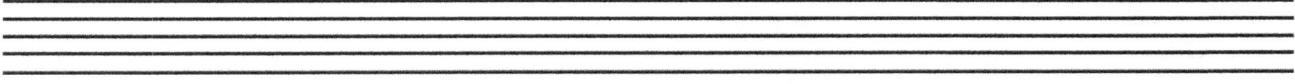

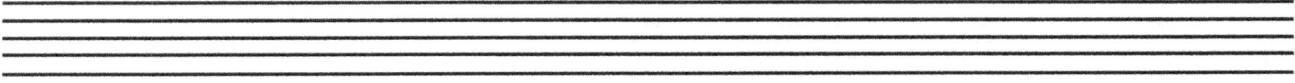

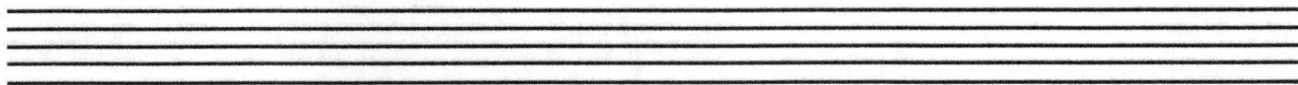

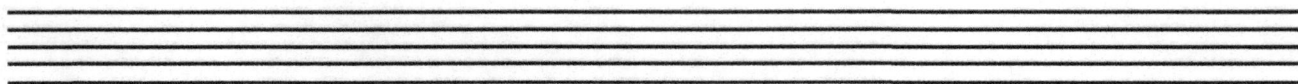

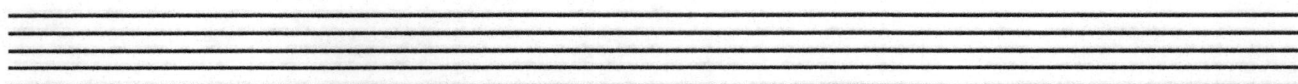

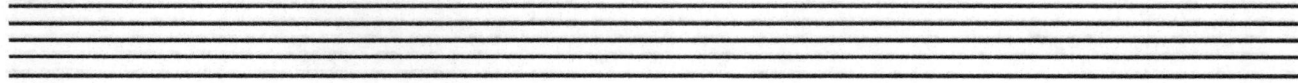

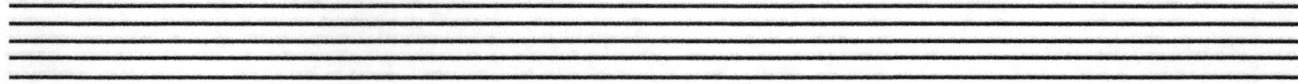

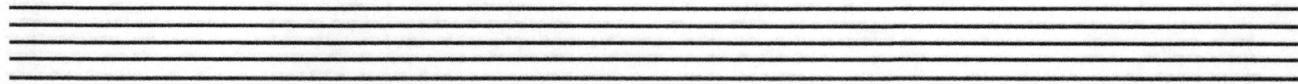

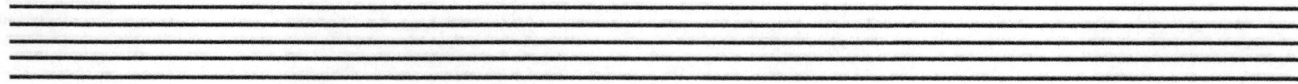

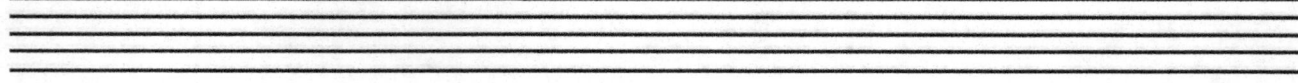

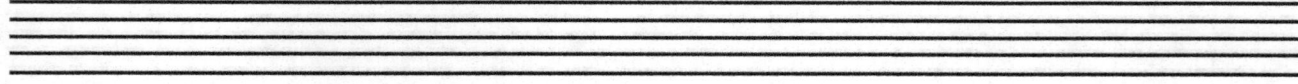

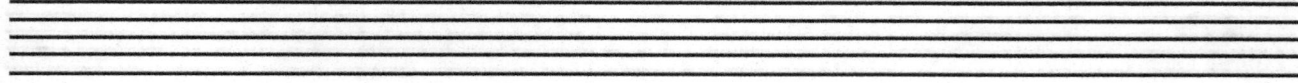

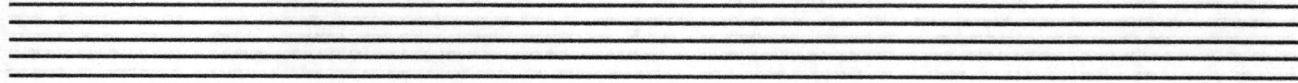

Song Title_____

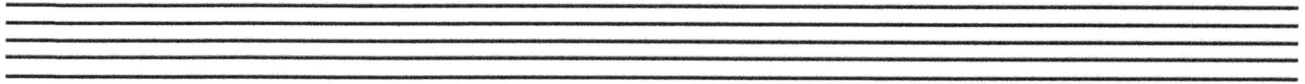

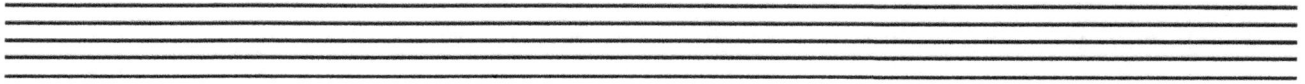

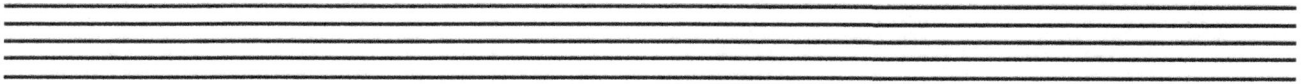

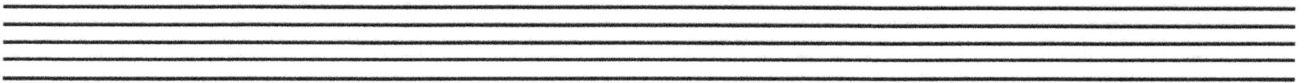

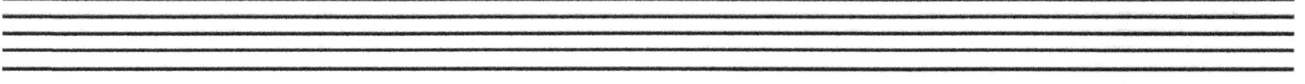

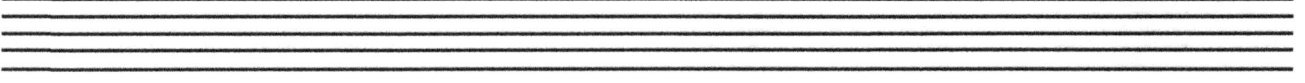

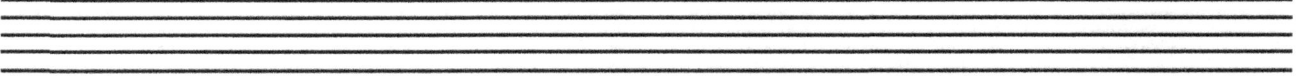

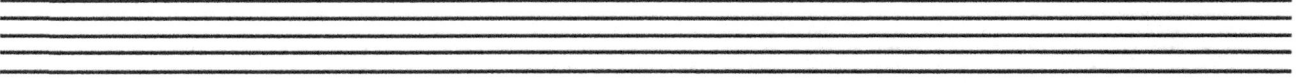

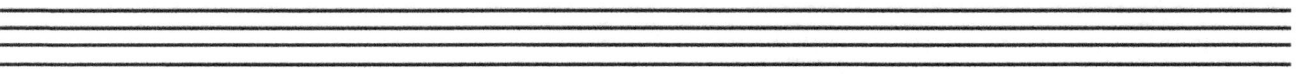

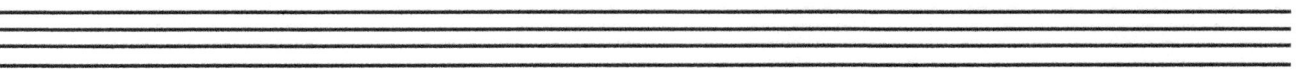

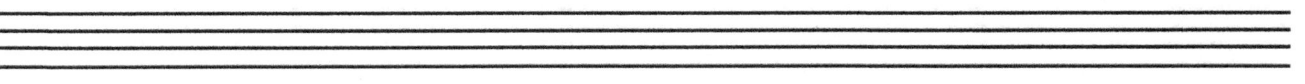

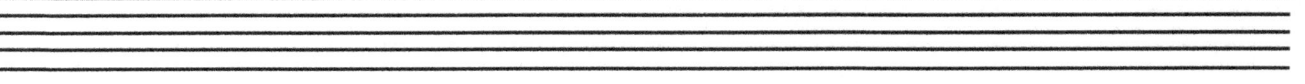

Song Title _____

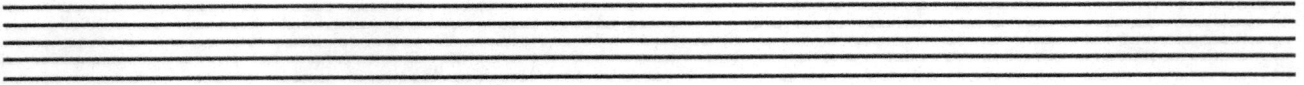

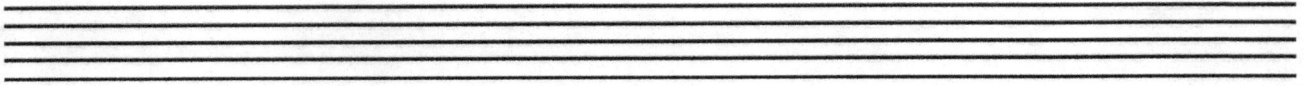

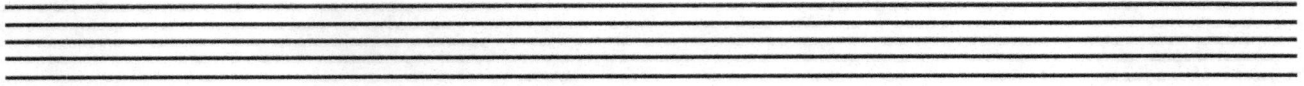

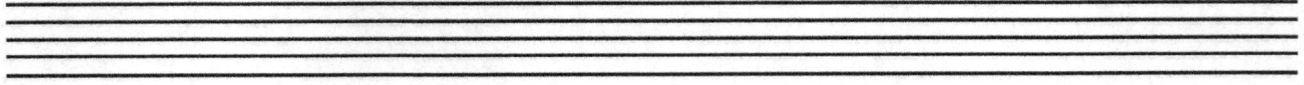

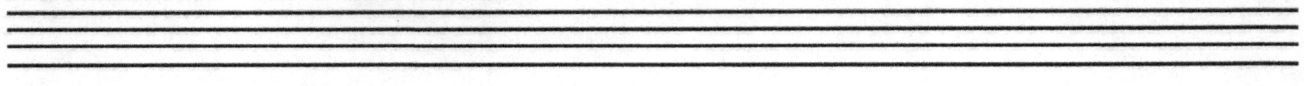

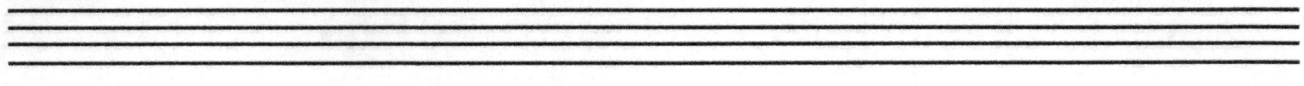

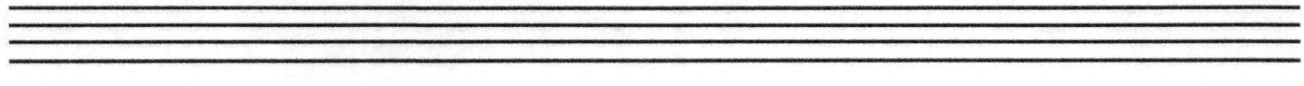

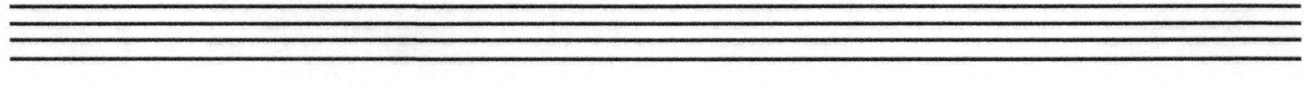

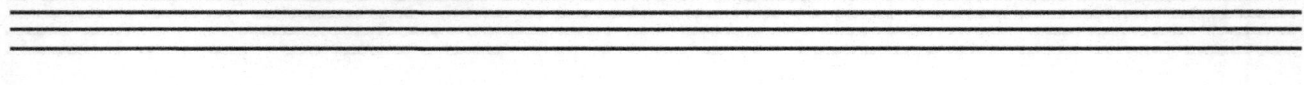

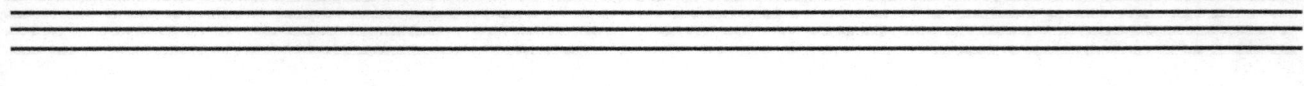

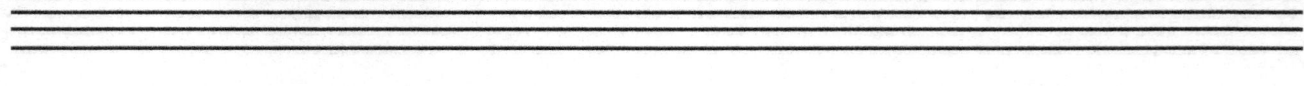

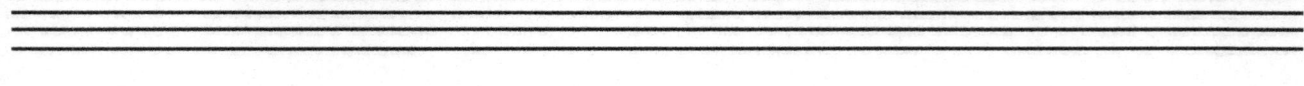

Song Title _____

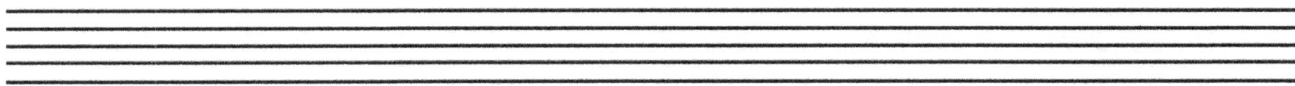

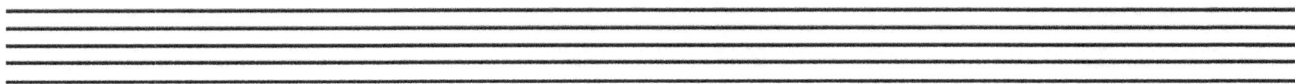

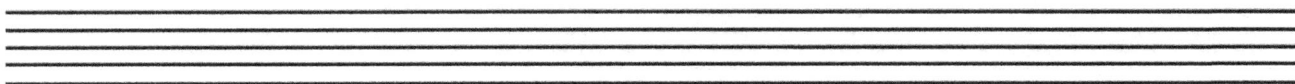

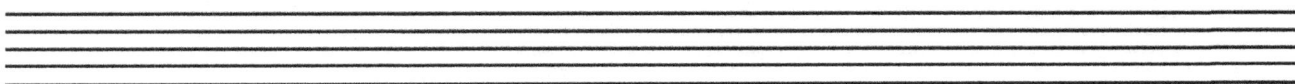

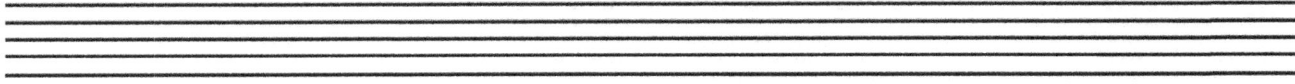

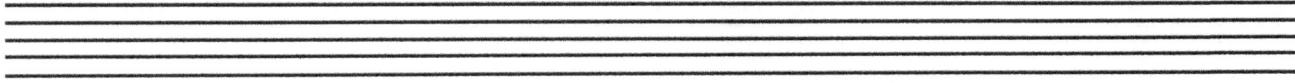

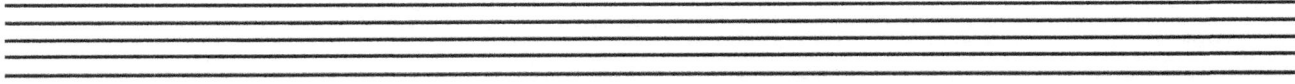

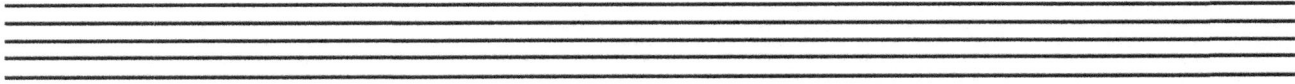

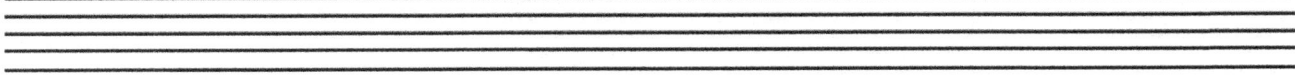

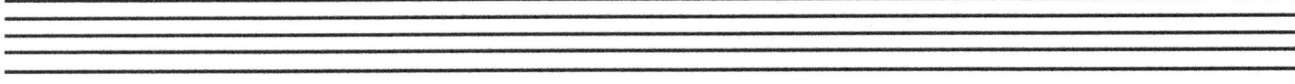

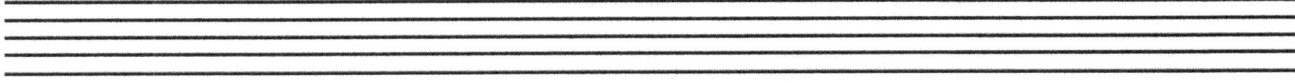

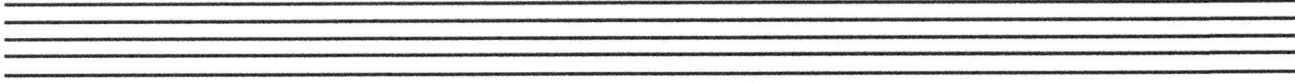

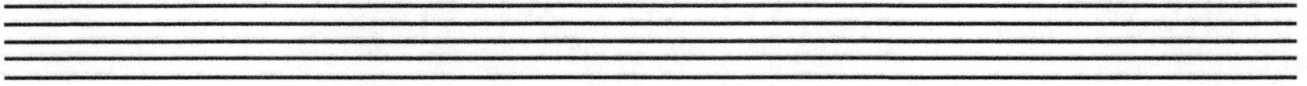
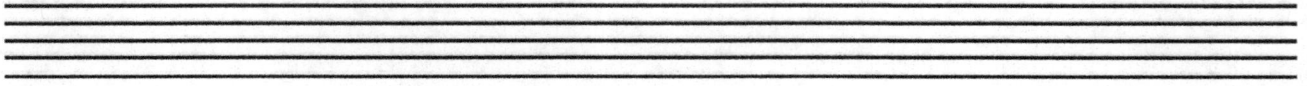
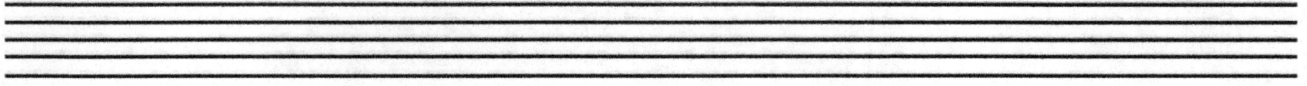
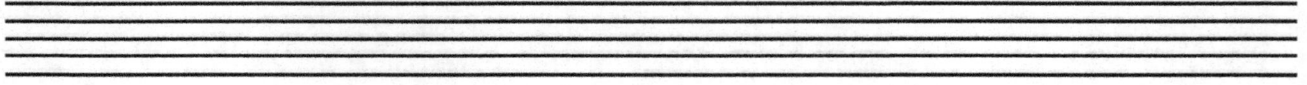
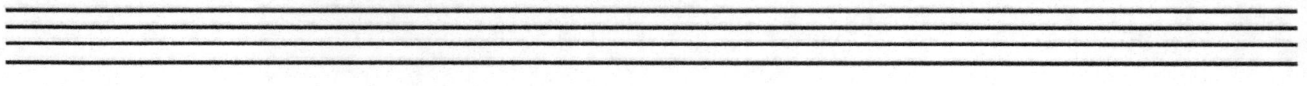
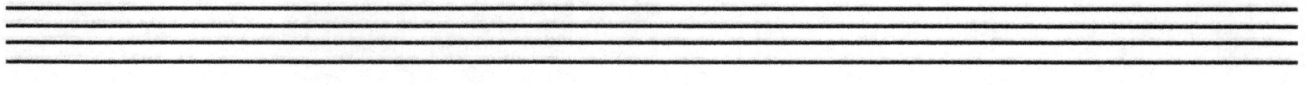
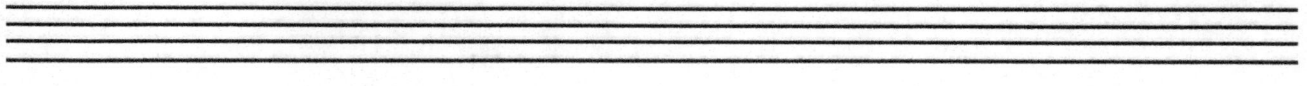
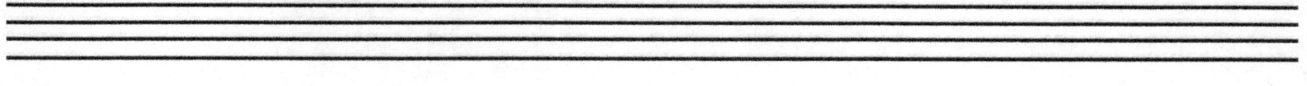
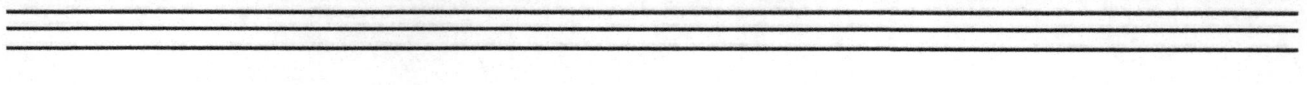
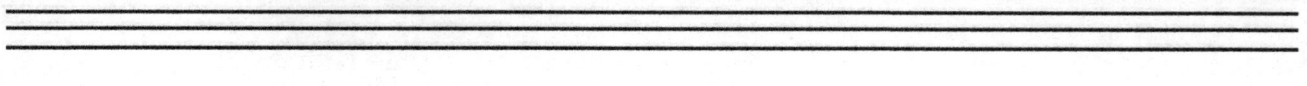
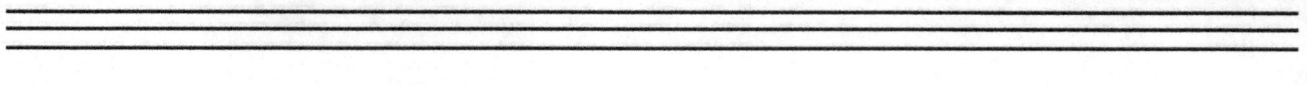
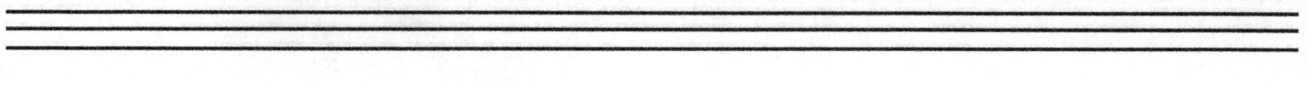

Song Title _____

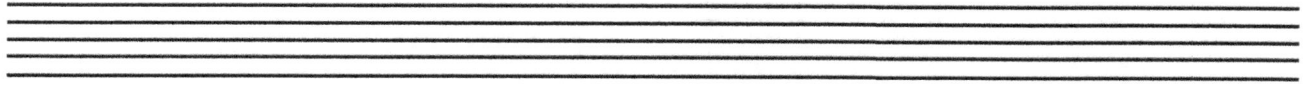

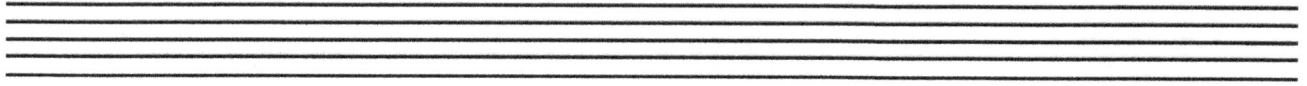

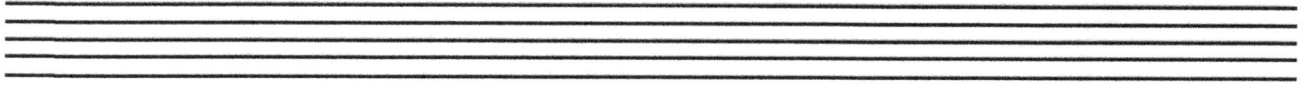

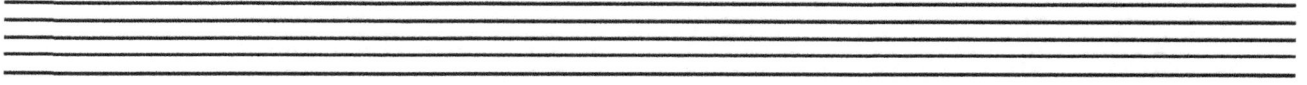

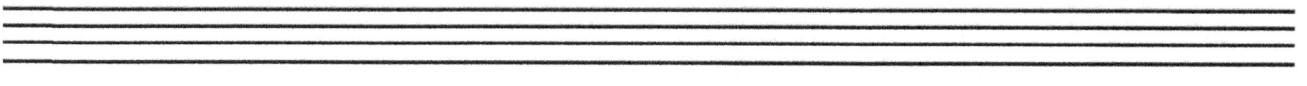

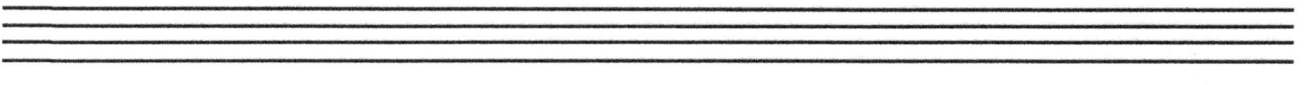

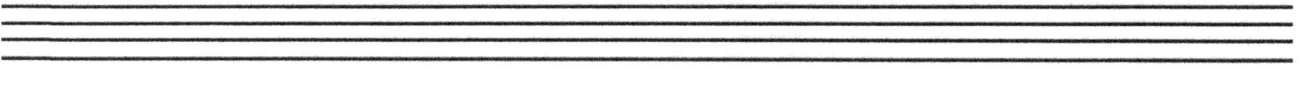

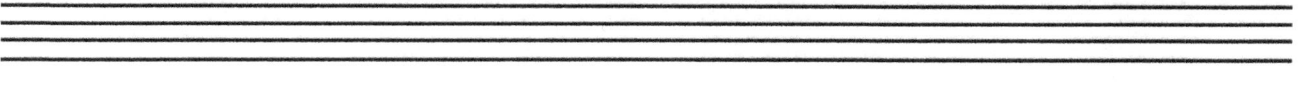

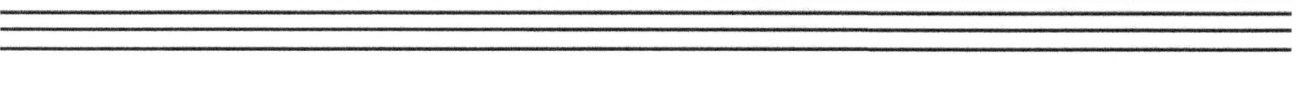

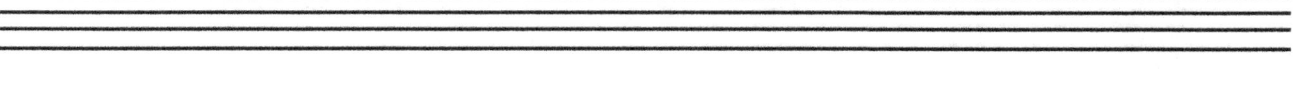

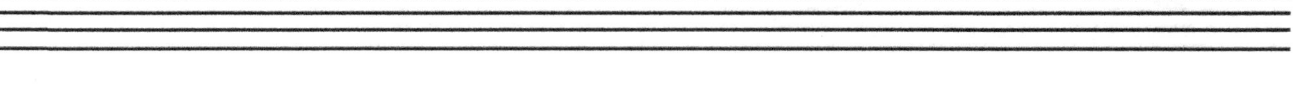

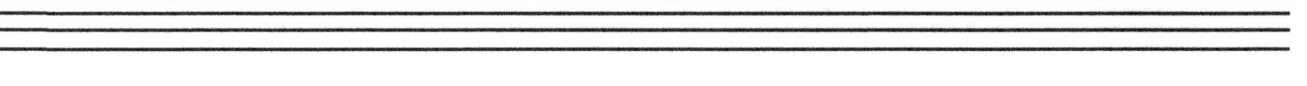

Song Title _____

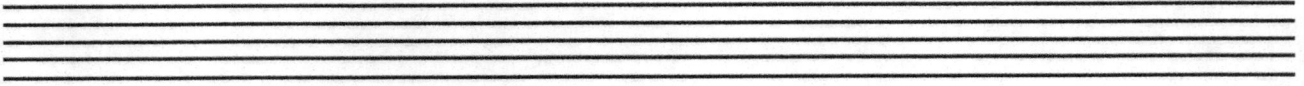

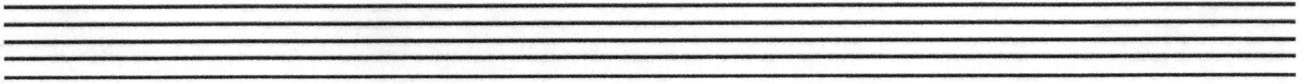

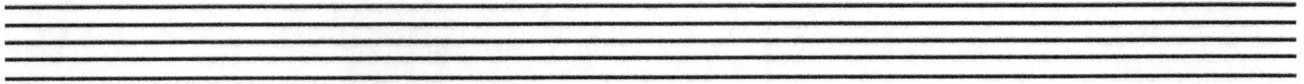

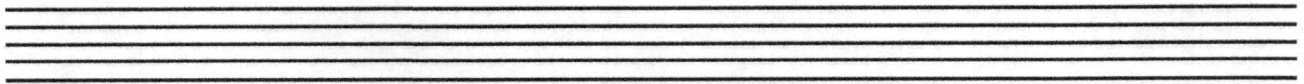

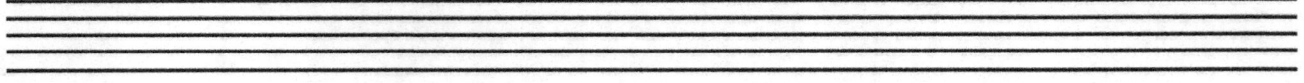

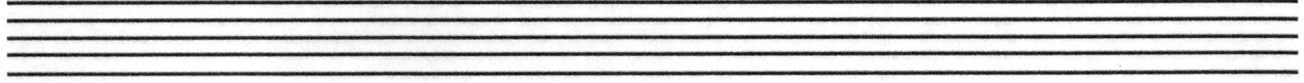

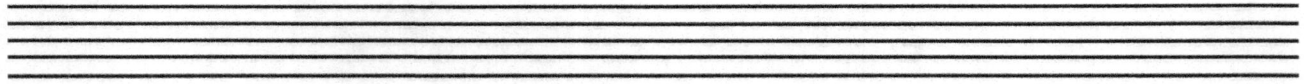

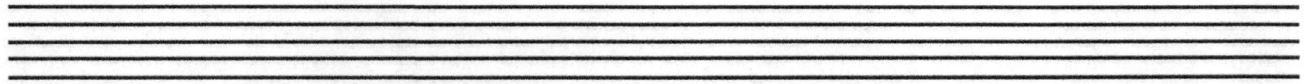

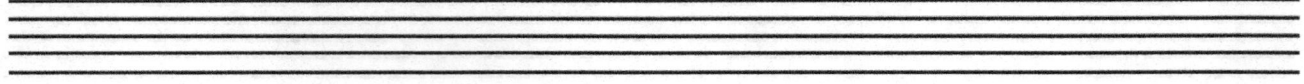

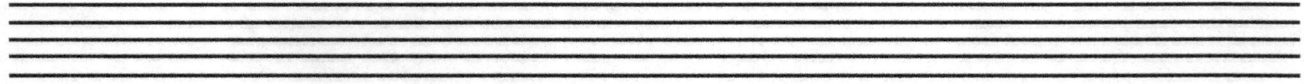

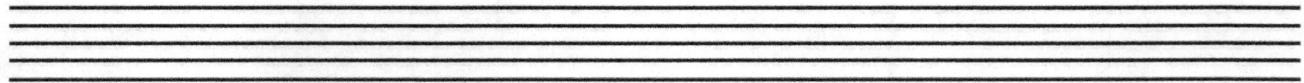

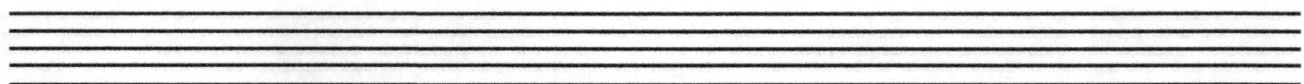

Song Title _____

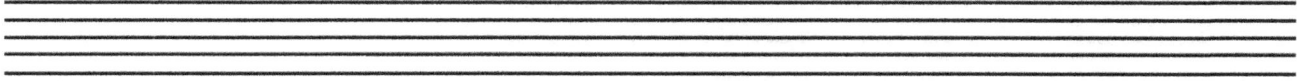

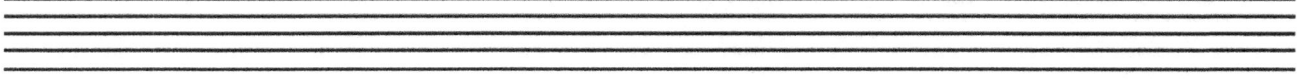

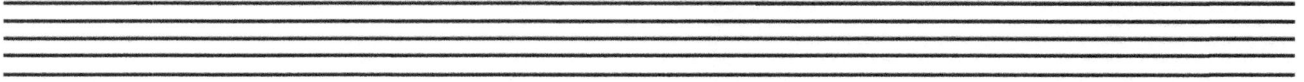

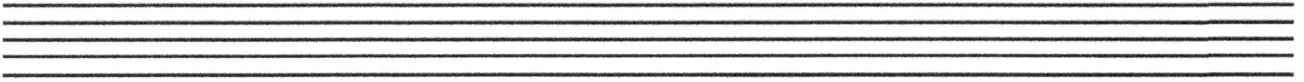

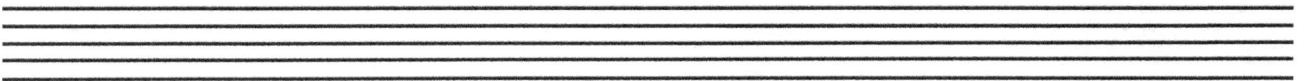

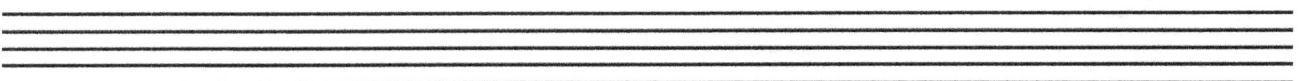

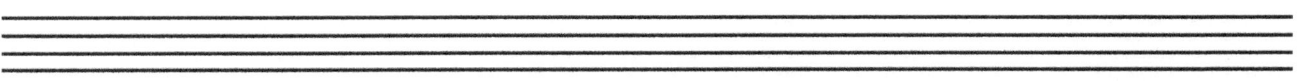

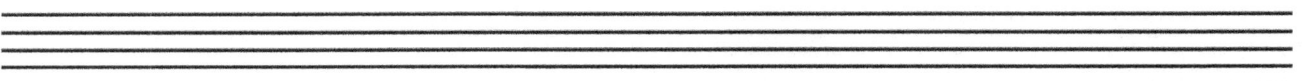

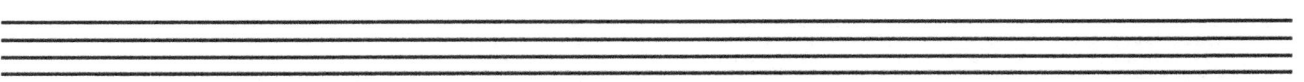

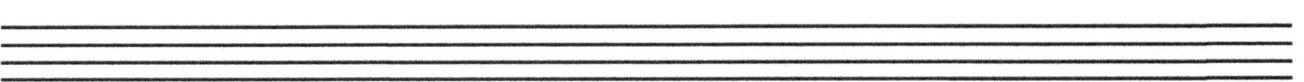

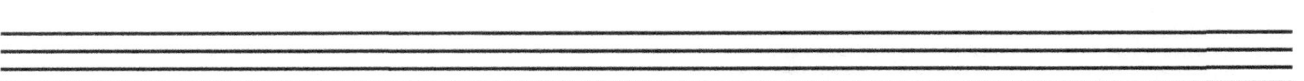

Song Title _____

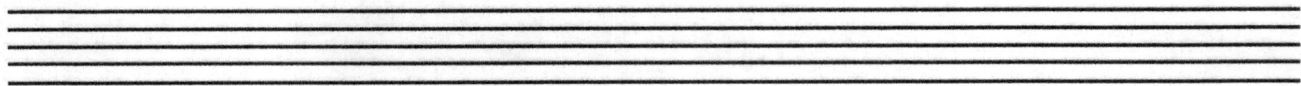

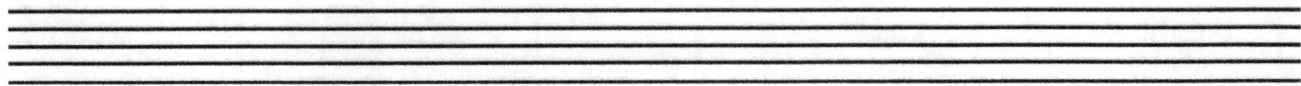

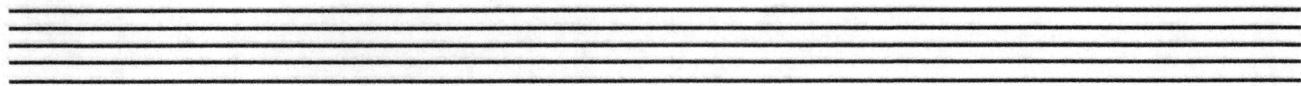

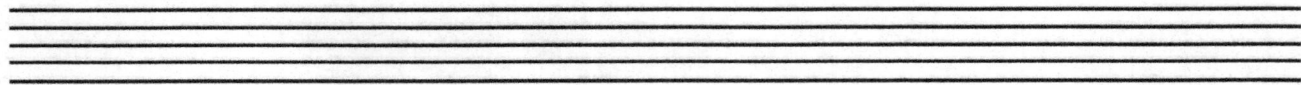

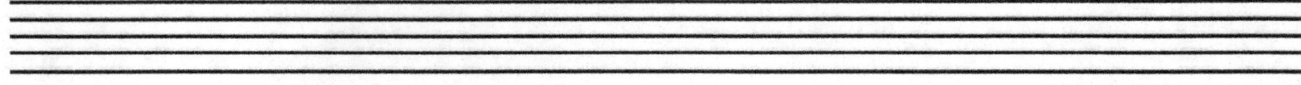

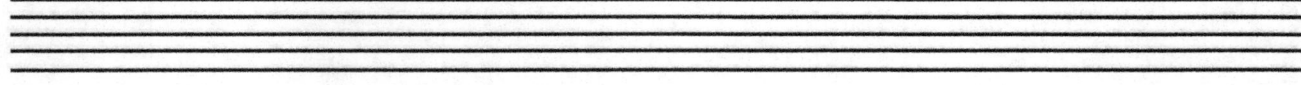

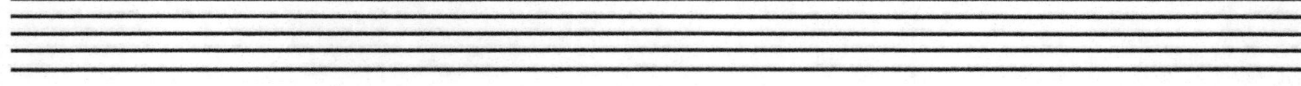

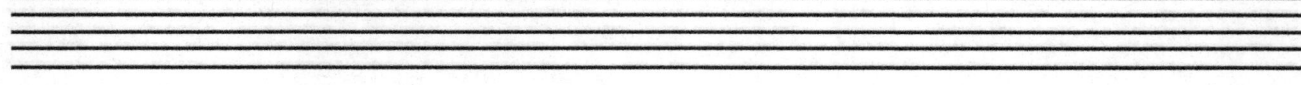

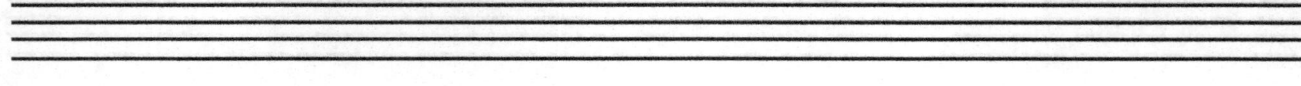

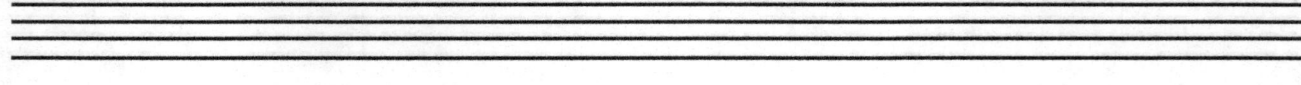

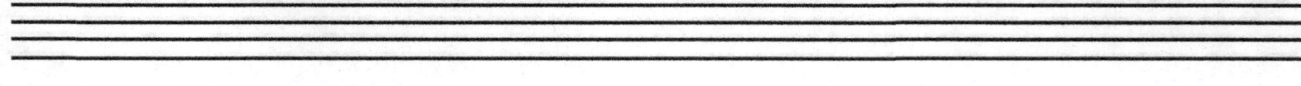

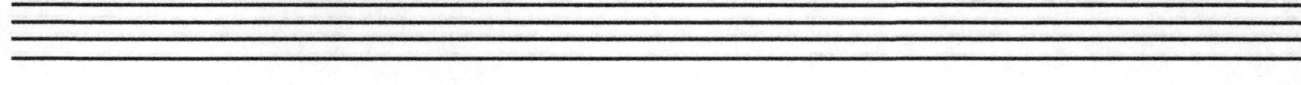

Song Title

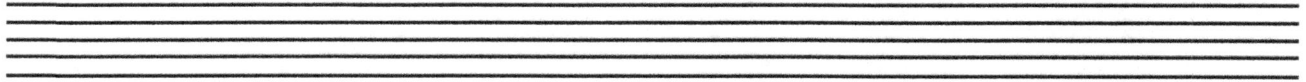

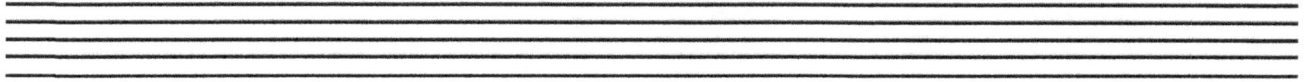

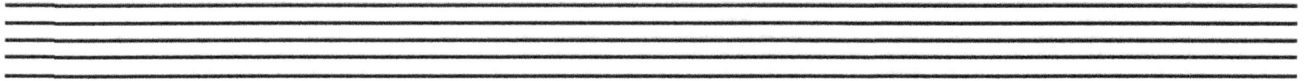

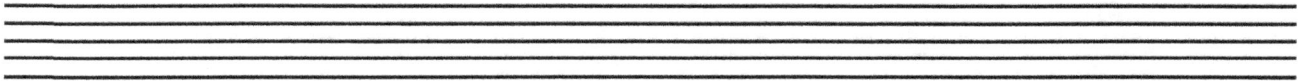

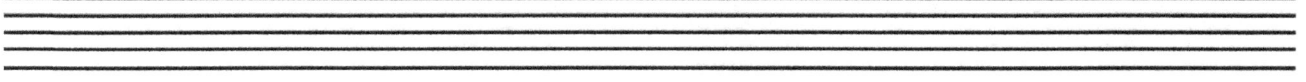

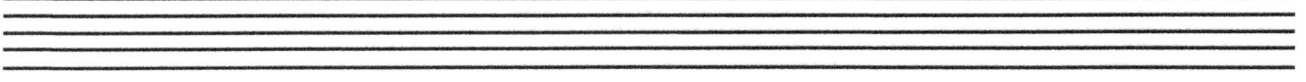

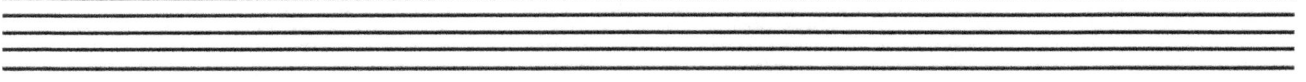

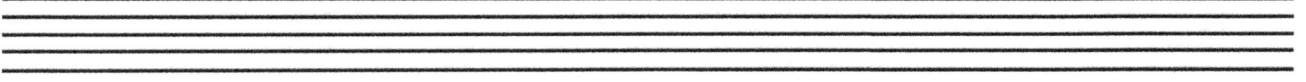

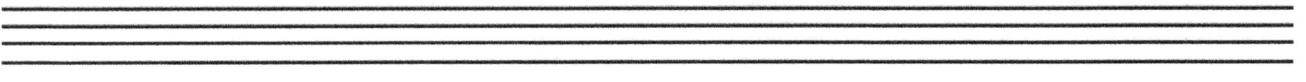

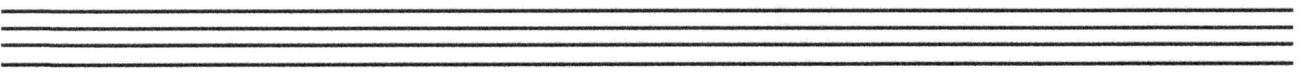

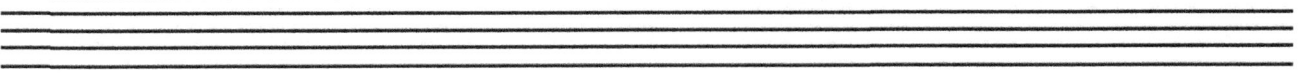

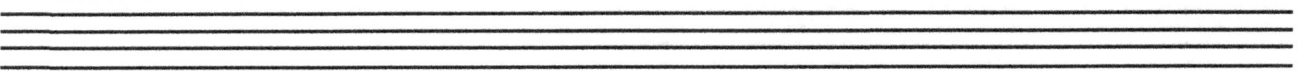

Song Title _____

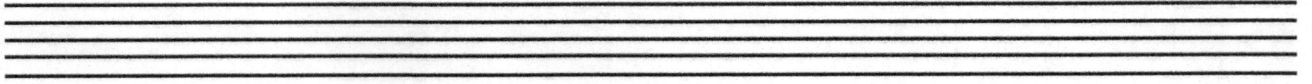

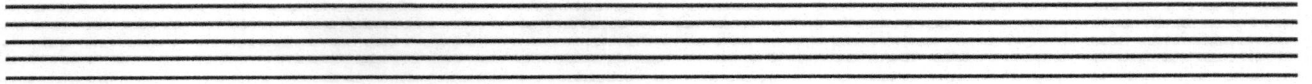

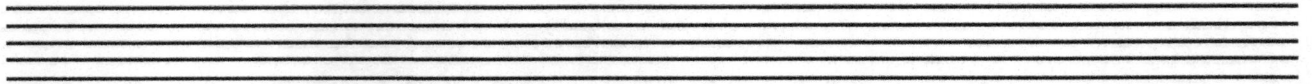

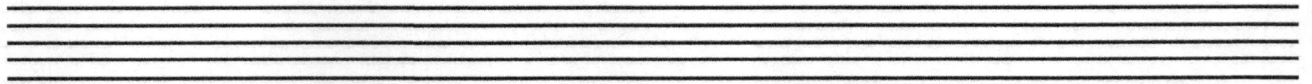

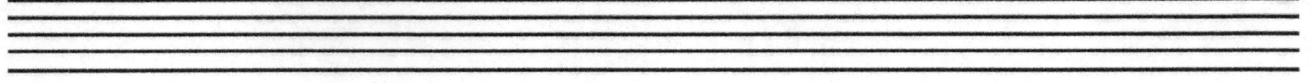

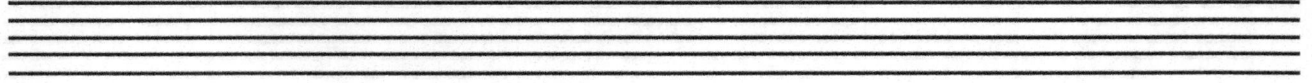

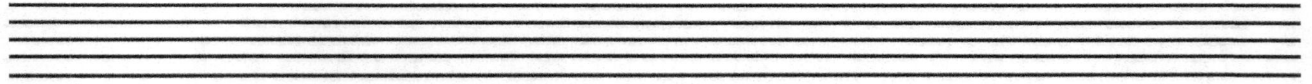

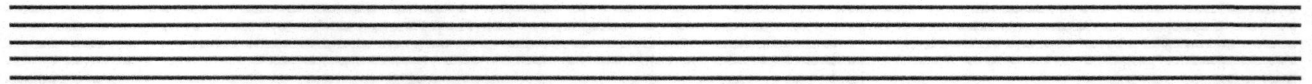

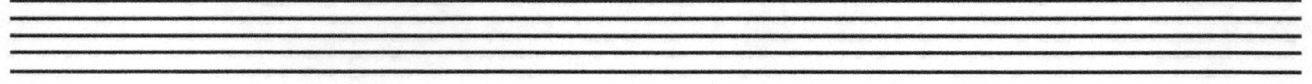

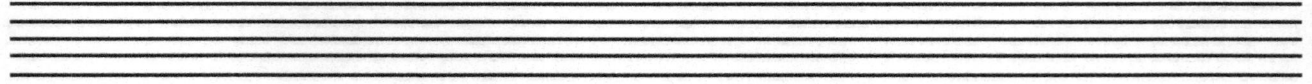

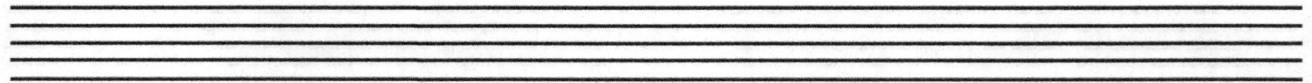

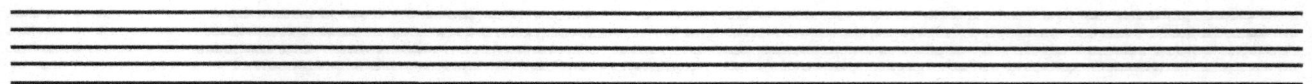

Song Title_____

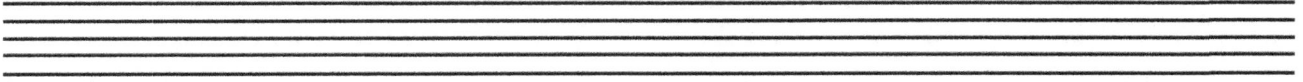

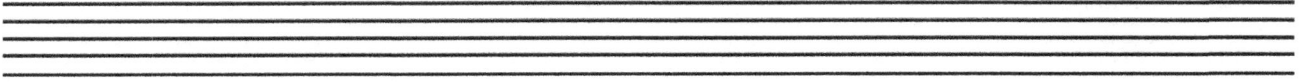

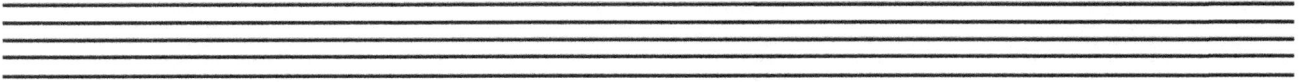

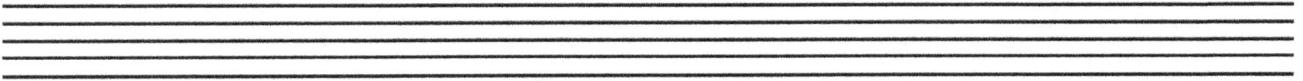

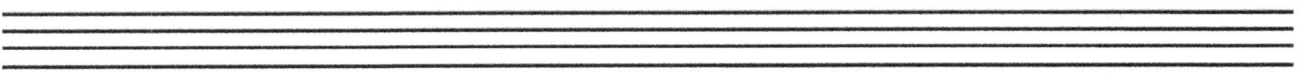

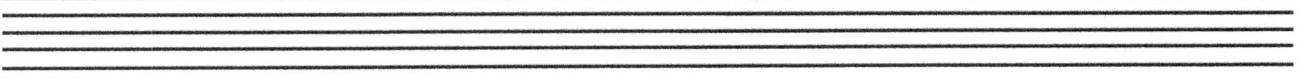

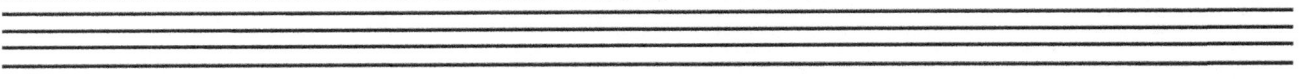

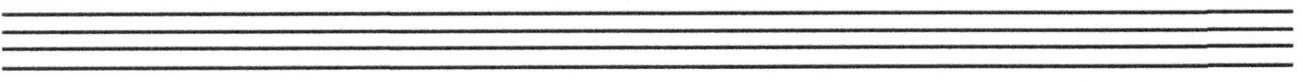

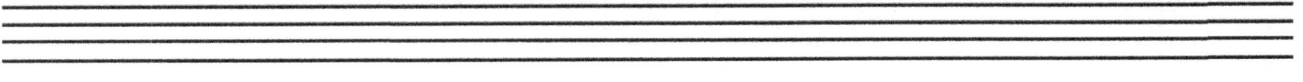

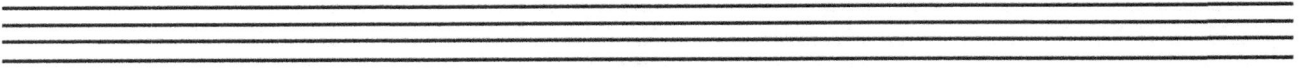

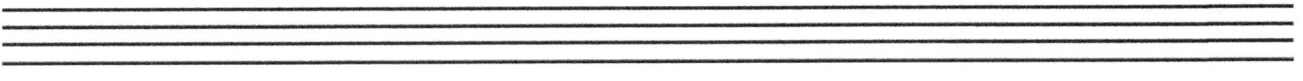

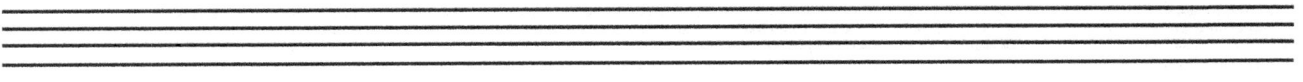

Made in the USA
Coppell, TX
03 September 2024